LE MARQUIS DE GRANGES DE SURGÈRES

ET

GUSTAVE BOURCARD

LES FRANÇAISES
DU XVIIIe SIÈCLE

PORTRAITS GRAVÉS

AVEC UNE PRÉFACE

DE M. LE BARON ROGER PORTALIS

OUVRAGE ORNÉ DE DOUZE PORTRAITS

D'APRÈS LES ORIGINAUX

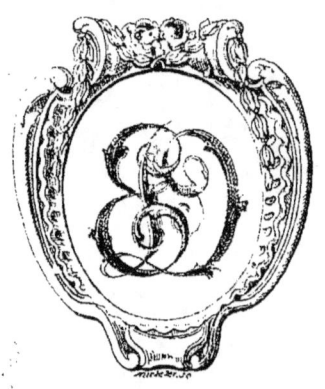

PARIS

DENTU & Cie, ÉDITEURS

LIBRAIRES DE LA SOCIÉTÉ DES GENS DE LETTRES

PALAIS-ROYAL, 15, 17, 19, GALERIE D'ORLÉANS
ET 3, PLACE VALOIS

1887

LES

FRANÇAISES DU XVIII° SIÈCLE

IL A ÉTE TIRÉ DE CET OUVRAGE

SUR PAPIER IMPÉRIAL DU JAPON

AVEC DOUBLE SUITE DES PORTRAITS EN SANGUINE

dix exemplaires

réimposés de format et numérotés.

LE MARQUIS DE GRANGES DE SURGÈRES

ET

GUSTAVE BOURCARD

LES FRANÇAISES

DU XVIIIᵉ SIÈCLE

PORTRAITS GRAVÉS

AVEC UNE PRÉFACE

DE M. LE BARON ROGER PORTALIS

OUVRAGE ORNÉ DE DOUZE PORTRAITS

D'APRÈS LES ORIGINAUX

PARIS

E. DENTU, ÉDITEUR

LIBRAIRE DE LA SOCIÉTÉ DES GENS DE LETTRES

Palais-Royal, 15, 17, 19, Galerie d'Orléans

—

1887

TOUS DROITS RÉSERVÉS

PRÉFACE

De toutes les collections, la plus séduisante est sans conteste une collection de portraits de femmes. Heureux les privilégiés qui peuvent suspendre aux murs de leurs demeures des toiles de Rubens, de Mignard ou de Nattier : c'est l'idéal. Heureux les amateurs un peu moins ambitieux qui ont réuni des miniatures, toujours recherchées quand les femmes sont jolies et signées d'un bon faiseur, ou des dessins comme les crayons des Dumoustier, des Nanteuil, des Cochin, des Augustin de Saint-Aubin, des Devéria : mais c'est déjà bien difficile ! Heureux encore, ajouterons-nous, ceux qui ont réuni dans leurs portefeuilles les portraits gravés des belles dames du temps passé ; une pareille réunion d'estampes, hommage rendu à la femme, à sa beauté ou à sa grâce, est encore possible, mais il faut se hâter. Les auteurs de ce livre en ont tracé le plan, pour le XVIII° siècle, avec autant de compétence que de goût.

Bien que limité à un siècle, bien que les graveurs français aient gravé la femme, en somme, assez rarement, tandis que dans l'École anglaise les portraits de femmes dominent, cependant, de Madame de Maintenon à Marie-Antoinette, le champ est encore vaste et charmant; les auteurs y ont moissonné avec discernement: la récolte qu'ils présentent au public amateur ne contient aucune ivraie. Les portraits de valeur seuls ont été admis à prendre place dans leur choix. Réjouissons-nous donc de ce que la terre de France ait produit, et produise encore, tant de femmes, souvent jolies, toujours séduisantes et dont les traits méritent de passer à la postérité.

Quelle glorieuse phalange d'artistes a surgi pour nous les conserver! Hyacinthe Rigaud ouvre la marche, à cheval sur les deux siècles, et nous laisse de magistrales effigies, que reproduisent les maîtres graveurs : les Drevet, les Beauvarlet, les Wille; les Coypel au pinceau moelleux, dignes successeurs du suave Mignard; Largillière, gardant encore du grand siècle l'ordonnance et la pompe, mais dont le sourire a déjà la grâce du dix-huitième; puis Lancret, Pater, qui tournent un portrait d'actrice ou de danseuse comme leur maître seul, Watteau, aurait pu le faire si la mort ne l'eût ravi si jeune; Robert Tournières, Raoux, Nattier, qui savent rendre un visage de femme avec son rouge et ses mouches, métamorphoser de jolies marquises en déesses, et les idéaliser si bien en Junons et en Dianes, comme les filles de Louis XV, qu'on ne les reconnaît que par tradition. Ce dernier est le peintre de Marie Leckzinska, et il a laissé de la femme délaissée de Louis XV ce que l'on peut appeler le portrait-type; Carle Van Loo, également portraitiste accrédité de la cour; Drouais, au coloris charmant, au pinceau frais et tendre, dont le nom restera accolé au souvenir de tant de jolis visages; Boucher, le favori de la favorite, le peintre attitré de Bellevue et de Madame de Pompadour. Ce nom d'une femme protectrice résolue de l'Art nous amène à citer celui du pastelliste Quentin de La Tour, qui a fait d'elle le chef-d'œuvre que chacun admire au Louvre. Avec la dernière partie du siècle, arrivent Fragonard, Madame Vigée Le Brun, Greuze, Roslin, Vestier et nombre d'autres.

Mais, ce n'est pas toujours au peintre que l'on s'adresse : c'est le plus souvent au simple dessinateur que l'on demande un fin crayon, une gouache, une esquisse à l'encre de Chine; au miniaturiste, un portrait de la grandeur d'un dessus de bonbonnière que *parfois l'on pense à faire reproduire. Alors, interviennent les graveurs élégants de la seconde moitié du siècle, les Le Mire, les Gaucher, les Delaunay, qui savent si bien rivaliser avec les dessinateurs de finesse et d'agrément. Souvent même, Cochin, Moreau, Saint-Aubin, dessinateurs de premier ordre, gravent eux-mêmes leurs crayons, et dans leurs planches originales, délivrés de la préoccupation d'interpréter, atteignent la perfection de la ressemblance, par une exécution agréable et souple.*

Le Dix-huitième Siècle, siècle galant, adorateur de la femme, a, par le pinceau de ses peintres, par l'ébauchoir de ses sculpteurs, par le crayon de ses dessinateurs, par la pointe et le burin de ses graveurs, laissé nombre d'œuvres exquises. Pour nous en tenir à la gravure, nous devons remercier les auteurs de ce livre d'avoir choisi, comme dans une gerbée de fleurs éclatantes et parfumées, tant de beautés, tant de souvenirs gracieux, aimables ou tristes. Ils donneront aux amateurs d'estampes les indications nécessaires pour réunir, — ou tenter de réunir, — une collection, idéale par le charme, idéale aussi par la difficulté, presque insurmontable, de rassembler aujourd'hui la totalité des pièces désirables.

Pourtant cet idéal a été réalisé en quinze ans par deux

collectionneurs tenaces : MM. *Béraldi. C'est dans leur collection d'estampes, extraordinaire par la beauté et le nombre des pièces, que nous avons vu passer sous nos yeux, dans des états exceptionnels, purs de toutes taches, tous les portraits marquants de femmes des XVII*^{e}, *XVIII*^{e} *et XIX*^{e} *siècles, depuis Thomas de Leu jusqu'à nos jours.*

Dans ce galant défilé de femmes de cour ou de théâtre, voici d'abord, au milieu des Rigaud, la nièce de Madame de Maintenon, Mme *de Caylus, figure fine, œuvre estimable de Daullé ;* — Mme Le Bret de la Briffe, *de Claude Drevet, en Cérès, la faucille à la main. Voici* Mme de Mouchy, *en habit de bal masqué, par Surugue, d'après Coypel;* — *la* Comtesse de Feuquières, *fille de Mignard, beauté opulente, par Daullé;* — Mlle Lavergne, *nièce du peintre Liotard, beauté modeste, également par Daullé ;* — Mlle Loiserolle, *sœur de la femme du peintre Aved, gravée avec la* « *chaleur de burin* », *l'écrasante vigueur qui caractérisent Baléchou.*

Voici les filles du Régent, simples gravures de modes de la suite dite de Bonnard; les filles de Louis XV en déesses; — *les enfants du Dauphin, le* Comte d'Artois *et* Mme Clotilde, *suave estampe de Beauvarlet, d'après Drouais;* — *la* Duchesse d'Orléans *en*

Hébé, par Hubert, d'après Nattier; — *la* Comtesse d'Artois, *plus distinguée que jolie, gravée en manière noire à Paris par l'anglais Brookshaw.*

Notons au passage une bonne histoire de portrait « à deux fins ». Le fils de Louis XV épouse Marie-Thérèse d'Espagne : *de Larmessin s'empresse naturellement de graver le portrait de la jeune princesse. Mais l'infortunée Marie-Thérèse meurt peu après, le prince se marie avec* Marie-Josèphe de Saxe : *que fait Larmessin? Il gratte la tête et le nom de Marie-Thérèse, et avec une légère modification de la figure, le corps et le costume pouvant servir, il fait de sa planche une Marie-Josèphe. C'est ainsi qu'on ne perd ni son cuivre, ni son temps.*

*Après les princesses de la cour, les princesses de la rampe. Ici, les portraits abondent relativement. Le théâtre ne tenait pas, dans la vie des hommes du XVIII*e *siècle, moins de place que dans celle de nos contemporains : toujours en vue, adulées, même adorées, richement entretenues, les actrices ne se sont pas fait faute de faire reproduire leurs traits pour les offrir à la postérité, ou plus simplement à leurs admirateurs. Cantatrices, danseuses, comédiennes, alternent agréablement dans cette série :* Adrienne Lecouvreur, *gravée par Pierre-Imbert Drevet, d'après Charles Coypel, frôle dans les cartons la* Camargo *de Laurent Cars d'après*

Lancret ; et Mme Favart, *dans le rôle de* Bastienne, *par Daullé, fait vis-à-vis à ce portrait de la* Raucour *auquel ne se sont pas attelés moins de quatre artistes : le banquier Eberts pour le composer (et sans doute pour le payer), Freudeberg pour dessiner la tête, Moreau pour imaginer les ornements, Lingée pour le graver.*

C'est en grand nombre que les gracieuses images sollicitent notre suffrage. Choisissons : la tragédienne Duclos, *par Desplaces, d'après Largillière, à qui cet affreux Voltaire, qui ne respectait rien, disait :*

> *Vous avez les Dieux pour rivaux,*
> *Et Mars tenterait l'aventure,*
> *S'il ne craignait le dieu Mercure,*
> *Belle Duclos.*

Mlle Dangeville, *l'un des talents les plus complets de la Comédie Française, tête expressive, par Michel, d'après la miniature de Pougin de Saint-Aubin,* — Mlle Contat, *belle tête sévère, affectionnée des graveurs et aussi redoutée d'eux, car l'actrice était exigeante sur la ressemblance : on connaît les mésaventures de cette grande planche qui la représente dans le rôle de* Médée *et où la tête dut être gravée, effacée, regravée par Beauvarlet, par Saint-Aubin, par Jardinier, par Laurent Cars, avant d'arriver à satisfaire l'irascible comédienne ;* — Mme Dugazon, *d'après Hoin, dans son rôle célèbre de* Nina, la folle par amour, *une des maîtresses pièces de Janinet et de la gravure en couleur;* — *l'adorée* Saint-Huberti, *profil en couleur par Janinet;* — *la fameuse* Duthé, *dessinée dans son boudoir, un bouquet de roses à la main, encore par Janinet;* — *la charmante* Contat, *rôle de* la Folle Journée, *et la galante* Ollivier *dans le rôle de Chérubin, par Coutellier;* — Mme Saint-Aubin *dans* Ambroise, *par Alix, le filleul de Préville;* — *toutes ces jolies pièces en couleur, enfin, qu'il faut aller chercher dans le recueil des* Costumes et Annales des Grands Théâtres de Paris, *et qui sont dues pour la plupart à Janinet:* Mlle Contat *dans son rôle de Suzanne, s'écriant:* Tuez-le-donc, ce méchant page, *la belle* Vestris *dans cette scène de* Gabrielle de Vergy, *qui faisait s'évanouir les spectatrices, etc.*

Voici maintenant deux portraits intéressants à étudier: ceux des deux principales favorites de Louis XV. Ici, peintres et graveurs s'efforcent à contenter les modèles et leur royal amant: Mme *de Pompadour, d'ailleurs, en ce qui la concerne particulièrement, était à même, en sa qualité de graveuse et de protectrice des arts, d'apprécier leurs efforts. Elle dut être satisfaite du crayon de Cochin, qui la représenta en un profil d'une ressemblance que l'on sent parfaite: ce dessin fut* *depuis gravé par A. de Saint-Aubin, sous le titre de Mme Lenormant d'Etiolles. On sent moins la ressemblance, on ne fait que la deviner dans le médaillon de Littret d'après Schenau, comme dans la manière noire de Watson. Mais la marquise apparaît à point, comme un fruit mûr et digne du palais d'un roi, dans cette* **Belle Jardinière**, *coiffée d'un chapeau de paille, et tenant un panier de fleurs, que nous devons au peintre Carle Van Loo et au graveur Anselin, un élève d'Augustin de Saint-Aubin qui, dans l'eau-forte de cette remarquable estampe, se montre aussi lumineux, aussi sémillant que son maître.*

Si Van Loo est l'auteur du portrait-type de la marquise, Drouais est le créateur de celui de la comtesse. C'est d'après sa fraîche et limpide peinture, où il la représente en costume de chasse, que les traits de la **Du Barry** *ont été reproduits par Beauvarlet; dans une pièce capitale par Bonnet et par Le Beau dans des planches de moindre dimension. Gaucher, dans sa précieuse petite estampe tout enguirlandée de roses, a décolleté la comtesse : c'est toujours le sourire vu par Drouais, mais plus féminisé; le graveur a fait valoir et triompher dans son estampe-miniature des qualités exquises de finesse et de préciosité.*

Que de rencontres et de réflexions bizarres peut pro-

voquer un portrait ! Ainsi, dans une estampe gravée par Dagoty et que l'on rencontre tantôt en noir, tantôt tirée en couleur, l'on voit Mme *Du Barry, à laquelle son nègre Zamore présente une tasse de café. Le voilà donc, cet ingrat qui dénoncera plus tard celle qui l'a comblé et la fera ainsi emprisonner et passer devant le tribunal révolutionnaire ! Pourquoi se défendre d'un sentiment de pitié à la vue de ces portraits pimpants et souriants, en songeant à l'antithèse de cette vie de plaisir dans un milieu royalement élégant et de cette fin tragique, en se rappelant les dernières paroles de la pauvre femme, que je ne trouve pas si lâches pour ma part, en un pareil moment : « Ne me faites pas de mal, Monsieur le bourreau ! »*

Comment des hommes, des Français, ont-ils eu le triste courage de faire tomber d'aussi charmantes têtes, de trancher ces cous délicats, de voir ces beaux yeux si doux, agrandis par la terreur, se fermer pour toujours, et la peur, agitant ces mains si fines, soulever des gorges qui n'auraient dû tressaillir que de joie et d'amour !

Les femmes sont faites pour être adulées, choyées, et s'il faut les châtier, c'est seulement avec des roses, et encore pas même, si nous écoutons le proverbe arabe. Mais lever le couteau sur cette blonde princesse de Lam-

balle, sur Madame Elisabeth, le bon ange de la famille royale, faire tomber la tête si noble, si fière de la Reine ! N'insistons pas.....

Plus souvent que ceux de toute autre femme, on peut même dire aussi souvent que ceux de toutes les autres femmes réunies, les traits de **Marie-Antoinette** *ont été reproduits par la gravure. Étrange rapprochement : pour trouver un portrait aussi fréquemment gravé, il faudrait aller chercher celui de Voltaire ! Intérêt historique, grâce, beauté, émotion inspirée par une fin tragique, tout explique la passion du collectionneur à s'attacher à l'iconographie de la Reine. Le nombre de ses portraits est énorme : il n'en existe pas moins de trois cents au Cabinet des Estampes, tous différents et de divers formats, depuis la minuscule figure destinée à quelque almanach, jusqu'aux grands portraits en pied, en costume de cour. On peut suivre, grâce à cette profusion d'estampes, les transformations subies par la beauté de Marie-Antoinette, depuis le moment où, toute jeune fille, les traits à peine formés et gardant encore l'insignifiance de l'enfance, elle arrive à Paris, jusqu'au jour de sa mort, lorsque David, d'une fenêtre de la rue Honoré, la saisit d'un rapide croquis, au passage de la sinistre charrette...*

Ces traits fins et pleins de noblesse, ce front bombé

aux cheveux blonds relevés, ce nez aux ailes mobiles si légèrement busqué, cet ovale délicieux du visage, à la bouche agréable bien qu'offrant « *la lèvre autrichienne,* » *cette lèvre inférieure avançante, signe de race des Hapsbourg, sont délicieusement reproduits dans les deux médaillons en profil d'après Moreau dont l'un est gravé par Gaucher, et l'autre, par Le Mire. On peut rapprocher, comparer ces deux petites merveilles, mais à laquelle décerner la palme? Difficile problème! — Peut-être à un troisième médaillon entouré d'une composition allégorique de Moreau dédiée* A la Reine *et gravé aussi par Le Mire.*

Charmante, cette estampe de Demarteau d'après Vassé qui imite un dessin à la sanguine; intéressante série, ces six portraits à la manière noire par Brookshaw, qui croissent du format in-12 jusqu'à l'in-folio; curieuse réunion à voir défiler sous les yeux, ces Marie-Antoinette *à tous les âges et sous tous les aspects: celle de Dupin d'après Van Loo; — celle de Prévost, petit médaillon dans une grande allégorie de Cochin:* Hommage des Arts. *Sort étrange des estampes! En 1793, cette pièce sur laquelle la tête de la Reine avait été effacée et remplacée par un Génie de la Liberté devenait un* Certificat de prix *pour l'institution des citoyennes Hurard! — Celles de Le Beau, de profil, de trois quarts, ou en pied* : *il n'y en a pas moins de dix* ; — *celle de Chapuy, servant de frontispice aux* Coiffures de Dames *du sieur Depain* ; —*celles de Cathelin d'après Frédou et d'après la gracieuse peinture de Drouais* ; — *celles de Levasseur et de Croisey, toute jeunette encore* ; — *celles de Duponchel, de Duflos* ; *de Macret, en bergère* ; *de M*^{lle} *Boizot, élégant profil* ; *de Née et Masquelier pour le tome deux des* Chansons de La Borde ; *de Tardieu, en vestale* ; *de Roger, en grand costume* ; *de Voyez, etc., etc., et même* — *un collectionneur doit tout avoir* — *la caricature infâme et très joliment gravée de Villeneuve* : La Panthère autrichienne : cette affreuse Messaline..., *etc.* : *tête de la Reine dans une lanterne.*

Les Marie-Antoinette *en couleur sont des pièces de premier ordre, depuis le petit profil de Janinet exécuté pour une garniture de boutons, jusqu'aux deux grandes têtes de Dagoty, et à la planche d'Alix, d'après Madame Le Brun, qui est spécialement belle. Mais la perle pour l'élégance et la richesse du costume, la fraîcheur des tons, est le célèbre portrait de maître Janinet, un artiste qui possédait comme pas un, l'art de manier et de fondre les planches successives d'une estampe en couleur.*

Et je passe sous silence les simples gravures de modes qui représentent la Reine, telles que celles de Desrais et Deny, *et les nombreuses estampes, souvent très belles, où figure Marie-Antoinette* : Trait d'humanité de la Dauphine, Sacre de Louis XVI, Fêtes données à l'Hôtel-de-Ville, *etc., etc., et les almanachs et les vignettes.*

Vous voyez si, avec les seuls portraits de Marie-Antoinette, il y a de quoi donner du fil à retordre au collectionneur ! Il y a aussi de quoi exercer sa patience, car plusieurs Marie-Antoinette sont d'une rareté telle, que peu d'amateurs peuvent se vanter de les posséder. Rares, le microscopique portrait de Massard et celui de Savart, plus microscopique encore. Rarissimes, le profil de Barbié, les trois portraits de Bonnet et les petits médaillons de Saint-Aubin. Introuvables, les profils du Roi et de la Reine imprimés sur satin par un tisseur lyonnais, et la délicieuse image qui devait prendre place en tête du premier volume des Chansons de La Borde, *et qu'on a fait, hélas ! effacer pour la remplacer par les armes de la Dauphine, et ce grand portrait en pied de Dagoty, dont on connaît trois épreuves.* — *Voilà des estampes à flatter l'amour-propre, et l'amour-propre est un puissant mobile pour le collectionneur...*

Sous cette rubrique piquante : les Femmes aimées, *on peut ranger toute une série de portraits, qui, par leur rapprochement, forment un ensemble pittoresque.*

Nous avons déjà nommé les maîtresses de Louis XV, n'y revenons pas; mais voici Mme de Sabran *et* Mme de Prie, *aimées du Régent;* Mme du Châtelet, *aimée de Voltaire;* Mme Favart, *aimée de Maurice de Saxe;* Mlle Guimard, *dite le* Squelette des Grâces, *ou* la plus belle araignée de son temps, *aimée de* Mgr *de Jarente, du prince de Soubise (et de beaucoup d'autres); la vieille* Mme Du Deffand, *aimée du vieux Pont de Veyle;* Mme de La Live, *aimée du chanteur Jéliote;* Marguerite Lecomte, *aimée du financier-graveur* Watelet ; Mme de Guillonville, *aimée de Campion qui la grave deux fois:* Sophie Lecoulteux du Moley, *aimée de Delille;* Mme de Sabran, *aimée de Boufflers dont elle devint la femme; tous ces couples irréguliers s'en allant, sous l'égide de l'Amour, à travers ce siècle indulgent, heureux, choyés et absous.*

Et le petit coin des honnêtes femmes, ne l'oublions pas! Mme Augustin de Saint-Aubin, *charmante blonde aimée tout bonnement de son mari et gravée par lui sous l'anonymat de la belle estampe* Au moins soyez discret; Mme de La Borde, *femme de l'auteur des* Chansons *(rarissime: quatre épreuves connues), situation « intéressante », grosse de ce fils qui en 1793, par une fatale imprudence, fit découvrir la retraite de son père et l'envoya à l'échafaud; et cette charmante* Vicomtesse de Narbonne-Pelet, *morte à la fleur de l'âge, et que son mari pleurait en ces termes, dans la légende de son portrait :* Femme accomplie, douée de toutes les vertus, ornée des plus rares qualités, pleine de grâce, de mérite et d'agrément, à qui Rome et la Grèce eussent élevé des temples, que la religion des peuples canonise; les délices de son mari; la gloire de son pays, de son sexe et de son siècle! — *Moralité* : *M. de Narbonne se remaria quelques mois après.*

Une mention encore pour les portraits de Mme Vigée Le Brun *et de* Mme de Polignac, *deux joyaux, deux petits lavis du comte de Paroy, de la plus exquise finesse; pour le portrait touchant de la* Baronne de Rebecque, *une heure avant sa mort, la tête sur son oreiller, émaciée mais agréable encore; enfin, pour un portrait merveilleux et, de plus, rarissime : celui de* Mme Letine, *la belle-mère de M. de La Live. Comme MM. de Goncourt et Béraldi, bons juges en la matière, nous plaçons au premier rang et même le premier de tous les portraits de femmes du XVIIIe Siècle — bien que ce soit un portrait de vieille femme — cette adorable pièce. Quel parfum de bonne compagnie, quelle physionomie fine, quel calme dans ce visage aux cheveux blancs entourés d'une fanchon, et surtout, quelle exécution! Voilà de l'eau-forte originale, s'il en fut. C'est* *signé La Live. Cela, du La Live! La Live serait donc un des grands graveurs qui aient existé? — C'est un pur Augustin de Saint-Aubin. Personne n'en doute aujourd'hui.*

Nous voyons ainsi défiler les femmes, bourgeoises ou titrées, qui ont éclairé tout un siècle de leur sourire, et c'est dans le pêle-mêle plein d'imprévu des cartons que nous saluons au passage la marquise de Genlis *gravée par Copia,* Mme Huet, *par Demarteau, d'après le dessin de son mari, les jolis modèles de Denon, que l'on soupçonne fort d'avoir été aussi ses maîtresses et qu'il ne laissait à personne le soin de graver;* la chevalière d'Eon, *par Cathelin, d'après Ducreux, au sexe indécis et que l'on pourrait nommer l'hermaphrodite du portrait;* la princesse de Conti, *par Saint-Aubin, dont le nez très long faisait le bonheur de la Cour;* Mme Greuze, *souvent prise pour modèle par son mari et dont Moreau le jeune nous a laissé les traits délicats dans son eau-forte de* la Philosophie endormie; *quelques Carmontelle, singulièrement vrais dans leur terre à terre profilé; les fines effigies du graveur Gaucher,* la comtesse de Carcado, la baronne de Noyelles; *et puis, la perle de l'œuvre de Longueil,* Mme de Létancourt; *la filleule de Voltaire,* la marquise de Villette, *par Madame Lingée, d'après Pujos; les drôlesses de l'affaire du collier,* La Motte, la d'Oliva ; Mme Roland *de Gaucher, Charlotte Corday, d'Alix et de Madame Allais, pour en arriver aux physionotraces de Chrétien et de Quenedey, procédé mécanique et expéditif que l'on pourrait assimiler à la photographie de notre temps et qui sont les vrais portraits-cartes de celui de la Révolution.*

On se prend à vouloir tout citer : depuis la Maintenon *de Ficquet, d'un travail si précieux et en même temps si ferme et qui assure à jamais la réputation du graveur, jusqu'à l'*Adrienne Lecouvreur *de Grateloup et à* Mlle Bertin, *la marchande de modes de Marie-Antoinette, si étonnamment rendue par Janinet.*

Mais ce serait refaire inutilement le travail d'énumération qui va suivre et que les auteurs des Françaises du XVIIIe Siècle *ont si bien raisonné, quant aux états et quant aux prix. Arrêtons-nous.*

Aucune époque ne peut présenter un ensemble plus agréable aux yeux et plus attachant pour l'esprit. Le XVIe siècle nous offre, il est vrai, les remarquables portraits de Thomas de Leu, le XVIIe est fier à juste titre de ses Nanteuil, de ses Edelinck, de ses Masson, de ses Drevet, le XIXe siècle n'est pas sans nous offrir un assez grand nombre de portraits de femmes, mais le XVIIIe a la palme pour l'élégance, l'esprit, la variété des types et des costumes, l'agrément de l'exécution.

Qu'il est doux pour l'amateur de reposer ses yeux fatigués et, si l'on peut risquer le mot, écœurés par nos procédés actuels, scientifiques, photographiques et horrifiques, sur ces estampes qui font revivre une société charmante entre toutes !

Hâtons-nous d'ajouter que nous ne sommes pas pessimiste, et qu'en dépit de l'héliogravure et de la photogravure, nous voulons croire que, tant qu'il y aura en France une jolie femme, il s'y trouvera aussi un peintre pour la peindre et un graveur pour la graver.

Bon ROGER PORTALIS.

AVERTISSEMENT

Ce livre n'est point une iconographie complète. Destiné aux amateurs délicats, ayant surtout pour mission de les aider dans leurs recherches et dans leurs achats, il ne devait présenter qu'un ensemble choisi — *a selected collection* — des portraits de la femme française au XVIII° Siècle.

Tel est le but que les auteurs ont poursuivi et qu'ils croient avoir atteint, négligeant les petites choses, afin de pouvoir, à l'imitation du préteur antique, insister sur les grandes.

Toutes les descriptions contenues dans cet ouvrage ont été faites au vu des pièces originales. Pour atteindre ce résultat, les auteurs n'ont rien négligé, n'ont reculé devant aucune démarche, poursuivant leurs investigations aussi bien à l'étranger qu'en France, non seulement dans les dépôts publics, mais encore dans les collections privées. Arrivés au terme de ce voyage qui n'a été — il faut bien le dire — qu'une promenade délicieuse au travers d'un parc rempli des fleurs les plus belles et les plus odorantes, il leur est doux de reconnaître qu'ils n'ont rencontré partout qu'obligeance et courtoisie. Qu'il leur soit permis toutefois de remercier particulièrement MM. Béraldi, qui ont bien voulu les laisser parcourir leurs très riches cartons avec un empressement et une bonne grâce sans exemple.

Pour qu'il n'y ait aucune confusion dans l'esprit du lecteur, il peut être utile de rappeler ici une des règles qui ont présidé aux descriptions qui suivent : la gauche et la droite sont toujours indiquées relativement à la personne qui est censée avoir devant elle une épreuve de la planche ; mais lorsqu'il est parlé de *la main droite* ou de *l'épaule gauche* d'un personnage, c'est réellement de *sa main droite* et de *son épaule gauche* qu'il s'agit, quelle que soit d'ailleurs leur place sur la gravure. Cette observation a une *très grande importance*, puisque c'est un des plus sûrs moyens de distinguer les épreuves originales des *contre-épreuves* et des épreuves en *contre-partie*.

En terminant ce court *avertissement*, les Auteurs éprouvent le besoin de déclarer que s'ils ont la conviction d'avoir fait une œuvre consciencieuse, ils ne sauraient avoir la prétention de ne s'être jamais trompés : l'erreur est la loi commune ; pas plus que d'autres, ils n'avaient le pouvoir d'y échapper. Voilà pourquoi ils accueilleront avec gratitude toutes les rectifications ou renseignements complémentaires qu'on voudra bien leur adresser.

J'aime à vous voir en vos cadres ovales,
Portraits jaunis des belles du vieux temps,
Tenant en main des roses un peu pâles,
Comme il convient à des fleurs de cent ans.

THÉOPHILE GAUTIER.

LES FRANÇAISES
DU XVIIIe SIÈCLE

PORTRAITS GRAVÉS

ADRIENNE-SOPHIE

(Marquise de***)

Sous cette rubrique, on croit généralement reconnaître le portrait de Mme de Breteuil, dont celui de Mme Aug. de Saint-Aubin ferait le pendant, sous les noms de Louise-Emilie Baronne de***. Ces deux pièces, dessinées et gravées par Augustin de Saint-Aubin, étant pour ainsi dire inséparables, nous allons en donner ici la description et en indiquer les états. Ne pouvant puiser à une source meilleure, nous emprunterons ces renseignements au remarquable catalogue de l'œuvre de Saint-Aubin, formant le 5ᵉ fascicule de l'ouvrage que M. Emmanuel Bocher a consacré aux *Gravures françaises du XVIII*ᵉ *siècle* (nᵒˢ 173 et 7).

« MARQUISE DE*** (Adrienne-Sophie). — Coiffée d'un chapeau dont le devant est garni d'une petite dentelle qui lui retombe sur le front. Elle est de profil à gauche, des pendants aux oreilles ; un petit ruban est autour de son cou, et les bouts en pendent sur sa poitrine. Médaillon ovale encastré dans un encadrement rectangulaire et reposant sur une tablette. Sur le haut de cette tablette, une mandoline, des livres, un encrier, un portrait dans un petit cadre ; sur un des livres ouverts on lit : *Poésies légères et chansons*, etc..... » Dans la tablette, sous la rubrique, ces deux vers :

> *Sage ou folle à propos, tendre, enjouée ou grave,*
> *Apollon est son maître et l'Amour son Esclave.*

Au milieu, sous le trait carré, à la pointe : *Aug. de Saint-Aubin ad vivum delin. et sculp.* Puis en seconde ligne : *Se trouve à Paris chés Aug. de Saint-Aubin*, etc.... **A. P. D. R.**

1ᵉʳ état. — Eau-forte pure. Médaillon entouré d'un simple trait ovale et d'un filet. En bas, au-dessous du filet, au milieu à la pointe : *Aug. de Saint-Aubin del. et sculp.* sans autres lettres.

2ᵉ état. — Epreuve terminée. Tablette blanche. Avant toutes lettres.

3ᵉ état. — Avec les inscriptions sur la tablette et l'inscription à la pointe sèche au-dessous de l'encadrement, en bas, au milieu. Sans autres lettres.

4ᵉ état. — Celui qui est décrit.

« BARONNE DE*** (Louise-Emilie). — De profil à droite, en buste, les cheveux relevés sur le haut de la tête et noués avec un ruban, un repentir sur chaque épaule ; sa gorge est encadrée dans un petit bouillonné de tulle, suivant le contour d'un corsage carré. — Médaillon ovale encastré dans un encadrement rectangulaire, et reposant sur une tablette inférieure. Sur le haut de la tablette un carquois, un arc et une torche enflammée, sur lesquels court une guirlande de roses. A gauche, une pomme sur laquelle on lit ces mots : *A la plus belle.* Dans la tablette, sous la rubrique, ces deux vers :

L'amour en la voyant crut voir sa mère un jour,
Et tout ce qui la voit a les yeux de l'amour.

Au milieu, sous le trait carré, à la pointe : *Aug. de Saint-Aubin ad vivum delin. et sculp.* Puis, en seconde ligne : *Se trouve à Paris chés Aug. de Saint-Aubin,* etc.... A. P. D. R. »

1ᵉʳ état. — Eau-forte pure. Médaillon entouré d'un simple trait ovale et d'un filet. Sans aucune lettre.

2ᵉ état. — Eau-forte pure. Médaillon entouré d'un simple trait ovale et d'un filet. En bas, au-dessous du filet, au milieu, à la pointe : *Aug. de Saint-Aubin del. et sculp.* Sans aucunes autres lettres.

3ᵉ état. — Epreuves terminées, avec les inscriptions sur la tablette et, en bas, au-dessous de l'encadrement, au milieu, à la pointe : *Aug. de Saint-Aubin ad vivum delin. et sculp.* Sans aucunes autres lettres.

4ᵉ état. — Celui qui est décrit.

5ᵉ état. — L'adresse n'est plus la même, c'est *rue Thérèse* au lieu de *rue des Mathurins-Saint-Jacques*.

1861	LAVALETTE.	Les deux pièces, sans désignation d'état.	11 f.	»
1869	LEBLOND.	Les deux pièces.	46	»
1872	VILLESTREUX.	Les deux pièces.	182	»
1877	DIDOT.	« La Marquise » seule.	62	»
1877	BEHAGUE.	Les deux pièces *avant les adresses* et *avant* le nom de Saint-Aubin.	410	»
1880	WASSET.	« La Baronne » seule *avant l'adresse*, mais avec le nom de Saint-Aubin. Grande marge.	275	»
»	—	« La Marquise » seule, *même état*. Marge.	115	»
1880	MICHELOT.	« La Baronne » 3ᵉ état.	99	»
»	—	« La Marquise » *avant l'adresse*, mais avec le nom de l'artiste. Belle épreuve	200	»

1881	Mulbacher.	Les deux pièces *avant toutes lettres* et de légers travaux, les marges couvertes d'essais de burin *.	3000 f. »
»	—	Les deux mêmes, avec *Aug. de Saint-Aubin* à la pointe et *avant l'adresse*, toutes marges.	600 . »
1882	Dubois du Bais.	Les deux pièces *avant l'adresse*, grandes marges.	510 »
1885	Cte Hocquart.	Les deux pièces avec le nom de Aug. de Saint-Aubin à la pointe, mais *avant l'adresse*.	900 »

Ces deux très jolies pièces (petit in-folio, ovale équarri), connues sous les titres : La Baronne et La Marquise, figuraient à l'Exposition du Louvre de 1779, sous le n° 286.

Gazette de France du 25 juin 1779 : « Deux portraits de jolies femmes en regard et faisant pendants avec bordures allégoriques et vers analogues aux caractères et aux qualités des deux personnes ; chez Augustin de Saint-Aubin, Graveur du Roi et de sa Bibliothèque, rue des Mathurins et à la Bibliothèque du Roi. 3 livres les deux. »

---

* On lit sous le trait carré du portrait de la Marquise, tracé à la pointe : *Aug. de Saint-Aubin, ad vivum delin.*; et, à la suite, à la mine de plomb par St-Aubin, les mots : *et sculp*. L'inscription : *Aug. de Saint-Aubin delin. et sculp.* » écrite à la mine de plomb sous le trait carré du portrait de la Baronne et le pointillé des tablettes indiqué à la mine de plomb dans les deux épreuves, sont de la main du Maître. Ces deux précieuses pièces ne sont *point décrites* ; elles sont certainement *uniques* dans cet état.

ALLARD (Mlle)

1738-1802

Danseuse de l'Opéra, fort goûtée du public. Maîtresse du danseur Vestris, elle en eut un fils que l'on appelait *le petit Vestrallard*.

J.-B. TILLIARD, d'après DE CARMONTELLE
In-folio.

Elle est représentée dans le second acte de *Silvie*, opéra-ballet, exécuté pour la première fois à l'Opéra le 11 novembre 1766 ; elle danse un pas de deux avec d'Auberval. Le corsage est légèrement décolleté, la tête est de profil à gauche et la scène représente la campagne.

Pièce agréable, en largeur, signée : *L. C. de Carmontelle delin.* — *J.-B. Tilliard sculp.*

ANGEVILLE la jeune (Mlle d')

1716-1796

Marie-Anne Botot, actrice. Débuta en janvier 1730,

à l'âge de 14 ans, dans *Le Médisant*, rôle de Lisette, et fut reçue la même année, le 6 mars.

J.-B. MICHEL, d'après POUGIN DE SAINT-AUBIN
In-folio.

En buste, regardant de 3/4 vers la gauche, dans un médaillon orné accroché à un pilastre, reposant sur un socle à tablette ; avec masque, carquois, marotte de la Folie et attributs dramatiques. Le peignoir entr'ouvert laisse voir le corsage décolleté. Sur la planchette, une vignette en travers la représente devant sa toilette coiffée par une camériste, tandis qu'une autre semble regarder si l'effet de la coiffure est bien. En dessous :

Est-il rien de plus flatteur que de plaire ?
Que d'être entourée d'une foule d'Adorateurs
Dont on fait le sort avec un souris, un mot, un regard ?

Cette vignette reproduit la scène XIV de la comédie *Les Mœurs du Temps* par M. Saurin.

1877	DIDOT.	Avec le portrait de Mademoiselle Clairon, deux pièces.	25 f. »
1877	BEHAGUE.	Sans désignation d'état.	31 »
1879	MICHEL.	Sans désignation d'état.	8 »

LE BAS, d'après PATER
In-folio.

En Thalie, entourée de génies revêtus de divers habits comiques, elle est debout en pied, de face, dans la campagne. Robe à panier avec corsage légèrement décolleté ; dans les nuages, un Amour s'apprête à la couronner de lauriers. Dans le bas, sur deux colonnes, ce quatrain :

> *Pour former d'Angeville au Théâtre François*
> *A Thalie on l'offrit et ce Don sçut lui plaire,*
> *Mais elle dit, ceci n'a besoin de mes loix,*
> *La nature a tout fait, l'Art n'a plus rien à faire.*

1856	S*.	Épreuve de 2º état.	29 f.	»
»	—	Epreuve de 3º état.	29	»
1877	BEHAGUE.	*Avant toutes lettres*, seulement avec les mots : « Avec privilège du Roy » à la pointe, dans la marge inférieure.	32	»
»	—	La même avant que *la tête ait été retouchée.*	50	»

A l'Exposition des Pastellistes, en 1885, figurait un pastel d'après Mme Vigée Lebrun, appartenant à la Comédie-Française et représentant la comédienne dans le divertissement *Les trois Cousines* par Dancourt.

---

* Nous avons conservé à cette vente célèbre, *la première,* pour ainsi dire exclusivement composée de pièces du XVIIIº siècle, son initiale S ; tous les amateurs savent qu'elle désigne celle de M. Delbergue-Cormont.

ARNOULD (Madeleine-Sophie)
1744 — 1803

Actrice et chanteuse de grand talent, débuta en 1757. Elle fut successivement la maîtresse du célèbre architecte Bélanger et du duc de Brancas Lauraguais dont elle eut deux fils. Elle est renommée pour ses bons mots. Sa biographie a été écrite par les frères de Goncourt.

BOURGEOIS DE LA RICHARDIÈRE, d'après DE LA TOUR.
In-8°.

A mi-corps, dans un médaillon ovale à claire-voie ; de face, les yeux levés au ciel. La bouche entr'ouverte ; haute coiffure, d'où s'échappent deux frisures d'inégale longueur ; collier de perles. Corsage décolleté, portant en sautoir une guirlande de roses ; manches bouffantes garnies de deux rangs de perles.

Rôle de Zyrphé de l'opéra de *Zélindor*.

Existant en couleur et en bistre, cette pièce vaut environ 30 fr. dans la première condition et une dizaine de francs dans la seconde.

Par JANINET.

In-8° ovale.

A mi-corps, dans un médaillon ovale à claire-voie ; de face, les yeux levés vers le ciel, les cheveux relevés et ornés d'une branche de roses, un long voile tombant derrière et ramené par devant sur la poitrine, le sein gauche est complètement nu et une large écharpe en sautoir, chargée de deux étoiles entre lesquelles se trouve un croissant, complète le costume.

Rôle d'Iphigénie en Aulide.

1881 MICHELOT.   Avec la lettre, grandes marges.   31 f. »

La plupart de ces portraits d'acteurs et d'actrices ont paru en couleur dans une très intéressante publication hebdomadaire de l'époque, qui avait pour titre : *Costumes et annales des grands théâtres de Paris*, par M. de Charnois. 4 vol. in-4° carré (grand papier) et 4 vol. in-8° (petit papier). Dans ce dernier format les épreuves sont très faibles de tirage.

La délicieuse estampe *La Cruche cassée*, d'après Greuze, gravée par J. Massard en 1773, lui est dédiée.

ARTOIS (Marie-Thérèse de Savoie comtesse d')

1756—1805

Deuxième fille du duc Victor-Amédée III, épousa en

novembre 1773, Charles-Philippe, comte d'Artois, qui devint plus tard Charles X.

Ses armes sont les mêmes que celles de sa sœur, la comtesse de Provence, si ce n'est que la bordure du 1ᵉʳ écusson, qui est de France, est *crénelée de gueules,* tandis que dans celles de la comtesse de Provence, elle est *dentelée de gueules.* Cette remarque est très intéressante pour les bibliophiles, collectionneurs de livres armoriés, qui, souvent, se méprennent sur la provenance des volumes. (Voir Comtesse de Provence.)

CATHELIN (1777,) d'après DROUAIS.
Petit in-folio.

A mi-corps, assise, dans un médaillon ovale ornementé, reposant sur un socle. Le corps, de 3/4 tourné vers la droite, elle regarde de face. Corsage décolleté, garni d'un bouillonné de tulle. Haute coiffure ornée d'un turban avec plume.

L'inscription sur la tablette est coupée par un cartouche ovale contenant deux écus accolés et timbrés de leur couronne.

Jolie pièce.

1858	LATERADE.	Avec la lettre.	9 f.	»
1859	COMBES.	Avant la lettre.	26	»
1877	BEHAGUE.	*Avant toutes lettres* et *avant la lettre,* 2 pièces.	61	»
1877	DIDOT.	*Avant toutes lettres.*	30	»

1881	MAILAND.	Avec la comtesse de Provence, 2 pièces.	24 f.	»
1881	MULBACHER.	*Avant toutes lettres.*	70	»
1885	VIGNÈRES *	Eau-forte avancée, le médaillon contenant les armoiries est *en blanc*, toute marge.	98	»
»	—	*Avant toutes lettres*, toute marge.	122	»
»	—	Avec la lettre, toute marge.	42	»
»	—	La même, réduction in-4°.	11	»

Par DUPIN fils

Petit in-folio.

A mi-corps, dans un ovale équarri reposant sur une tablette. Le corps tourné de 3/4 à droite, regardant de face ; coiffure basse, une boucle se détache de la nuque, pour venir retomber sur l'épaule droite. Corsage décolleté et garni de dentelle, manteau d'hermine sur les épaules. Sur la tablette, dans un cartouche rocaille, armoiries accolées et timbrées d'une couronne.

La pièce est assez finement gravée.

1876	HERZOG.	Avec la lettre.	11	»
1877	DIDOT.	Avec la lettre.	3	»

* Ce n'est point *d'une vente anonyme* quelconque faite par le consciencieux marchand d'estampes que nous voulons parler ici, mais bien de la vente de son *propre fonds,* faite après sa mort, par les soins éclairés de M. Dupont aîné.

LE BEAU, d'après FERDINK.
In-4º.

Regardant de face et à mi-corps, dans un médaillon fixé sur un pilastre par une boucle et un ruban; un collier à double rang de perles pendantes; décolletée jusqu'à la naissance des seins. Au milieu du socle et sous le médaillon, les armoiries accolées de France et de Savoie empiétant sur la tablette enguirlandée de roses; au-dessus des écussons, un vol soutenant une couronne agrémentée d'une torche et d'un carquois.

1858	LATERADE.	Avec une autre pièce gravée par Lebeau.	1 f. »

DUMESNIL, d'après CAMPANA.
Petit in-folio.

Dans un ovale équarri fixé sur une planche rectangulaire par un gros nœud de ruban; à mi-corps, de 3/4 à gauche, regardant de face, les cheveux légèrement relevés et roulés à l'aide d'un peigne garni de perles. Double rang de perles formant un collier pendant. Un manteau d'hermine, jeté sur un corsage décolleté, laisse entrevoir les épaules. Sur la tablette, écussons accolés et timbrés de la couronne.

1858	LATERADE.	Avec la lettre.	7 »
1885	VIGNÈRES.	Avec la lettre.	7 »

GAUCHER, (1788), d'après DESRAIS
In-12.

Dans un rayonnement, en buste, de face, sur une colonne à socle circulaire, un Amour, ayant une torche à la main, descend du ciel pour la couronner, tandis que les Grâces l'enguirlandent de fleurs ; sur le milieu de la colonne, un ovale portant entrelacées les lettres *M. T.*, initiales de la Princesse. A droite, au second plan, on aperçoit un temple de forme ronde à colonnes ; à gauche, un berger donne la main à l'une des Grâces. Sur le premier plan et au milieu de la composition, on voit à terre les attributs de la musique et du chant.

Cette délicieuse petite pièce, pleine de finesse et de charme, plutôt allégorie que portrait, sert de frontispice à « l'*Almanach des Grâces* » dédié à madame la Comtesse d'Artois, pour l'année bissextile MDCCLXXXVIII (1788). A Paris, chez Cailleau.

1er état. — Eau-forte pure.
2e état. — Avant la légende.
3e état. — Avec la légende *Invitation aux Grâces*.

1880 WASSET.	Sans désignation d'état.	15 f. »

GAILLARD, d'après CAMPANA
In-4º.

A mi-corps, dans un ovale ; coiffure basse, une boucle très longue retombant sur l'épaule gauche, que recouvre le manteau d'hermine. Sous le médaillon, dans un cartouche rocaille entouré de roses, de palmes et de lauriers, les armes accolées de France et de Savoie timbrées de leur couronne.

| 1880 | Michelot. | Avec la lettre. | 18 f. » |

M. L. A. BOIZOT, d'après L.-S. BOIZOT (1778).

In-4º.

Elle est représentée en buste de profil à gauche dans un ovale retenu par un nœud de ruban enguirlandé de fleurs. Corsage décolleté, cheveux relevés et ornés d'une sorte de foulard-turban.

Sur la tablette les noms et qualités du personnage.

Cette pièce est assez jolie.

Gazette de France, 29 mai 1778. « Portraits de Madame et de Madame la comtesse d'Artois, servant de pendant à ceux de Monsieur et de Mgr le comte d'Artois ; gravés par la dlle Boizot. — Chez le sr Flipart, graveur du roi, rue d'Enfer, près la place Saint-Michel. 1 liv. 4 s. la pièce. »

| 1880 | Michelot. | Avec le portrait du comte qui fait pendant, deux pièces. | 31 » |
| 1881 | Mulbacher. | Les deux mêmes pièces ; marge. | 100 » |

Par P.-C. INGOUF.

In-4º.

Dessus de boîte, dans lequel elle est représentée assise, dirigée vers la gauche et vue jusqu'à mi-corps. Elle tient son dernier enfant nu sur ses genoux, tandis que, à sa gauche, les deux aînés sont couchés sur un lit de parade. Ce petit médaillon est placé au centre d'un encadrement rectangulaire chargé des plus gracieux ornements. Sous le trait carré, on lit : *Gravé par P. C. Ingouf, d'après la Boëte donnée par cette princesse à M. Busson, son 1er médecin.*

Pièce très agréable, gravée par Pierre-Charles Ingouf l'aîné, d'après un dessin de Mme Ingouf ; elle vaut de 15 à 20 francs.

Par CHAPUY.

In-8º.

A sa toilette, se regardant dans un miroir, elle est vue presque de profil, à droite. Dans le bas, des Amours peignent une mèche de cheveux postiches, tandis que, dans des nuages, quatre autres Amours tiennent tout prêts les divers détails de la parure. Sur la tablette, on lit : *Se trouve à Paris chez Depain, Coeffeur de Dames et auteur de ces coeffures rue de Condé, aux armes d'Artois, vis-à-vis la rue des Cordelliers.*

Cette pièce, de forme rectangulaire, existe en noir et coloriée à l'aquarelle ; elle est rare, surtout dans cette première condition.

Par BROOKSHAW (1775).
In-folio.

La princesse est en buste, de 3/4 tournée vers la gauche. Pièce en manière noire, assez jolie. On en doit une réduction au même artiste, mais en *contre-partie :* elle est peut-être plus gracieuse que la première.

1877   Behague.   Epreuve avant la lettre.   1201. »

Parmi les autres effigies de la comtesse d'Artois, bien peu méritent de fixer l'attention des amateurs. Nous devrons cependant signaler celle gravée sous la direction de Bonnet (*Bonnet direx.*), d'après le tableau de Ferdinck. C'est une pièce grand in-folio, à la manière du crayon, en sanguine. La tête, vue jusqu'aux épaules, de 3/4 à gauche, avec des yeux regardant bien en face, dans un médaillon ovale équarri, doit donner, croyons-nous, une idée assez exacte de la physionomie de la princesse italienne. Enfin, il ne faut pas omettre de citer celle que dessina Desrais et que Deny reproduisit en couleurs. Dans cette pièce, de format petit in-folio, la princesse est vue en pied, de profil à droite, vêtue d'une robe de cour garnie de queues de martes, de gaze en coque, avec draperies, fleurs et glands, et coiffée en tapet renversé à quatre boucles surmontées d'une aigrette de perles et de fleurs.

C'est surtout une image très fidèle de la mode à cette époque; aussi est-elle fort intéressante à ce titre. Elle fait du reste partie d'un volume rarissime intitulé : Gallerie des modes et costumes français ; ouvrage commencé en 1778 : dessinés d'après nature par Leclerc, Desrais, Martin, Simonet, Watteau fils et de Saint-Aubin, gravés par Dupin, Voysard, Patas, Baquoy, etc... et colorés avec le plus grand soin par Mme Lebeau. *A Paris, chez les Sieurs Esnauts et Rapilly.* 2 volumes in-folio. Un texte explicatif est joint à ce recueil qui fut adjugé 5,800 fr. à la vente Delebergue-Cormont, en 1883.

Quant aux portraits gravés par Dambrun, d'après Corona, et par Hubert, d'après Ferdinck, leur valeur est très minime.

Enfin, nous ne pouvons passer sous silence une pièce allégorique sur la convalescence de la comtesse d'Artois, publiée sous le titre : Les vœux accomplis, et signée : *Dessiné par Moreau, inventé par Ranchon, gravé par Simonet, 1783*. Cette pièce in-folio en largeur, a eu en effet le sort le plus bizarre : le buste de la comtesse y a été successivement remplacé par celui de Voltaire et enfin par celui de Napoléon Ier [*]!! Une épreuve à l'eau-forte en a été payée 200 fr., en 1880. Le dessin original, qui se trouve actuellement au musée de Bayeux, a figuré au Salon du Louvre en 1783.

AVED (Mme)

?

Anne-Charlotte Gauthier de Loiserolle, femme du peintre Aved ; les biographes sont muets sur elle.

BALECHOU, d'après J.-A. AVED.

A mi-corps, dans un médaillon lézardé reposant sur un socle ; sur la gauche, une draperie, relevée par une embrasse à glands, semble découvrir le portrait. Le corps est de 3/4 à gauche et elle regarde de face ; les cheveux sont ornés de perles, et au-dessus de la lèvre supérieure on remarque deux verrues. Un manteau jeté sur les épaules laisse discrètement entrevoir la gorge par l'échancrure du corsage.

---

[*] Pour ce dernier personnage le titre devint : *Le Vœu des deux nations*.

Bonne pièce, mais la vulgarité du personnage lui enlève beaucoup d'intérêt.

1865	Corneillan.	Avec la lettre.	11 f. 50
1877	Behague.	Avec la lettre, grande marge.	10 »
1885	Vignères.	Épreuve de 1er état, avec ces mots : *Aved Pinx.* — *Balechou sculp.* et des essais de burin sur les marges. *	5 50
»	—	La même avec : *Peint par Aved.*	2 »

« Aved fit deux portraits de sa femme; le premier, au moment sans doute de son mariage ; tous deux représentent une femme assez laide et ses deux femmes ne se ressemblent point, ce qui explique la différence des âges du modèle. Balechou grava l'un et l'autre, et le premier plus agréablement que le second. » (Voir A. Jal, *Dictionnaire critique de biographie et d'histoire*).

AVELINE (Mme)

1699—?

Marie-Antoinette Genest, femme du graveur Pierre

---

* Cette mention : *Essais de burin sur les marges*, qui peut sembler sans importance au premier abord, est au contraire très significative ; ces attaques légères du burin sur la marge du cuivre attestant, pour ainsi dire, la virginité de la planche, dénotent toujours des épreuves d'un tout premier tirage.

Aveline (1607-1760). Elle était fille de Louis Genest, maître peintre, demeurant sur le Petit-Pont à Paris.

Gravé par P. AVELINE.
In-8°.

Deux petits médaillons ovales sur un fond rectangulaire; celui de droite plus petit que l'autre, placé dans un cartouche genre rocaille, contient l'effigie du personnage; elle est vue jusqu'à la naissance des épaules seulement, de 3/4 à gauche, ou plutôt presque de face, les cheveux relevés sans aucun ornement; dans le médaillon de gauche le portrait d'Aveline. Au bas ce quatrain :

> *Le sort de ce couple aimable*
> *Brave et le tems et sa faux*
> *Il n'a pas besoin du ciseau*
> *Pour devenir inaltérable.*

Fine et gracieuse pièce.

BARRY (Comtesse du)
1746—1793

Marie-Jeanne Gomard de Vaubernier ; succéda comme maîtresse de Louis XV à la Pompadour, dont elle fut loin d'avoir l'intelligence et l'esprit. Le roi lui avait fait bâtir un merveilleux pavillon à Louveciennes ; l'exécution de ce chef-d'œuvre, qui portait le nom de château de Luciennes, avait été confiée à l'architecte Le Doux. C'est là que la courtisane donnait ses fêtes somptueuses. Elle périt sur l'échafaud, le 8 octobre 1793. Sa devise était « *Boutez en avant* » et ses armes aux deux écus accolés se lisent : Le 1ᵉʳ *de gueules à trois jumelles d'argent. Le deuxième d'azur au chevron d'or portant en cime un geai surmonté d'un G et accompagné de deux roses en pointe, d'une main dextre en pal, le tout d'argent.*

BEAUVARLET, d'après DROUAIS.
In-8º.

Assise, en costume de chasse, le corps légèrement penché en avant, vers la droite, regardant de face, dans un médaillon ovale équarri. Cheveux relevés et ondulés, mouches sur le visage. Le gilet à jabot de dentelle légèrement entr'ouvert laisse un peu apercevoir la poitrine.

1er état. — Avant toutes lettres, avec essais de burin dans les marges.
2e état. — Avant la lettre, le nom des artistes gravé.
3e état. — Avec la lettre.

C'est un des plus charmants portraits du personnage ; il est *très recherché*, mais il faut l'avoir en *1er* ou *2e état*.

1856	His de la Salle.	*Avant la lettre*, toute marge.	57 f.	»
1859	David.	*Avant la lettre*, toute marge.	100	»
1876	Herzog.	Même condition.	405	»
1877	Didot.	*Avant la lettre.*	330	»
1877	Behague.	*Avant la lettre*, toute marge.	445	»
1880	Michelot.	*Avant la lettre*, marge.	350	»
1881	Mulbacher.	*Avant la lettre.*	275	»
1885	Vignères.	*Avant la lettre.*	351	»

CH. GAUCHER, (1770), d'après DROUAIS.
In-8°.

En buste et de face, le corps légèrement tourné à droite, dans un médaillon orné de roses et retenu par un ruban, sur une planche rectangulaire, au bas un carquois chargé de flèches mis en sautoir avec un arc et une torche liés ensemble par un ruban. Le peignoir est décolleté, le cor-

sage garni de guirlandes de roses, et la poitrine est deminue. Les cheveux relevés s'épandent en longues frisures sur la nuque.

1er état. — Eau-forte pure.
2e état. — Eau-forte pure plus avancée.
3e état. — Avant toutes lettres.
4e état. — Chez l'Auteur..... A. P. D. R. 1770.
5e état. — Chez Bligny, etc..... à présent chez Esnauts et Rapilly. A. P. D. R.

Cette pièce est vraiment délicieuse; mais un collectionneur délicat, amateur de beaux burins, doit l'avoir dans le *troisième* ou le *quatrième* état. Dans le suivant, la planche est tellement usée, que l'estampe a perdu toute sa netteté et son frais coloris. C'est, du reste, le grand défaut de notre excellent graveur, d'avoir employé des *cuivres trop mous*, se ressentant promptement des fatigues du tirage. Aussi, est-ce une règle absolue de chercher les pièces de ce Maître en *premières épreuves*.

M. Henri Béraldi possède de ce ravissant portrait les deux seules épreuves *connues* des deux premiers états; il a payé l'une 1000 fr., en 1880; et l'autre (l'état le moins avancé), avant d'entrer dans sa collection, atteignit, en vente publique, le prix énorme de 2400 fr.!!

Ce sont là des raretés insignes qu'il faut couvrir d'or, comme on le voit; et cependant une eau-forte pure restera toujours une ébauche et malgré le piquant de son jet de prime-saut, elle n'aura jamais le même charme qu'un beau burin avec le blond et le velouté de ses tons.

A propos de ces deux eaux-fortes, un critique d'art, qui fut souvent écouté, feu Benjamin Fillon, s'éleva jadis, dans une brochure demeurée presque inconnue, contre la folie qui poussait les amateurs à délaisser les véritables œuvres d'art, pour s'acharner à la recherche des objets dont l'extrême rareté faisait seule le prix. C'était une thèse séduisante : nul mieux que lui n'était à même de la soutenir comme il faut. La méchante humeur dans laquelle il se trouvait ce jour-là fut cause qu'à la place du plaidoyer juste et mesuré que l'on était en droit d'attendre, il ne laissa qu'un factum réjouissant, et voici comment :

Nous venons de dire le prix véritablement insolite atteint par l'eau-forte de Gaucher. Le bruit de cette enchère retentit aussitôt chez tous les amateurs et marchands de la capitale, et l'écho, qui s'en répandit en province, ne tarda pas à arriver jusqu'à notre critique, dans la retraite de collectionneur qu'il s'était faite à Fontenay-le-Comte. Or, comme chez lui l'amateur était doublé d'un brocanteur (on nous affirme que le cas n'est pas rare, mais nous n'en voulons rien croire), il résolut de tenter la fortune à son tour et de mettre en vente un état d'eau-forte pure du même portrait, que renfermaient ses cartons et auquel il n'avait jusqu'alors prêté qu'une attention distraite.

Et, en effet, c'était le moment de vendre, puisque les eaux-fortes pures étaient à la hausse ; mais, hélas ! il faut croire que cette *valeur* n'est pas plus ferme que *le Turc*, puisque M. H. Béraldi ne consentit à la payer que mille francs !

C'était déjà bien honnête, nous semble-t-il ; cependant comme Benjamin Fillon était loin de son compte, il se fâcha, se fâcha tout rouge ; et enfin, ne sachant à qui s'en prendre — *quærens quem devoret*, — il ne trouva rien de mieux que de tomber sur... les Jésuites !

Et, pour qu'on ne pût se méprendre sur les motifs de sa juste colère, il les consigna dans une brochure in-8° de 12 pages, qu'il intitula : *Le portrait de Pierre Arétin, par Marc Antoine, et celui de la comtesse du Barry, par Charles-Étienne Gaucher*. Paris, Quentin, 1880.

Relevant alors avec indignation ce fait déplorable qu'une pièce hors ligne, due au burin savant d'un Raimondi, n'avait été vendue que 1700 fr., tandis que le portrait d'une courtisane, ébauchée à l'eau-forte par un artiste de second ordre, avait atteint le prix de 2,400 fr., il signala véhémentement tous les dangers que couraient les beaux-arts en face de la terrible Compagnie de Jésus et se répandit en suprêmes doléances contre cette funeste éducation cléricale, qui faussait le goût des amateurs et oblitérait le vieux sens artistique français... et patati et patata !....

On ne fit point de barricades à Paris, à la suite de ce grave incident et nous croyons savoir qu'il n'y eut même aucune émotion populaire... Mais comme Benjamin Fillon n'aimait pas pour ses brochures les tirages à grand nombre, il en est résulté une rarissime plaquette que le nom de l'auteur fera toujours rechercher.

Si vous la trouvez jamais, lisez-la, elle est fort divertissante. Nous l'avons vue chez M. Henri Béraldi, qui, en nous contant cette anecdote, a bien voulu nous autoriser à reproduire ici, à titre de délicate curiosité, l'eau-forte, cause de ce petit potin.

1877	Martin.	Avec l'adresse de l'auteur, petite marge.	20 f. »
»	—	Avec celle de Bligny, petite marge.	9 »
1877	Behague.	Avec l'adresse de Bligny, toute marge.	95 »
1877	Didot.	Sans désignation d'état.	80 »
1879	Sieurin.	Avant toutes lettres, seulement le nom de l'artiste à la pointe.	500 »
1880	Vasset.	Avec l'adresse de l'auteur.	115 »
1880	Michelot.	Avant la lettre et avant les ombres sur l'ovale.	505 »
1881	Mulbacher.	Sans désignation d'état, toutes marges.	135 »
1881	Berthier.	Sans désignation d'état.	79 »
1886	Vignères.	Avec toute sa marge.	35 »
»	—	Épreuve sans marge.	17 »

BONNET, d'après DROUAIS.

In-8°.

Dans un médaillon orné, fixé par un nœud de ruban à une planche rectangulaire, à la manière de Cochin ; à mi-corps, regardant de face, avec un gilet à jabot délicatement entr'ouvert. Dans le bas : *Gravé par Louis Bonnet 1769*, et sur la tablette ces deux vers :

Les Grâces et l'Amour sans cesse l'environnent
Et les Arts, avec eux, tour à tour la couronnent.

Cette pièce a été tirée en bistre et en couleur ; bien qu'elle ne soit pas jolie, on la paye cependant de 100 à 130 francs. M. Béraldi la possède *avant la lettre.*

WATSON, d'après DROUAIS.
In-folio.

Dans un ovale, assise de face, haute coiffure, avec frisure retombante ; fichu discrètement ouvert laissant soupçonner plutôt que voir la gorge, tête légèrement penchée à droite.

En manière noire ; *avant la lettre,* vaut de 120 à 150 francs. A la vente Behague, elle n'atteignit cependant que le prix de 72 francs.

MOITTE, d'après BENARD.
In-folio.

Sous la rubrique *Le repos de chasse.* Pièce à quinze personnages, gentilshommes et paysans, représentant un arrêt en forêt. La du Barry, costumée en homme, est assise sur un tertre ; son nègre Zamore la déchausse ; une main est sur son chien, tandis que l'autre prend un verre sur le plateau que lui présente sa camériste.

Pièce assez jolie, mais plutôt estampe que portrait.

1856	S.	Avec toute sa marge.	11 f. 50
1867	Pelletier.	Avec la lettre.	10 »
1876	Herzog.	Avec la lettre.	18 »
1877	Behague.	Avec la lettre.	63 »

| 1881 | Michelot. | Avec la lettre. | 30 f. | » |
| 1881 | Mulbacher. | Avec la lettre. | 80 | » |

LE BEAU, d'après MARILLY.
In-4°.

Dans un médaillon orné, vue de face, assise sur un coussin ; au bas du médaillon, un arc, un carquois et deux pigeons, dont l'un est sur le carquois.

Il faut avoir cette pièce *avant le numéro*.

1859	David.	Avec toute sa marge.	26	».
1859	Leblond.	Même condition.	5	»
1872	Soleil.	Sans désignation d'état.	26	»
1877	Behague.	Avec toute sa marge.	51	»
1879	Sieurin.	Avant le n°, grande marge.	22	»
1880	Michelot.	Toute marge.	13	»
1886	Vignères.	Avant le n°, toute marge.	20	»
»	—	Avec le n°, toute marge.	9	50

GAUTHIER DAGOTY.
In-folio.

Elle est assise à sa toilette, prenant une tasse de chocolat que lui présente son négrillon Zamore.

Pièce en couleur *très rare* et *très recherchée*, quoique *laide* : elle existe également en noir et, *contrairement* à ce qui se produit généralement, les épreuves de ce dernier tirage sont les meilleures.

1881	MULBACHER.	Épreuve en couleur.	250 f. »
»	—	La même, mais en noir.	255 »

Peuchet, Legrand, Bovinet, Brookshaw (?) et autres ont encore reproduit par la gravure les traits du personnage, mais ce ne sont que méchantes pièces sans valeur. Par contre, celui de Condé d'après Cosway est assez joli ; une épreuve, *avant toutes lettres* et avec marge, a été payée 50 francs à la vente Sieurin, et 42 francs, avec la lettre, à celle de Mahérault.

A la vente Libéraudière, en mai 1885, un portrait *présumé* du personnage par Jean Pillement, le représentant en Diane chasseresse, à mi-jambes, assise dans une forêt, tenant d'une main un carquois, de l'autre une flèche, vêtue de rose et de blanc, un mantelet en peau de léopard sur les genoux, s'est vendu 490 fr. (H. 0m46 ; — L. 0m36).

BEAUJOLAIS (Mᵐᵉ de)

Voir « MAILLY (comtesse de) »

BECAILLE (Marguerite)

?

Veuve de Maximilien Titon, écuyer, seigneur d'Ognon, des Baronies de Berre, Istres et Lançon, fut la fondatrice du couvent des dames religieuses hospitalières de l'ordre de Saint-Augustin à Saint-Mandé.

L. DESPLACES (1715), d'après LARGILLIÈRE.
Grand in-folio.

En costume de veuve, assise et regardant de face, la main droite ouverte reposant sur un livre fermé placé sur une table, le bras gauche ramené sur les genoux ; les cheveux relevés et ornés d'un voile de tulle noir retombant par derrière. Le corsage modestement échancré est garni de dentelle et d'une agrafe en joaillerie. A gauche, une draperie et dans le fond des colonnes.

1877	Behague.	Avant toutes lettres.	42 f. »
1881	Mailand.	Avant toutes lettres et beaucoup de travaux ; avec la lettre mais *avant* le mot *religieuse* dans le titre et *avant* la date de *1706 ;* avec le mot *religieuse* et avec la date ; 3 pièces.	68 »

BEAUMENIL (Henriette-Adélaïde VILLARD, dite Mlle)

1748-1803

Célèbre cantatrice et actrice, elle débuta d'abord à la Comédie-Française, puis entra à l'Opéra (1766). Elle quitta le théâtre en 1781 et épousa peu après un acteur de la Comédie-Italienne, du nom de Philippe, qui était l'homme d'affaires de la duchesse de Bourbon. Musicienne douée d'imagination, elle fit la musique de *Tibulle et Délie,* opéra en un acte, paroles de Fuzelier, ouvrage qui fut représenté par l'Académie royale de Musique le 15 mars 1784 et que le public accueillit avec faveur. Elle mourut à Paris le 15 juillet 1803.

GERAUD VIDAL, d'après PUJOS.
Grand in-4°.

De 3/4 à droite, regardant de face dans un ovale posé sur un fond rectangulaire ; le corsage légèrement décolleté, les cheveux relevés et agrémentés de roses, avec boucles retombant sur les épaules, sont recouverts d'un voile de gaze. Au-dessus de l'ovale, des feuilles de lierre et au-dessous les attributs du théâtre ; vers la droite, une lyre enguirlandée de roses sur laquelle deux colombes se becquètent et vers la gauche, un livre entr'ouvert sur lequel on lit : *Tibulle et Délie opéra.* Sur la tablette, ce quatrain très laudatif, mais d'une facture un peu lourde :

> *Est-ce une Muse, est-ce une Grâce*
> *Qui tient ici la lyre d'Apollon,*
> *C'est toutes deux, en instruit le parnasse*
> *Et Beauménil leur a prêté son nom.*

Pièce gravée au lavis, peu commune.

BERTIN (Rose)
1744-1813

Marchande de modes de la reine Marie-Antoinette. Elle naquit à Abbeville, disent les uns, à Amiens, assurent les autres, et fit son apprentissage au magasin du *Trait galant* ; ce fut vers 1770 qu'elle devint fournisseur attitré de Marie-Antoinette qui n'était alors que dauphine.

Par JANINET.
In-8°.

Dans un ovale, presque de face, les cheveux bouclés et étagés, surmontés d'une mousseline formant bonnet. Les épaules sont couvertes d'un fichu qui vient se nouer gracieusement sur le devant d'un corsage décolleté.

Ce portrait, qui ne porte pas le nom du personnage, n'est rien moins qu'une *très remarquable* pièce en couleur ; malheureusement la modiste de la reine avait tout à fait oublié d'être jolie !...

1880	MICHELOT.	Avant toutes lettres.	166 f. »
1881	MULBACHER.	Avant toutes lettres, seulement *Janinet* à la pointe.	350 »
1886	VIGNÈRES.	Epreuve très fraîche, avec grande marge.	320 »

BLANCHEAU (Mlle)

?

Maîtresse du peintre Jean-Baptiste Santerre, et peintre elle-même.

CATHERINE DUCHESNE, d'après J.-B. SANTERRE.
In-folio.

Vue jusqu'à mi-jambes, assise sur un tabouret, le corps tourné de 3/4 vers la gauche, regardant de face. La main droite tient une palette, des pinceaux et un appui-main ; tunique à corsage ouvert et lacé sur le devant. Sous le portrait le quatrain suivant :

Ton art, Santerre, est plus qu'humain
Ton pinceau fait briller le beau de la Nature
Qui peut n'aimer point la peinture ?
La voyant peinte de ta main.

Cette pièce, très ordinaire d'ailleurs, est gravée en manière noire.

1880   MICHELOT.   Sans désignation d'état.   9f. 50

BOCCAGE (Mme du)

1710-1802

Marie-Anne Lepage, épouse de Fiquet du Boccage, poète, née à Rouen ; très prônée par Fontenelle et par Voltaire, bien que ses œuvres n'aient jamais eu un grand relief. Elle a laissé des lettres intéressantes adressées à sa sœur, Mme Duperron, pendant ses voyages en Italie, en Angleterre et dans les Pays-Bas.

TARDIEU le fils, d'après Mlle LOIR.
In-8°.

En buste et de face dans un médaillon posé sur un socle, une branche de laurier en sautoir sur le corsage ; coiffure basse, cheveux relevés. Sous le médaillon, des armoiries et ce quatrain :

Autour de ce portrait couronné par la gloire
Je vois voltiger les amours
Et le temple de Gnide et celui de mémoire
Se le disputeront toujours.

1er état. — Avant les armoiries et les vers, le nom du personnage seulement sur la tablette, et celui des artistes.
2e état. — Avec les armoiries et les vers.

1873	Gigoux.	Sans désignation d'état.	5 f. »
1879	Sieurin.	Trois épreuves différentes.	16 »
1886	Vignères.	Avant les armes et avant les vers.	5 «

MALŒUVRE, d'après NATTIER.

In-folio.

Sous la rubrique *Flore à son lever*.

1877	Behague.	Épreuve avant la lettre.	45 »

Certains iconographes croient plutôt reconnaître dans ce portrait Louise-Henriette de Bourbon Conty, duchesse de Chartres (voyez ce nom).

BOISSIEU (Mme de)

?

Femme de Jean-Jacques de Boissieu, peintre et graveur; elle se nommait Anne-Roch de Valous et devait être, comme son mari, née à Lyon, où le mariage eut lieu le 20 avril 1773.

Par et d'après J. J. DE BOISSIEU.
In-folio.

Le portrait du personnage se voit sur le deuxième état d'une planche contenant le portrait de l'artiste par lui-même. Il tient de ses deux mains une feuille de papier sur laquelle est *l'effigie* de sa femme, remplacée par un *paysage* dans le troisième état de la planche.

Mme de Boissieu est représentée de profil à droite, la tête inclinée, les yeux baissés, avec un corsage légèrement décolleté.

Belle pièce, peu commune, signée, *J. J. D. B. 1796*.

BOUFFLERS (Comtesse Amélie de)

?

Amélie-Constance Puchot des Alleures, épouse de Louis-Édouard de Boufflers, comte de Boufflers, vivait à la fin du XVIIIe siècle.

COLINET, d'après JULIEN FATOU.
Petit in-folio.

Dans la campagne, assise sur un tertre, à l'ombre d'un

arbre, sur le tronc duquel on voit écrit le mot « CAROLINE. » Les bras croisés, la main droite tenant un livre mi-fermé dont on n'aperçoit que le plat verso. Robe blanche, fichu menteur, ceinture écharpe, chapeau à larges bords relevé d'un côté et orné de deux plumes noires. Les cheveux sont tout frisés et retombent à droite et à gauche sur les épaules. Le personnage a le corps tourné de 3/4 à droite et regarde de face ; il est dans un ovale équarri. Sous le trait carré, au milieu, armoiries timbrées d'une couronne ducale.

Cette pièce en couleur, qui rappelle beaucoup la gravure anglaise au pointillé, est assez agréable ; il y règne surtout une grande douceur de ton.

| 1877 | MARTIN. | Avec la lettre. | 34 f. » |
| 1881 | MICHELOT. | Avec la lettre. | 41 » |

BRICQUET (Fortunée-B.)

1782—?

Née à Niort, le 16 juin. — C'est tout ce que nous savons du personnage, peu important du reste et qui n'avait que 10 à 12 ans, quand son portrait fut gravé.

C.-E. GAUCHER, d'après Mme DE NOIRETERRE.
In-8º.

A mi-corps, de 3/4 à droite et regardant de face, corsage

décolleté, taille très courte, pendant d'oreilles, cheveux frisés sur le front et retombant en boucles sur les épaules. Le médaillon équarri est orné de fleurs.

C'est une fort jolie petite pièce, gravée avec une grande finesse.

1ᵉʳ état. — Eau-forte pure.
2ᵉ état. — Avant toutes lettres.
3ᵉ état. — Avec la lettre.

1886	Vignères.	Avant toutes lettres et avec la tablette blanche.	21 f.	»
»	—	Avec la lettre.	5	»

BURGEVIN (Mᵐᵉ de)

1721-1765

Marie-Elisabeth-Jean-Baptiste Guyard, femme de messire Charles-Paul de Burgevin de Moligny de Vialart.

FESSARD, d'après F. MARTIN.
In-folio.

En buste, le corps dirigé vers la gauche, la figure presque de face, dans un ovale accroché sur un fond rectangulaire. Cheveux relevés recouverts d'une voilette ; corsage décolleté, avec une agrafe ornée d'une grosse perle. Dans le bas, une tablette chargée d'armoiries et de dix vers français.

Pièce peu commune, mais elle est médiocrement gravée.

CAMARGO (Marie-Anne Cuppi, dite la)

1710-1770

Célèbre danseuse de l'Opéra, issue du côté paternel d'une noble famille romaine. Elle prit ses premières leçons de la D^{lle} Prévost et débuta à Bruxelles, où elle ne resta pas longtemps ; ses grandes dispositions et son talent l'appelèrent à Paris, où elle acquit rapidement une grande réputation. Elle quitta le théâtre en 1751, avec une pension de 1500 livres.

CARS, d'après N. LANCRET.
In-folio en travers.

Elle est vue de face, dans un paysage, ébauchant un pas de danse, un pied en l'air, les bras étendus à droite et à gauche. Elle a dans les cheveux une petite branche de feuillage, et sa robe est toute garnie de guirlandes de fleurs. A droite, adossé à un pilastre de pierre, un petit musicien, de 3/4 à gauche, jouant du flageolet et du tambourin ; à gauche, en contre-bas, des joueurs de violon, de clarinette et de basson, etc.

Sous le nom du personnage ce quatrain :

Fidèle aux loix de la cadence,
Je forme, au gré de l'art, les pas les plus hardis ;
Originale dans ma danse,
Je puis le disputer aux Balons, aux Blondis.

1er état. — Eau-forte pure, avant toutes lettres.
2e état. — Epreuve terminée avant le nom de « Camargo. »
3e état. — Avec le nom, et *à Paris chez l'auteur* et *chez la veuve Chéreau, avec privilège du Roy.*
4e état. — L'adresse est changée et remplacée par *à Paris chez Surugues, avec privilège du Roy.*
(Emmanuel Bocher; 4me fascicule Lancret, n° 17).

L'eau-forte pure est au département des Estampes, à l'œuvre de Cars. Il existe une réduction de la pièce, format in-8°.

1856	His de la Salle.	3me état avec l'adresse du graveur.	31 f. »
1856	S.	La pièce en réduction.	9 »
1873	Gigoux.	Avec la lettre.	18 »
1877	Didot	Avec la lettre.	31 »
1877	Behague.	Avant-dernier état, avec l'adresse de l'auteur, grande marge.	95 »

Les deux tableaux originaux, « *La Camargo* et *La Sallé,* » peints par Lancret (gravés le premier par Cars, le second par Larmessin), furent vendus en février 1864. Ils avaient appartenu tous deux au Grand Frédéric et faisaient partie de la collection du château de Rheinsberg, qu'il habitait comme prince royal. A son avènement, il donna son château à son frère, le prince Henri de Prusse. Ce prince étant mort en 1802, le château et tout ce qu'il contenait passa par héritage à son troisième frère, le prince Auguste de Prusse, qui laissa en 1813 à Mlle de W*** tout le mobilier de la demeure royale, dont faisaient partie ces deux toiles. Nous les voyons repasser en vente en 1869, puis en 1872, à la vente Pereire où « *La Camargo,* » fut adjugée 9,900 fr. à lord Hertford, aujourd'hui sir Richard Wallace, et « *La Sallé* » 6,200 fr. au comte Camondo.

Voici les dimensions de ces toiles :

Camargo : largeur 0^{m}55 ; hauteur 0^{m}435.

Sallé : largeur 0^m 56 ; hauteur 0^{m}430.

A la vente de Saint-Rémy, en 1878, un pastel de La Tour représentant *La Camargo* fut adjugé 260 francs.

Le musée de Nantes possède un portrait de la célèbre danseuse par Lancret, provenant de la collection Cacault, et un autre par Nattier, du fonds Clarke de Feltre.

CARCADO (J.-A. Poncet de la Rivière, Comtesse de)

1731—1776

Dame recommandable par sa charité, membre de l'ordre de la Croix étoilée, épouse du comte de Carcado, lieutenant des armées du Roi. Fut inhumée à Saint-Gervais dans la chapelle où reposent ses aïeux.

Voir son *Éloge historique,* brochure anonyme de 36 pages, s. l. n. d.

E. GAUCHER, d'après Mlle LOIR.

In-8°.

Dans un médaillon équarri reposant sur une tablette, à mi-corps, tournée vers la droite, regardant de face et coiffée d'un bonnet ; sur la poitrine, à gauche, brille sa décoration ; un fichu croisé laisse apercevoir légèrement l'échancrure du corsage.

Voici les états qui nous sont donnés par MM. le baron Roger Portalis et Henri Draibel* dans leur très intéressant catalogue de l'œuvre de Charles-Etienne Gaucher, publié en 1879, chez Morgand et Fatout.

1er état. — Tête nue, bouquets dans les cheveux et au corsage. Robe décolletée. Avant toutes lettres, tablette blanche, les noms des artistes à la pointe.

2e état. — Avec le nom du personnage et 6 vers dans la tablette ombrée, les noms des artistes au trait.

3e état. — La robe est montante avec guimpe et la tête est coiffée d'un bonnet. — Il existe de cet état une copie faite par Courbe.

Il faut avoir cette pièce, qui est charmante, *en premier état*, ou tout au moins *en second* ; le dernier est *détestable*, la planche est complètement usée : au point de vue artistique, c'est une non-valeur. Quand nous disons que la planche est usée, c'est de la *figure*, point essentiellement intéressant, que nous voulons parler : étant restée telle quelle dans les trois états, elle a eu à subir toutes les fatigues des tirages successifs et

---

* Anagramme de *Béraldi*.

ne possède plus par conséquent la vigueur et le brillant des premières épreuves.

Voici les six vers qui se trouvent sur la tablette :

> *Des plus rares talens sa vertu décorée,*
> *Ne fut que par elle ignorée.*
> *L'art ne peut exprimer la douceur de ses yeux*
> *Ni le feu que son cœur ravissoit dans les cieux.*
> *Sa piété profonde, active mais affable*
> *A tous les yeux parut aimable.*

1877	Martin.	Sans désignation d'état.	6 f.	»
1886	Vignères.	Épreuve *avant le bonnet*.	40	»
»	—	Avec le bonnet.	5	»

Il existe de cette pièce une copie par Maradan ; elle est sans valeur artistique, encore qu'elle soit fidèlement exécutée.

CAYLUS (Comtesse de)

1673—1729

Marthe-Marguerite de Valois, de Villette, de Murçay, comtesse puis marquise de Caylus, était la mère du comte de Caylus, artiste et antiquaire, et la nièce de madame de Maintenon.

DAULLÉ (1743), d'après H. RIGAUD.
Grand in-folio.

A mi-corps, dans un encadrement de pierres, coiffée d'un bonnet de dentelle, regardant de face ; une main, ramenée sur la poitrine, semble retenir un camail noir bordé de fourrures. Sous le trait carré :

Amicorum dulcissima cura suorum.

Horat.

Fort belle pièce.

1876	Herzog.	Sans désignation d'état.	21 f.	»
1877	Behague.	Sans désignation d'état.	15	»

CHARDIN (Mme)

?

La seconde femme de Jean-Siméon Chardin, « peintre du roy, conseiller et trésorier en son Académie. » Elle se nommait Françoise-Marguerite Pouget et devint Mme Chardin vers 1744. Elle survécut à son mari, qui mourut le 7 décembre 1779.

LAURENT CARS, d'après N. COCHIN (1755).

De 3/4 à gauche, dans un médaillon rond accroché sur un fond rectangulaire ; robe de chambre montante, bonnet serré à la tête recouvrant toute la chevelure ; collier au cou.

« Cette tête est assez jolie, dit Jal, dans son *Dictionnaire critique*, et donne l'idée d'une femme encore très agréable, quoique « marquée », comme on dit. »
Avec le portrait de Chardin, en pendant, dessiné par M. Cochin en 1779, et gravé par J.-F. Rousseau, cette pièce peut valoir une quinzaine de francs.

CHATEAUROUX (Duchesse de)
1717-1744

Marie-Anne de Mailly-Nesles, marquise de la Tournelle, maîtresse de Louis XV. Les de Goncourt furent ses biographes.

MALŒUVRE, d'après NATTIER.
In-folio.

A la vente du baron de Beurnonville en juin 1884, le tableau attribué à Nattier d'après lequel fut gravée cette estampe sous le titre : *La nuit passe, l'aurore parait*, fut adjugé 3000 francs.

Voici la description, empruntée au catalogue :

Fière et impérieuse, regardant à gauche *, portée sur une nuée, elle répand des fleurs sur son passage ; accompagnée par un Génie, l'étoile au front, le flambeau à la main, des fleurs sont piquées dans ses cheveux châtains, qui retombent en longues tresses derrière son cou. Son vêtement, une tunique blanche décolletée à manches relevées et maintenues près de l'épaule par un cordon de perles. Une écharpe bleue flotte autour du corps.

1877	Didot.	*Avant la lettre.*	50 f. »
1880	Michelot.	Avant la lettre, toute marge.	31 »

Cette pièce a encore été gravée par Gaujean.

MASQUELIER, d'après NATTIER.
In-8°.

A mi-corps dans un ovale équarri au-dessous duquel se trouve une tablette, les seins presque entièrement nus, tête de face, regardant de 3/4 à gauche ; vêtement retenu sur l'épaule droite par une bandelette ; au-dessus de la tête une étoile.

Sous le nom dans la tablette :

Mais croyés vous qu'il m'aime encore ?

Cette pièce devait servir à illustrer un volume, comme semble bien l'indiquer la mention « *Tome VII, page 52,* » gravée en haut du portrait, à gauche et à droite, au-dessus du trait carré.

* A droite dans la gravure.

MELINI, d'après NATTIER.
In-folio.

Sous la rubrique *La Belle Source;* attribution douteuse.

1876	Herzog.	Sans désignation d'état.	21 f.	»
1877	Behague.	Épreuve avec grande marge.	23	»
1880	Michelot.	Épreuve avec grande marge.	29	»
1881	Mailand.	Sans désignation d'état.	8	»

BALECHOU, d'après NATTIER.
In-folio en travers.

Sous la rubrique *La Force.*

A mi-jambes, vue de 3/4 et assise, regardant vers la droite. La main gauche tient une épée nue, et la droite, une torche enflammée, tandis que l'on aperçoit près d'elle la tête d'un lion couché.

L'épreuve du *dernier état* porte l'*adresse de Surugue.*

1861	Naumann.	Sans désignation d'état.	5	50
1876	Herzog.	Avec marge.	13	»
1877	Didot.	Sans désignation d'état.	14	»
1877	Behague.	Sans désignation d'état.	18	»
1880	Michelot.	Avant l'adresse de Surugue.	80	»
1885	Vignères.	Sans désignation d'état.	15	»

Pruneau a également gravé le personnage, d'après Nattier ; cette pièce, qui n'a pas acquis une très grande valeur avec le temps, se vendait 1 livre, chez Bligny, cour du Manège, en 1776.

CHATELET (Marquise du)

1706-1749

Gabrielle-Emilie Le Tonnelier de Breteuil, femme de lettres, amie intime de Voltaire et de Saint-Lambert. Elle se maria en 1725 et mourut à Lunéville. On l'avait surnommée « La divine Émilie. »

LEMPEREUR, d'après MONNET.
In-4º.

En buste, regardant de face, dans un ovale fixé par un anneau à une planche rectangulaire et supporté par un appui, sur lequel est clouée une tablette portant le nom du personnage. Cheveux relevés et bouclés, avec une frisure retombant sur l'épaule. Le corsage, garni de bandes de fourrure, laisse les seins demi-nus.

Pièce gravée pour *la Gallerie française*.

Il convient de citer, parmi les autres portraits du personnage, une gracieuse effigie gravée en 1786 par P.-G. Langlois, d'après une peinture de Mlle Loir, qui servit à l'illustration du célèbre Voltaire de Kehl. La marquise est en buste, dans un médaillon ovale équarri, de format in-8º; le corsage bordé de petit gris est décolleté, tandis que le cou est enveloppé dans des fourrures; la tête est légèrement inclinée vers la gauche; les yeux regardent de face, elle sourit avec grâce.

On voit dans la collection Béraldi cinq états différents de cette planche avant celui qui a servi pour le Voltaire : trois inachevés, un achevé avant toutes lettres et un autre avec la lettre, la tablettte blanche.

Notons aussi un portrait en couleur par Macret, d'après la même peinture, et une gravure de Fessard qui n'est qu'une pauvreté au point de vue artistique, mais qui semble justifier le piquant portrait du personnage par Mme du Deffand dans la correspondance de Grimm et de Diderot.

Enfin, pour terminer cet article, n'oublions pas de relater qu'à la vente A. Febvre, en 1882, un portrait du personnage peint par J. M. Nattier a été adjugé 1400 fr. Ce tableau a été gravé par Gaujean.

CLAIRON (Mlle)
1723—1803

Claire-Josèphe-Hippolyte Legris de Latude, connue sous le nom de Mlle Clairon, célèbre tragédienne, naquit à Saint-Wanon de Condé (Nord). Elle débuta au Théâtre-Français, le 19 septembre 1743, dans le rôle de « Phèdre. » Elle avait réuni une belle collection d'estampes qui fut vendue en 1773.

N. LEMIRE, d'après H. GRAVELOT.
In-4°.

Nous reproduisons ici in-extenso la description qui est donnée (n° 24) dans le remarquable travail que M. Jules Hédou* a publié sur ce graveur; il l'a fait suivre de ré-

---

* *Noël Le Mire et son œuvre, suivis du Catalogue de l'œuvre gravé de Louis Le Mire. Portrait à l'eau-forte par Gilbert.* Paris, Baur, 1875, in-8°.

flexions qui ne manqueront pas d'intéresser le lecteur, vu la haute compétence de l'écrivain :

« La tragédienne est assise au milieu de l'estampe et paraît déclamer des vers. Elle a le bras gauche étendu et tient de la main droite un mouchoir. A gauche, Melpomène debout, tenant d'une main les attributs de la Tragédie, couronne de l'autre Clairon, qui, rayonnante d'inspiration, s'appuye sur les œuvres de Corneille, Racine, Voltaire et Crébillon. Le fond, à droite, représente une montagne surmontée d'un temple, d'où Pégase semble s'échapper. Dans le bas, à gauche : *N. Le Mire, sculp. 1765.* La composition est entourée d'un large cadre, orné dans sa partie supérieure d'un nœud de ruban sur lequel on lit : *Prophétie accomplie* et d'une branche de laurier, entrelacés. Au-dessous de la gravure et dans l'intérieur de l'encadrement existe une marge sur laquelle est cloué un cartouche portant ces quatre vers :

> « *J'ai prédit que Clairon illustreroit la Scène,*
> *Et mon espoir n'a point été déçu;*
> *Elle a couronné Melpomène,*
> *Melpomène lui rend ce qu'elle en a reçu.*
>
> Garrick.

« Sous le cadre à gauche : *H. Gravelot inv.* — Sous le cadre au milieu : *A Paris, chez Le Mire, rue, Pavée S. André des Arts.* Sous le cadre à droite : *N. Le Mire sculp.* »

* « 1er état. — Avant l'inscription de la marge.

---

* C'est une erreur, le 1er état est une *eau-forte pure avant toutes lettres*; il est d'ailleurs de toute rareté et l'on comprend parfaitement qu'il ait échappé aux recherches de M. Hédou ; nous en avons vu une épreuve dans la collection Béraldi.

« Jolie pièce dans laquelle on ne sait qui l'emporte en esprit de Gravelot ou de Le Mire ; et certes l'un et l'autre étaient loin d'en manquer.

« La pose de la Muse est pleine de dignité et Clairon est bien tout entière à Apollon. Quant au burin, le graveur l'a conduit avec une adresse et un charme tout particuliers. »

1877	Martin.	Sans désignation d'état.	17 f. »
1880	Michelot.	Sans désignation d'état.	19 »
1886	Vignères.	*Eau-forte pure, avant toutes lettres.*	149 »

L. CARS et J. BEAUVARLET, d'après VANLOO.
Grand in-folio.

Elle est représentée dans le Ve acte de *Médée :* assise dans un char enveloppé de nuages, qu'enlace un serpent et que traîne une hydre dont on n'aperçoit que deux têtes. De 3/4 dirigée à gauche, les cheveux ornés de nombreuses perles; un poignard est dans la main droite, tandis que de la gauche elle agite un brandon enflammé. Deux cadavres gisent à terre et devant elle apparaissent deux guerriers dont l'un dégaîne son épée.

Au bas de la pièce, après le nom du personnage, on lit ces mots : « *Gravûre donnée par le roi à Mlle Clairon.* »

On sait que la tête est l'œuvre de Beauvarlet et que tout le reste de l'estampe a été gravé par Laurent Cars.

La figure est, sans contredit, ce qu'il y a de mieux, mais ce n'est pas sans peine que l'on est arrivé à un bon résultat. L'actrice ne la trouvant jamais à son gré, elle fut effacée et regravée par deux fois différentes par Cochin le fils et enfin effacée de nouveau pour être regravée, en 1760, par Beauvarlet. Nous avons vu chez M. Béraldi une curieuse épreuve confirmant cette tradition : la figure y est couverte d'une *cache* prête à recevoir une nouvelle empreinte.

1877	Didot.	Sans désignation d'état.	19 f.	»
1877	Béhague.	*Avant toutes lettres*, à toute marge.	40	»
»	—	La même *avec la lettre*.	10	»
1880	Michelot.	Avant toutes lettres, la tête est entièrement *blanche*, mais l'épreuve est tachée. La même *avec la lettre*; 2 pièces.	13	»

J.-B. MICHEL (1767) d'après POUGIN de Saint-Aubin.
In-folio.

De 3/4, dirigée vers la droite, cheveux relevés et ornés, corsage ouvert. Dans un médaillon ovale fixé par un ruban et appuyé sur une tête grimaçante ayant de chaque côté des animaux fabuleux, retenant dans leur griffe une draperie sur laquelle est reproduite la scène 5e, acte V de *Médée* et portant ces mots : *A tes deux fils j'ai scu percer le flanc*, etc.

Bien que d'un faire un peu dur, cette pièce n'en est pas moins intéressante au point de vue du dessin et de l'action.

1877	Didot.	Avec le portrait de Mlle d'Angeville, 2 pièces.	25	»

G.-Ph. BENOIST, d'après le modèle en cire de **Lumgberger**.
In-8°.

En buste, dans un ovale, de profil à gauche, décolletée, avec fichu croisant ; sur la tête une couronne de laurier ; sur la tablette du socle où repose le médaillon on lit :

Une médaille est dans nos mœurs
Ce que jadis était un temple.

Voltaire.

Cette petite pièce est fort jolie, il faut l'avoir *avant le numéro*.

1859	DAVID.	Sans désignation d'état.	6 f. »
1877	DIDOT.	Sans désignation d'état.	7 »

LITTRET (1766), d'après **SCHENAU**.

A mi-corps, dans un ovale fixé par un ruban à un tronc de pyramide. En costume de théâtre, de 3/4 à droite. Sur le socle, où repose le médaillon, une lampe fumante, et une couronne de laurier que traverse un poignard ; sur la tablette ce quatrain :

Qui dans les traits de Cicéron
Croit voir l'éloquence Romaine
Doit dans le portrait de Clairon
Retrouver ceux de Melpomène.

1885	VIGNÈRES.	Épreuve avec toute marge.	9 »

SCHMIDT, d'après COCHIN fils.
In-8°.

En buste, dans un ovale équarri. De profil à droite, vêtement garni de fourrure, dont le corsage en pointe légèrement échancré laisse entrevoir la poitrine, cheveux relevés ornés d'un turban, de plumes et d'un croissant.

Nous ne connaissons cette pièce qu'à l'état d'eau-forte. Il en existe une jolie réduction par D. Berger ; elle n'est point en *contre-partie,* mais bien dans le sens de l'original.

1855	Van den Zande.	Épreuve avec marge.	11 f. »
1861	Naumann.	Épreuve d'eau-forte.	14 50
1877	Didot.	Avec le portrait de Mme Deshoulières ; 2 pièces.	20 »

Schmidt, qui fut l'un plus habiles burinistes de son temps, voulut sans doute, en gravant ce portrait à l'eau-forte, ainsi que plusieurs autres, parmi lesquels celui de sa femme, Louise Viedebandt (1761), prouver qu'il savait aussi bien manier la pointe que le burin.

Par et d'après C.-A. LITTRET, (1766).
In-8°.

En buste, décolletée, de profil à gauche, couronnée de laurier, dans un médaillon rond, fixé sur une planche rectangulaire par un nœud de ruban d'où s'échappent à droite et à gauche des branches de lauriers. Sur la bordure, on lit : *Hippolyte Clairon de la Tude.* Sur le revers de cette médaille, on lit cette exergue : *L'amitié* || *Et Melpomène* || *ont fait frapper* || *cette* || *médaille* || *en 1764.*

| 1886 Vignères. | Avec toute sa marge. | 9 f. » |

Pour terminer l'iconographie du personnage, citons encore les trois pièces suivantes : *Concours pour le prix de l'Étude, des Têtes et de l'Expression,* gravure in-folio en largeur exécutée par Flipart (1763), sur le dessin de Cochin (1761), dont nous avons vu un état d'eau-forte ; — *Voltaire couronné par* Mlle *Clairon :*

> *Aux yeux de Paris enchanté*
> *Reçois cet hommage.....*

estampe in-folio carré, par Dupin d'après Desrais ; — et enfin, *Visite de Mademoiselle Clairon à Fernex* (sic), eau-forte anonyme, in-4º en travers.

COLOMBE (Mlle)

1754—1837

Marie-Thérèse-Théodore Rombocoli-Ruggieri, actrice née à Venise, le 29 octobre, fut reçue à la Comédie Italienne en 1773.

Par et d'après PATAS.
In-folio.

En pied, dans la campagne, vue de face, dansant ; derrière elle des arbustes et des rochers ; à droite la mer et une barque près du rivage. Robe à panier, garnie d'une barrière de bouillons ; corsage laissant voir les seins demi-nus ; cheveux relevés et retombant en boucles sur les épaules.

Rôle de Belinde dans le 1er acte de la scène v de *La Colonie*.

1859	LEBLOND.	Sans désignation d'état.	6 f.	50
1877	DIDOT.	Sans désignation d'état.	24	»
1877	BEHAGUE.	Épreuve avec toute la marge.	39	»
1879	MICHEL.	Avec toute marge.	37	»

Annoncé sans indication de prix, dans le *Mercure*, du 20 novembre 1779.

DELATRE, d'après LEMOINE.
In-4º.

En buste, dans un ovale équarri de profil à droite, décolletée ; cheveux relevés et bouclés, voile retombant en arrière.

Pièce absolument médiocre et sans valeur, qu'il faut avoir au moins *avant la pagination*.

F. COUTELLIER.
In-8º.

A mi-corps, dans un ovale, de face, cheveux relevés et ornés d'un nœud, avec frisures retombant à droite et à gauche sur les épaules. Corsage garni d'une bande bouillonnée. Sous le portrait et dans la tablette : *Mlle Colombe l'Aînée (reçue à la Comédie Italienne en 1773)*, et ce quatrain :

> *Colombe a fixé sur la terre*
> *Le Dieu qui commande à Cythère ;*
> *C'est le triomphe mérité*
> *Des talens et de la beauté.*

Pièce en couleur, assez jolie.

Gazette de France du 18 mars 1783. — « Portrait de Mlle Colombe l'aînée, gravée en couleurs, 3 liv. chez Coutelier, rue de la Juiverie, en la cité. »

1861   NAUMANN.   Sans désignation d'état.   6 f.   »

Par JANINET.
In-8°.

De profil à gauche, dans un ovale. Cheveux relevés ; un voile de gaze verte, attaché derrière la tête, tombe avec grâce sur une robe blanche et verte mi-décolletée qu'une agrafe retient sur l'épaule.

Portrait en couleur, non signé, très agréable. Il se vendait 3 liv. en 1783, comme celui de la Saint-Huberty (voyez ce nom,) auquel il fait pendant.

1872   VILLESTREUX.   Épreuve superbe, montée
                         en dessin.   38   »

A la vente Lion (1886) un dessin de forme ovale, aux crayons de couleurs, par Gabriel de Saint-Aubin, la représentant en buste, tournée vers la droite, les cheveux relevés et poudrés, la poitrine découverte, avec fleurs au corsage, trouva acquéreur à 530 francs.

CONTAT (Mlle)

1760-1813

Comédienne fine et spirituelle, elle créa le rôle de Suzanne dans *le Mariage de Figaro*. Après avoir quitté la scène, elle épousa M. de Parny, le neveu du trop célèbre auteur de *la Guerre des Dieux*.

JANINET, d'après DUTERTRE.
In-4º.

En pied, les bras ouverts et étendus vers la gauche, au moment où elle prononce ces mots: *Je le tuerai, je le tuerai ! Tuez-le donc, ce méchant page.* (*Mariage de Figaro*, acte II, scène 17.)

Il existe de cette pièce une réduction in-8º par le même artiste.

DUPIN, d'après DESRAIS.
In-8°.

De profil à droite, avec une guimpe montante dans un médaillon ovale équarri ; cheveux relevés, étagés et bouclés, surmontés d'un voile retombant sur les épaules. Dans le même rôle ; au bas la représentation de la scène et un petit médaillon contenant le portrait de Beaumarchais, vu de profil à gauche.

Jolie pièce.

1872	Soleil.	Sans désignation d'état.	7 f. 50
1877	Behague.	Avec marge.	34 »
1877	Didot.	Sans désignation d'état.	9 »

Par et d'après COUTELLIER.

Dans le même rôle ; pièce en couleur.

1877	Behague.	A toute marge.	33 »
1877	Martin.	Sans désignation d'état.	25 »
1886	Docteur Cuzco.	Avec marge.	38 »

Gazette de France du 11 mars 1785. « Portrait de Mlle Contat, dans le rôle de Suzanne (*Mariage de Figaro*), en couleur, 3 liv. ; chez M. Coustellier, rue de la Juiverie à côté de la Magdeleine. » (Voyez Mlle Ollivier.)

Edme Quenedey, à l'aide du physionotrace, a tenté aussi de fixer les traits de la gracieuse comédienne : c'est une petite pièce assez rare.

CORALINE (M{ll-e})

?

Actrice de la Comédie Italienne.

VISPRÉ, d'après ALLAIS.
Petit in-4°.

Vue de face, le corps tourné vers la droite, les cheveux courts et frisés ; corsage décolleté avec une peau de bête jetée sur les épaules.

Pièce à la manière noire, très rare ; elle est signée : *Allais pinxit*. — *Vispré sculp.*

CORDAIX (d'Armans, Marie-Anne-Charlotte)

1768—1793

Arrière-petite-nièce du grand Corneille, assassina Marat, le 15 juillet 1793, et fut guillotinée le 17 du même mois. Elle était née à Saint-Saturnin-des-Lignesits* (Orne.) Son père était Jacques-François Corday d'Armans, d'une famille noble de Caen.

Alix, d'après Garnerey.
In-folio.

Dans un médaillon ovale, en buste, de 3/4 et regardant de face, le fichu croisant laisse entrevoir la gorge nue ; elle est coiffée du bonnet devenu légendaire.

Pièce en couleur.

1858	Laterade.	Sans désignation d'état.	4f.	75
1859	Combes.	Sans désignation d'état.	2	25
1864	Raifé.	Sans désignation d'état.	2	25
1869	Leblond.	Sans désignation d'état.	17	»
1873	Gigoux.	Avec « Joseph Barra, » 2 pièces.	4	»
1877	Behague.	*Avant toutes lettres.*	135	»
1879	Michel.	Sans désignation d'état.	31	»
1881	Berthier.	Avec la marge du cuivre.	30	»
1882	Dubois du Bais.	Avant toutes lettres, marge.	31	»
1885	Vignères.	Avant toutes lettres, grande marge.	23	»
»	—	Avec la lettre, grande marge.	13	»

* Et non *des Lignerets* (Calvados), comme il est dit par erreur sur les pièces et estampes de l'époque. — Elle signait Corday *Darmont*, comme nous avons pu le voir dans la lettre qu'elle écrivait à M. Alain, négociant à Paris, lettre faisant partie de la collection Bovet et vendue 400 francs.

LEVACHEZ.
In-folio.

En buste, dans un médaillon rond, de 3/4 à droite, coiffée d'un bonnet d'où s'échappent de grosses boucles de cheveux répandus sur le dos et les épaules. Sous le médaillon, une petite vignette, en travers, dessinée et gravée à l'eau-forte par Duplessi-Bertaux, représente la scène de l'assassinat de Marat. Au-dessous de la gravure une notice biographique du personnage.

Pièce en manière noire valant de 15 à 25 francs.

TASSAERT, d'après HAUER.
In-folio.

Cette estampe, sorte de manière noire et de pointillé fut gravée sous la direction d'Anselin ; elle est considérée comme un des meilleurs portraits du personnage et recherchée à ce titre.

La reproduction que nous en donnons ci-contre nous dispense d'en faire la description.

1858	LATERADE.	Avec la tablette blanche.	15 f.	»
1859	MAYOR.	Avec la lettre.	6	50
1861	LAVALETTE.	Avec la tablette blanche.	22	»
1864	RAIFÉ	Même état.	8	50
1876	HERZOG.	Avec la tablette blanche.	196	»
1877	DIDOT.	Même état que vente Herzog, marge.	50	»
1882	DUBOIS DU BAIS.	Avec la tablette blanche.	19	»

MASSOL, d'après QUEVERDO.
In-8º.

Dans un médaillon rond entouré d'une planche rectangulaire, assise, dans sa prison, en face d'une fenêtre, dont on aperçoit les barreaux ; elle est tournée vers la droite, sur la table une cruche et un encrier, elle tient d'une main une plume d'oie et de l'autre une lettre qu'elle lit. En dessous et sur la tablette qui supporte le médaillon, la scène de l'assassinat. En exergue du médaillon : *Marie-Anne-Charlotte Corday, ci-devant d'Armans, âgée de 25 ans.*

Pièce gravée à la manière noire dont il y a des épreuves en noir et d'autres en bistre.

1858	LATERADE.	En bistre et en noir, 2 pièces.	6 f. 50
1859	DAVID.	Deux pièces également.	10 »

Par ANGÉLIQUE BRICEAU, femme ALLAIS.
In-folio.

A mi-corps, vue de 3/4 à droite, la main gauche passée dans la chevelure, dans un médaillon ovale ; robe modestement décolletée, derrière elle un paravent vert.

Belle pièce en couleur, importante et peu commune ; une épreuve *avant la lettre* chez M. Béraldi.

Le personnage a encore été gravé par Mariage d'après Lelu, par B. Weys, par Lips, Honoré, Roy et maint autre anonyme : toutes ces pièces sont sans valeur.

Signalons cependant à titre de réelle curiosité l'estampe dessinée par

Pellegrini et gravée en Angleterre par Schiavonnetti, dans laquelle Marat est représenté poignardé sur un canapé ! La *pruderie anglaise* ne pouvait admettre que le meurtre ait eu lieu dans *un bain !* Cette pièce a passé à la vente Laterrade, où elle a été adjugée 3 fr. 50.

Mentionnons encore une pièce anonyme, ovale in-8°, qui est très rare: coiffée d'un chapeau, l'héroïne révolutionnaire tient un poignard et se retourne vers la gauche pour regarder derrière elle. La légende est ainsi conçue : *Anne-Charlotte Cordet d'Armand, âgée de 25 ans, tueuse du citoyen Marat, Paris, chez le marchand de modes.* Elle a passé à une vente anonyme faite par Vignères, en mars 1883. La mauvaise condition dans laquelle elle se trouvait fit qu'elle ne fut payée que 31 francs.

Enfin, à la vente du baron de Beurnonville (février 1885), un beau portrait du personnage par P.-P. Prud'hon, aux trois crayons sur papier teinté fut adjugé 600 francs.

CORNEILLE (Marie-Angélique)

?

La descendante du grand Corneille, meunière au village de Tilly, près Vernon.

VANGELISTI, d'après GAULT.
In-4°.

C'est une vieille paysanne, vue de profil à droite, tenant dans ses bras un volume sur lequel on lit : *OEuvres* || *de* || *Corneille*. Pièce ovale au pointillé avec cette réclame dans le bas : *Cette gravure se vend au profit de la dite M. A. Corneille ; prix 6 L. à Paris chez la veuve Lagardotte.*

COSTER (Mme)

Voir « VALLAYER COSTER » (Mme Anne.)

COYPEL (Mme)

1663-?

Marie-Jeanne Bidault, fille d'Auguste Henry, « escuier vallet de chambre du roy », épousa à Saint-Germain l'Auxerrois, le 7 février 1689, le célèbre peintre Antoine Coypel.

L. BONNET, d'après BOUCHER.

In-4º.

En cheveux, les épaules nues, dirigée à gauche, la tête retournée vers la droite, c'est un trois-quarts perdu, presque un profil. Un manteau bleu est négligemment jeté sur l'épaule. Aucun ornement.

Pièce dans le goût du crayon, en couleur, jouant le pastel. Elle est fort gracieuse et mérite autant, en raison du procédé employé qu'en faveur des artistes qui l'ont signée, de fixer l'attention des amateurs. L'épreuve que nous avons vue au Cabinet des Estampes, ne porte point le nom du personnage.

1877	Behague.	Sans désignation d'état.	170 f.	»
1881	Mulbacher.	Sans désignation d'état.	205	»

RENÉE LEPICIÉ, (1751), d'après Ch. COYPEL.

Petit in-folio.

Sous la rubrique : *La Jeunesse sous les habillements de la décrépitude*, assise dans un tonneau d'osier, la figure jeune, des bésicles dans une main, et, passant autour du bras, le cordon d'une béquille.

1863	P.-D. de Lyon.	Avec la lettre.	5	»
1869	Leblond.	Avec la lettre.	31	»
1872	Villestreux.	Même état.	21	»
1877	Behague.	Avec la lettre, bonne épreuve.	45	»
1881	Michelot.	Avec la lettre.	27	»

CRÉTU (Mme)

?

Actrice du théâtre de Bordeaux, où elle obtint un grand succès dans le rôle de Nina de la pièce *La Folle par amour*.

Par J. PALLIÈRE.

In-4º.

De profil à gauche, dans un ovale accroché sur une planchette rectangulaire et entouré de guirlandes de roses et de lauriers ; cheveux relevés et bouclés se répandant en longues boucles sur les épaules recouvertes d'un large fichu ; sur la tête une grande branche de roses. Gracieux profil signé : *J. Pallière Fecit à B**.

DAUBERVAL (Mlle Théodore)

1761—?

Première danseuse de l'Académie de Musique et du Spectacle de Bordeaux, née à Paris.

Par CHENARD.
In-8°.

Vue jusqu'à mi-corps dans un médaillon rond accroché sur une tablette rectangulaire ; cheveux frisés avec fleurs sous un chapeau de bergère, corsage orné de roses, lacé sur le devant ; elle porte sur l'épaule droite un bâton à l'extrémité duquel est suspendu un pot à anse. Elle incline gracieusement la tête sur l'épaule droite et regarde en l'air en souriant. Dans le bas, ces bouts rimés :

> *On la voit tour à tour, Naïve, tendre et fière*
> *Elle plane dans l'air, ses pieds sont des Ballons.*
> *Un paysan Gascon se trouvoit au Parterre*
> *Et s'écria « Sendis ! pour être aussi Légère*
> *« Cette Femme ne mange autres que Papillons. »*

Citons encore du personnage deux profils à droite, le premier dans un tout petit médaillon, gravé au pointillé par Legoux d'après Le Fèvre et un autre, dans un ovale in-8º, par J. Pallière, le même artiste bordelais qui grava le portrait de Mme Crétu, qui précède.

DEFFAND (Marquise du)

1697-1780

Marie de Vichy-Chamron, marquise du Deffand, femme non moins célébre par ses galanteries que par son esprit. Sa correspondance a été publiée plusieurs fois.

FREEMAN, d'après CARMONTELLE.
In-8º.

Vue jusqu'à mi-jambes, assise dans un fauteuil, les bras ouverts, les mains levées ; robe de chambre, bonnet noir avec tuyoté blanc.

Cette pièce publiée à Londres, en 1810, c'est-à-dire, après la mort du personnage, est signée : *M. de Carmontel del. ad vivam. — Engraved by Freeman.*

DENIS (Mme)

?

Marguerite-Claude de Foissy était la femme de Jean-François Denis, trésorier-général des bâtiments.

Par J.-C. FRANÇOIS.

In-4º.

De profil à droite dans un médaillon genre Cochin ; nœud de ruban au cou, robe entr'ouverte, cheveux relevés sur la tête et retenus par des rubans ; grosses perles montées aux oreilles. Cette pièce dans la manière du crayon est signée : *Sc. et of. François.*

Le portrait de Denis fait pendant.

DESBROSSES (Marie)

1763—?

Actrice de la Comédie Italienne (depuis Opéra-Comique), où elle débuta à l'âge de treize ans (1776); elle mourut plus que quinquagénaire.

LE BEAU, d'après BINET.
In-8°.

A mi-corps dans un médaillon accroché par un simple nœud de ruban sur une planchette rectangulaire ; vue de 3/4 à gauche, les cheveux relevés et roulés, coiffée d'un chapeau de paille posé sur le côté ; croix à la Jeannette au cou, bouquet au corsage.

Pièce assez jolie signée : *Binet Del. — Le Beau sculp.*

1879	Sieurin.	Épreuve *avant le numéro*, marge.	11 f.	»
1880	Michelot.	Sans désignation d'état.	10	»
1886	Vignères.	Trois portraits différents dont deux *avant le numéro*.	18	»

Il existe un autre portrait du personnage gravé par le même artiste. Il est signé sur la tablette : *Dessinée et gravée par Le Beau* et porte, dans le bas, l'adresse d'Esnauts et Rapilly. Le format et la disposition sont les mêmes, si ce n'est que le médaillon est tout enguirlandé de fleurs, que le personnage est vu en plus petit, bien que la taille soit plus longue, ce qui permet d'apercevoir l'éventail tenu à la main. Cette pièce, épreuve *avant la pagination*, avec toute sa marge, a été vendue 22 francs à la vente Mulbacher, en 1881.

Citons aussi une petite gravure en couleur de format in-12, publiée chez Bonnet, dans laquelle le personnage est vu de face dans un médaillon rond.

DESMARES (Christine-Antoinette-Charlotte)

1682-1753

Tragédienne et comédienne, nièce de la Champmeslé ; elle créa la *Sémiramis* de Voltaire, l'*Antigone* de la Mothe et l'*Electre* de Crébillon.

LEPICIÉ, (1733), d'après COYPEL.
In-folio.

A mi-corps, dans un médaillon ovale équarri reposant sur un socle, autour de l'ovale : *Charlotte Desmares*. Le corps de 3/4 à droite, légèrement penché à gauche, regardant de face, les cheveux relevés et ornés de roses, une longue frisure retombant sur l'épaule droite. Un manteau, retenu sur cette épaule par une agrafe ornée d'une perle en forme de poire, n'empêche point d'entrevoir une gorge nue. Le coude droit est appuyé, tandis que la main gauche levée tient un masque que traverse un poignard. Sur le socle on lit ce quatrain :

Touchante dans les pleurs, piquante dans les ris,
De l'une et l'autre scène également maîtresse,
    Au Théâtre, tu réunis
   Les dons partagés au Permesse.

Belle pièce.

1877	Behague.	Sans désignation d'état.	8 f. »
1877	Didot.	Avec un autre portrait, 2 pièces.	16 »
1880	Michelot.	Sans désignation d'état.	9 »
1880	Mahérault.	*Avant toutes lettres*, avec Mlle Dufresne d'après Aved par Lépicié, également *avant toutes lettres* : 2 pièces.	59 »

On cite encore un portrait de la Desmares par Desplaces d'après Largillière.

DROUIN (Magdeleine-Michelle-Angélique)

1731-1794

Comédienne, débuta en décembre 1753 et fut reçue en janvier 1757 ; elle devint plus tard la femme du célèbre acteur Pierre-Louis Dubus, dit Préville.

MICHEL, d'apres COLSON.

In-folio.

De 3/4 à gauche, dans un médaillon ovale placé sur un fond rectangulaire orné ; robe montante, cheveux relevés et retenus par un nœud de ruban. Dans l'acte III, scène II de *Dupuis et Déronais*. La pièce est signée : *Colson pinx.* et *J.-B. Michel sculp.*

Dans le bas, une représentation de la scène avec ces mots : *Je le jure à vos Pieds, Mariane, Tout est dit et j'y compte.*

DUCLOS (Mlle)

?

Marie-Anne de Châteauneuf, actrice de la Comédie Française, où elle succéda à la Champmeslé.

DESPLACES (1714), d'après N. DE LARGILLIÈRE.

Grand in-folio.

Dans le rôle d'Ariane, debout, presque de face, regardant de 3/4 à droite, cheveux relevés et ornés de plumes et de bijoux ; très décolletée, les bras demi nus et étendus ; un Amour suspend au-dessus de sa tête une couronne d'étoiles lumineuses, tandis que, de l'autre main, il tient une couronne de laurier et un masque à travers l'œil duquel est passé un sceptre. A gauche, un rocher qui surplombe et la mer que l'on aperçoit dans le lointain, avec un vaisseau aux voiles déployées ; sur le rivage, quatre personnages, dont l'un, Thésée, porte une lance enguirlandée.

1ᵉʳ état. — Avant toutes lettres.
2ᵉ état. — Avec les noms des artistes et douze vers de H. de la M. en trois colonnes, commençant par ces mots :

Qui mieux que toy, Duclos, actrice inimitable...

Pièce de toute beauté ; le tableau original a été adjugé 3,500 fr. à la vente C. Marcille en 1876.

1859	Combes.	Avant l'adresse de Tromblin et de Besançon.	7 f.	50
1861	Nauman.	Sans désignation d'état.	5	»
1869	Leblond.	Sans désignation d'état.	8	»
1873	Gigoux.	Sans désignation d'état.	7	»
1876	Herzog.	Sans désignation d'état.	19	»
1877	Behague.	Épreuve avec marge.	22	»
1877	Didot.	Sans désignation d'état.	13	»
1878	Rignon.	Avant l'adresse de l'éditeur.	40	»
1879	Michel.	Sans désignation d'état.	11	»
1879	Meaume.	Épreuve sans marge.	7	50
1880	Michelot.	Sans désignation d'état.	24	»
1881	Mulbacher.	Avant l'adresse.	24	»
1881	Mailand.	Sans désignation d'état.	13	»
1886	Docteur Cuzko.	Sans désignation d'état.	8	»

La collection Desrochers contient encore un assez joli portrait du personnage.

DUGAZON (Mme)

1755—1821

Louise-Rosalie Lefèvre, actrice de la Comédie Italienne où elle fut reçue en 1776 ; son mari, acteur comique, mourut fou en 1809.

JANINET, d'après HOIN.

In-folio.

Assise sur un banc, au milieu de la campagne, le corps de 3/4 à droite, légèrement penché en avant; elle regarde vers la gauche, une main appuyée sur le banc, l'autre tenant négligemment une branche de roses ; fichu de tulle un peu décolleté, se terminant en pointe ; cheveux bouclés ornés d'une rose. Son manteau est jeté sur le bras du banc. Au fond, la campagne, avec un pont et une montagne et, plus loin, vers la droite, un mât de navire, tandis que, plus rapprochée du premier plan, une grille apparaît du même côté. Sous le trait carré, à gauche : *Hoin pinxit*, et à droite : *Janinet sculp. 1787*. Le nom du personnage dans son rôle de *Nina* ou *la Folle par amour* et ces mots :

Hélas! Hélas! Le bien-aimé ne revient pas. — A Paris, chez Janinet, rue Haute-Feuille nº 5 et chez Esnauts et Rapilly, rue Saint-Jacques, à la Ville de Coutances Nº 295, avec Priv. du Roi.

Belle pièce en couleur, rare et recherchée. Lorsqu'elle est *avant la lettre* et dans un bel état de fraîcheur et de conservation, elle atteint des prix fort élevés : dans cet état, on lit seulement, sur une pierre placée au premier plan et à gauche de l'estampe, la signature : *Hoin pixt* (sic).

Cette estampe a été reproduite en fac-similé dans « Les estampes en couleur du XVIIIᵉ siècle, » splendide publication de la maison Magnier et Cᵢₑ.

Sept livraisons de cet ouvrage ont déjà paru au prix de 100 francs chaque, et l'ouvrage entier en comprendra vingt-cinq. Nous croyons être agréables à nos lecteurs en leur donnant la liste des estampes que contiennent ces livraisons :

DEBUCOURT : *Les Bouquets.* — *Le Compliment.* — *Le Menuet de la Mariée.* — *L'Escalade.*
CHALLE : *L'Amant surpris.* — *Les Espiègles.*
LAVREINCE : *L'Indiscrétion.* — *L'Aveu difficile.* — *La Comparaison.*
TAUNAY : *La Foire de village.* — *Le Tambourin.* — *La Noce de village.*
HOIN : *Nina ou la Folle par amour.*
REGNAULT : *Le Lever.*
BAUDOUIN : *Le Bain.*
JANINET : d'après Wille fils. *La Noce de village.*

Toutes ces reproductions sont de véritables tours de force exécutés par les artistes qu'emploie la maison Magnier : c'est le dernier mot dans l'art si difficile de la reproduction en couleur. Faut-il s'étonner, après cela, que les amateurs les plus habiles, mis en présence des épreuves tirées sur papier ancien, hésitent et ne peuvent dire s'ils ont sous les yeux des fac-similé ou des épreuves originales ?

Au reste, nos lecteurs pourront juger de la perfection et de la souplesse du procédé employé par M. Magnier, en voyant les deux portraits qui ornent ce livre et que nous croyons de nature à satisfaire aux plus grandes exigences.

1881	Mulbacher.	*Avant toutes lettres* et la marge vierge, c'est-à-dire non ébarbée.	3,350 f.	»
1885	Cte Hocquart.	*Avant toutes lettres.*	600	»

JANINET, d'après DUTERTRE.

In-8º.

Assise sur un banc dans la campagne, le corps penché sur la droite et la main étendue, elle paraît écouter. Dans les cheveux, deux roses sur une même branche s'inclinent à droite, et la main baissée tient une autre branche de quatre roses. Corsage décolleté, en pointe. Sous le trait carré ces vers :

> *Paix..... il appelle..... hélas ! hélas !*
> *Le bien-aimé n'appelle pas.*

(Rôle de *Nina ou la Folle par amour*.)

1879	Sieurin.	Avec un portrait de Mme Favart, 2 pièces.	28	»
1880	Mahérault.	Sans désignation d'état.	20	»
1881	Michelot.	Sans désignation d'état.	21	»

COLINET, d'après LAVREINCE.

In-4º.

Debout, dans un jardin, vêtue d'une robe blanche avec

ceinture et écharpe, la chevelure agrémentée de trois grosses roses en guirlande, se penchant pour prendre un bouquet sur un banc. Sous le trait carré, après le titre, « NINA, » cette légende : *Adieu, fleurs, arbres, oiseaux, tous les jours témoins de mes peines..... Banc sur lequel j'ai tant pleuré, adieu, je reviendrai bientôt vous voir.* — (Rôle de *Nina ou la Folle par amour*).

Pièce en couleur et en bistre.

MONSALDY, d'après ISABEY.

In-12.

A mi-corps, de face, dans un ovale, les cheveux bouclés et ornés de volubilis, la tête noyée dans un flot de gaze blanche délicatement nouée sous le menton ; une ceinture bleue serrant la taille, ruban de même couleur aux manches. Sous le portrait :

Mme Dugazon
Dédié à son fils
Par son ami Isabey.

Petite pièce en couleur, toute légère et vaporeuse, vaut de 25 à 30 francs ; le personnage est loin d'être joli, mais sous ce minois chiffonné qu'éclairent deux grands yeux pleins de lumière et de charme on sent percer la vivacité, l'intelligence et la vie.

1881 BERTHIER.   Épreuve avec le cachet d'Isabey.   36 f. »

COUTELLIER.

In-8º.

Nos lecteurs ont sous les yeux une reproduction très fidèle de cette pièce *rare* et recherchée, se payant ordinairement de 40 à 50 francs.

Nous n'en ferons point la description et nous nous bornerons à transcrire les vers qui se lisent, gravés sur deux colonnes, au bas de cette gravure et qui n'ont pu trouver place sur notre reproduction.

Son jeu plein de finesse,
Et touchant à la fois,
Acquitte la promesse
De ce joli minois.
Amante, à nos hommages
Elle a des droits constants.

Soubrette, elle a pour gages
Nos applaudissements;
Elle obtient en Sultane
Le mouchoir des talents;
Est-elle paysanne?
Tous nos cœurs sont aux champs.

Par M. DE P***

Gazette de France du 16 avril 1784. « Portraits de Demoiselle Dugazon et du sieur Menier, 3 livres chacun; chez le sieur Coutellier, rue de la Juiverie, maison du boulanger. »

Par et d'après LE BEAU.

In-8º.

A mi-corps, dans un ovale retenu par un ruban sur

Mᵐᵉ DUGAZON
de la Comédie Italienne en 1776

une planche rectangulaire et reposant sur une tablette. De face, corsage décolleté et laçant sur le devant, cheveux relevés, bouclés, roulés et retombant en frisures à droite et à gauche. Coiffée d'un large chapeau. Sous le trait carré, huit vers :

Charmer en cour comme au village.....

Jolie pièce; épreuve ravissante, *avant toutes lettres,* dans la collection Béraldi.

1872	Soleil.	Sans désignation d'état.	7 f.	»
1881	Mulbacher.	Avec la lettre.	15	»
1886	Docteur Cuzko.	Avant le numéro.	12	»
1886	Vignères.	Même état.	14	»

Chez ALIBERT.

In-8º.

A mi-corps, dans un médaillon rond fixé par un nœud sur une planche rectangulaire. De profil à droite, cheveux relevés et roulés sur les côtés, coiffée d'un chapeau orné de fleurs, posé en arrière. Tout autour du médaillon un rang de perles ; au bas deux guirlandes de fleurs se rejoignant au milieu. Un léger fichu laisse entrevoir la poitrine. Au-dessous de la gravure un quatrain commençant par ces mots : *Ou naïve, ou sublime,* etc.

Dans le rôle de Marine de *La Colonie.*

Par JANINET.

In-8º.

Debout, en pied, dans la campagne, arrangeant les fleurs d'un bouquet, devant une chaumière placée sur la gauche, dans laquelle elle semble vouloir entrer. Elle est de profil à gauche, avec un corsage décolleté, coiffée d'un large chapeau de paille orné d'un ruban ; à la taille, une ceinture dont les extrémités pendent sur le côté et le derrière de la jupe ; près d'elle une chaise de paille et un guéridon, sur lequel est une corbeille de fleurs.

Rôle de Babet dans *Blaise et Babet*.

Cette pièce n'est signée que : *J.... t sculp^t ;* mais ne porterait-elle pas cette signature transparente qu'on reconnaîtrait parfaitement le faire spécial du Maître.

A la vente Allègre, en 1872, une délicieuse miniature sur ivoire par Hall, dans un cadre en cuivre gravé et doré, a trouvé acquéreur à 1,810 francs.

DUPLANT (Rosalie)

?

De l'Académie royale de Musique, où elle fut reçue en 1762.

ELLUIN, d'après LECLERC.

In-4º.

A mi-corps, de 3/4 à droite, regardant de face, décolletée, avec manteau garni de fourrure, cheveux ornés, relevés et roulés, deux longues mèches tombant à droite et à gauche. Au-dessus du médaillon, fixé sur un panneau dans un rayonnement, des attributs lyriques, avec une houlette couronnée de lauriers, d'où s'échappent à droite et à gauche des guirlandes de roses. Au bas du médaillon, sur la tablette où il repose, les accessoires de la comédie ; à gauche un violon et, à droite, un masque, puis ces vers :

A qui dans ces lieux veut-on plaire,
Ne puis-je l'apprendre de vous ?

Pirame et Thisbé, acte II, sc. IV.

Fort jolie pièce très finement gravée ; les *meilleures épreuves* portent *l'adresse de l'auteur* et les autres, bien inférieures, celle de Crépy.

1877	MARTIN.	Avec le portrait de Marie Dumenil ; 2 pièces.	14 f. 50
1881	MULBACHER.	Sans désignation d'état.	8 »
1885	VIGNÈRES.	Deux pièces avec les différentes adresses.	14 »

DUPUY (Mme)

?

Femme de Louis Dupuy, philologue et mathématicien, secrétaire perpétuel de l'Académie des Inscriptions en 1773 ; elle fut sous le nom de Chloris membre de l'Académie des Arcades de Rome.

PARISET (1778), d'après PUJOS.

In-4º.

La tête seule vue de profil à gauche dans un médaillon ovale équarri ; les cheveux retombant en longues boucles et la coiffure surmontée de trois fleurs.

Pièce rare dans la manière du crayon, au bas de laquelle on lit ce quatrain :

De la gaîté j'ai l'heureuse habitude,
Les Lettres ont toujours occupé mon loisir ;
Bien penser est mon seul désir
Et mes devoirs ma principale étude.

DUTHÉ ou DUTEY (Rosalie)

1751-1831

De son vrai nom « Catherine-Rosalie Gérard, » l'une des plus fameuses personnalités du monde galant, au XVIII° siècle.

JANINET, d'après LEMOINE.

In-4º.

Assise à sa toilette, la tête tournée avec nonchalance vers la gauche, regardant de face, tandis que le miroir reproduit son profil. Dans la main gauche appuyée sur la toilette, une lettre, et dans la droite pendante le long du corps, un bouquet de roses. Corsage décolleté, avec fichu de mousseline ne recouvrant qu'à moitié la poitrine ; cheveux relevés retenus par des rubans.

Cette pièce *fort recherchée* se trouve très rarement avec la planche carrée qui l'entoure ; on la rencontre presque toujours *rognée à l'ovale*, avec un *cadre rapporté*.

Elle existe aussi en noir.

1856	S.	Sans désignation d'état.	153 f.	»
1861	Naumann.	Sans désignation d'état.	38	»
1862	Boulanger.	Épreuve en noir.	7	50
1872	Soleil.	Sans désignation d'état.	45	»

1877	BEHAGUE.	Avec *sa marge carrée*.	140 f.	»
1880	WASSET.	Avant *la lettre* et la *marge carrée*.	250	»
1881	MULBACHER.	Avec *la bordure entière non découpée*.	400	»
1881	MICHELOT.	*Avant la lettre*, non coupée à l'ovale, grande marge.	360	»
1885	LABÉRAUDIÈRE.	Sans désignation d'état.	260	»
1886	VIGNÈRES.	Découpée à l'ovale avec l'encadrement imprimé.	316	»

LE BEAU, d'après LAINÉ.

In-8º.

En buste, dans un médaillon ovale équarri, délicatement orné et reposant sur une tablette ; à la droite du médaillon, en bas deux tourterelles qui se becquettent ; à gauche, les attributs du théâtre. De face, la tête inclinée à droite, les cheveux relevés et en rouleaux sur les côtés sont ornés d'une plume. La gorge presque complètement nue montre la pointe des seins, une bandelette en sautoir retient une draperie formant vêtement.

Assez jolie pièce, qui a été gravée d'après une miniature ; elle existe *avant* et *avec le numéro*.

1862	SOLEIL.	Sans désignation d'état.	7	50
1869	LEBLOND.	Sans désignation d'état.	2	»
1877	BEHAGUE.	Avec toute sa marge.	29	»
1877	MARTIN.	Sans désignation d'état.	10	50
1879	SIEURIN.	Quatre épreuves avec le numéro.	32	»

| 1880 | Michelot. | Sans désignation d'état. | 13 f. | » |
| 1881 | Mulbacher. | *Avant la pagination*, marge. | 18 | » |

En 1872, à la vente Allègre, une miniature ronde représentant la Duthé à mi-corps, vêtue de blanc, le sein et le bras découverts, un fond de paysage à gauche, et signée *Augustin 1794*, fut vendue 4,300 fr.

En 1886, à la vente Maze-Sencier, nous retrouvons une miniature absolument semblable, signée également *Augustin*, mais portant la date de *1793*. Est-ce une erreur de catalogue dans l'enregistrement de la date, et sommes-nous en présence de la même miniature?... Quoi qu'il en soit, cette dernière fut adjugée 2,900 francs.

C'est au sujet de cette miniature que l'érudit et brillant chroniqueur Paul Eudel dans *L'Hotel Drouot et la Curiosité, 1885-1886*, nous remet en mémoire cette épigramme du temps: « Lorsque le prince a une indigestion de gâteau de Savoie, il va prendre *du thé* à Paris. » On sait que la célèbre courtisane était la maîtresse du comte d'Artois et que ce dernier avait épousé une princesse de Savoie.

En 1881, à la vente Double, une miniature gouachée *attribuée* à Fragonard, représentant le personnage dans un riche costume de théâtre et dansant, fut adjugée 2,950 francs.

A l'exposition de la *Société des Pastellistes français* qui eut lieu à Paris, rue de Sèze, en avril 1885, il y avait encore un délicieux pastel de La Tour représentant le même personnage et appartenant à M. Eudoxe Marcille.

ÉLISABETH-CHARLOTTE DE BAVIÈRE

1652-1722

Mère du Régent. Seconde femme de Philippe Ier, duc d'Orléans, appelée « La Palatine. »

SIMONEAU l'aîné (1714), d'après HYACINTHE RIGAUD (1713).
In-folio.

Assise dans un fauteuil, vue de 3/4 et tournée vers la droite, regardant de face ; près d'elle, sur une table, une couronne fleurdelysée qu'elle prend de la main droite. Les cheveux sont relevés et couverts d'un voile noir qu'elle ramène sur la poitrine. Corsage décolleté garni de dentelle ; sur les épaules, le manteau d'hermine fleurdelysé. Au fond une draperie soulevée par des cordons à glands. Sous le cadre et au milieu, soutenues par deux Amours, les armoiries d'Orléans accolées à celles de Bavière, écartelées de celles du Palatinat du Rhin, timbrées d'une couronne fleurdelysée.

1er état. — Sans aucune lettre.
2e état. — Avec les noms et qualités du personnage, armes indiquées au trait.

3e état. — Les armes terminées et la lettre gravée en plus gros caractères.

4e état. — Les tons sont affaiblis et l'épreuve est plus douce.

Il existe une épreuve en contre-partie.

1877	Behague.	Avant toutes lettres.	30 f.	»
1877	Didot.	Avec la lettre.	11	»
1880	Michelot.	Avec la lettre.	5	50
»	—	La même, remargée.	2	»
1881	Mailand.	Avec la lettre.	?	

P.-J. DREVET, d'après H. RIGAUD
In-8° en travers.

A mi-corps dans un médaillon très orné et reposant sur un socle. Le corps tourné vers la droite, vue de face et regardant à gauche, cheveux relevés et cachés par un voile retombant en arrière ; corsage légèrement décolleté. Le manteau d'hermine fleurdelysé sur les épaules.

1855	Van den Zande.	Sans désignation d'état, manque de fraîcheur.	2	25
1866	Leblanc	Avec texte au verso.	19	50
1872	Soleil.	Sans désignation d'état.	29	»
1876	Herzog.	*Avant le texte au verso.*	60	»
1877	Didot.	2me état *avant le texte au verso.*	50	»
1877	Behague.	Sans désignation d'état.	66	»

1879 SIEURIN.	Deux épreuves, toutes deux *avant le texte au verso*.	82 f. »
1885 VIGNÈRES.	Deux épreuves l'une *avant*, l'autre *avec le texte au verso*.	56 »

Une épreuve de *premier état*, la *seule connue*, est au Département des Estampes.

Cette pièce a été aussi gravée par Horthemel et par C. Simoneau. Dans cette dernière gravure, le médaillon est soutenu par une Minerve, tandis que deux femmes symbolisent, d'un côté, l'Abondance, et, de l'autre, la Justice. Mais que cette gravure est pâle, comparée au joli médaillon de Drevet !

P. SIMON (1674), d'après N. HABERT.

Grand in-folio.

En buste fort comme nature dans une bordure ovale de feuilles de chêne ; les angles du haut sont garnis de palmes et ceux du bas de médaillons emblématiques.

1877 BEHAGUE	Sans désignation d'état.	150 »

Au Cabinet des Estampes, nous avons vu un autre portrait de La Palatine, signé *N. Habert faciebat*, qui mérite au moins une mention. Elle est assise, au pied d'une colonne, sur le socle de laquelle elle s'appuie ; vue de face, un nœud de ruban dans les cheveux et des mouches sur le visage, elle tient dans la main droite une flèche et dans la gauche un carquois ; deux chiens sont près d'elle à gauche, et dans le lointain, une meute lance un cerf.

Cette pièce, in-folio, ne porte que la signature que nous venons de rapporter, l'adresse de l'artiste et le mot *Madame*.

Enfin, une autre pièce du même format et du même artiste, la représente encore, à cheval, se dirigeant vers la droite, avec un chapeau chargé de plumes et une légère badine ornée d'un nœud de rubans, dans la main droite.

ÉLISABETH-PHILIPPINE MARIE-HÉLÈNE DE FRANCE

1764-1794

Sœur de Louis XVI. On l'appelait toujours Madame Elisabeth. Princesse vertueuse et charitable, elle périt courageusement sur l'échafaud révolutionnaire, après une pénible captivité au Temple, pendant laquelle elle ne cessa d'oublier ses maux pour songer à ceux des autres.

J. BOUILLIARD, d'après Mme GUIARD.

Petit in-folio.

En buste, dans un ovale sans ornementation. De 3/4 tournée vers la gauche, les cheveux relevés et ornés de grandes plumes et de gaze blanche, une boucle retombant sur l'épaule droite. Corsage décolleté, avec une agrafe sur l'épaule droite ; une ceinture montant jusque sous la poitrine, rend la taille très courte. Sous le portrait, un écusson aux armes de France, timbré de sa couronne, est entouré d'une bordure d'étoiles et de branche de lys : le tout dans un rayonnement.

Ce portrait est très joli ; il faut l'avoir en *premier état, avant le nom du graveur,* qui n'y a été mis qu'après la Révolution. — La planche est la propriété de M. Rapilly, marchand d'estampes et de livres, 53 (bis), quai des Grands-Augustins, Paris.

1877 Didot.	Avant l'adresse du graveur, avec une autre pièce.	10 f. »

Par HALLIER.

In-8º.

A mi-corps, dans un ovale orné de fleurs et reposant sur une tablette. De profil à droite, cheveux relevés, ornés de perles et de rubans retombant sur les épaules. Corsage décolleté, manches à bouillons. Une draperie à franges est tendue sur la tablette, qui porte les noms et qualités du personnage.

Les ornements de cette pièce ont été gravés par Quéverdo, dont elle porte la signature, en même temps que celle d'Hallier.

1877 Didot.	Deux épreuves sans désignation d'état.	33 »

LE BEAU, d'après FONTAINE.

In-8°.

En buste, dans un ovale équarri ornementé de guirlandes de roses et de lys. De profil à gauche, les cheveux relevés, avec un nœud de ruban sur le sommet de la tête ; le corsage légèrement décolleté est garni d'une fine guipure et un léger velours autour du cou. Sous l'ovale, un cartouche rocaille contient un écu losangé aux armes de France timbré de la couronne royale, au-dessous duquel on lit : Elisabeth Philippe ‖ Marie Hélène de France ‖ *Née à Versailles le 3 May 1764.*

Gracieux portrait, que Le Beau a refait et publié *en plus petit* dans le même encadrement. Cette seconde pièce a bien moins de valeur que la précédente ; on la reconnaît facilement à ce détail que la jeune Princesse n'a rien autour du cou.

1858	Laterade.	Avec la lettre.	4f. 25
1886	Vignères.	Avant le numéro et avant que le portrait fût diminué de grandeur, toute marge.	9 »

M.-L.-A. BOIZOT, d'après L.-S. BOIZOT.

Profil à gauche dans un médaillon genre Cochin ; chevelure relevée ornée de rubans.

Pièce agréable : elle se vendait 1 l. 4 s. chez le graveur Flipart (voyez la *Gazette de France* du 3 octobre 1780) et fit plus tard partie du fonds Basset.

Il existe beaucoup d'autres portraits du personnage. Parmi ceux qui offrent le plus d'intérêt, nous devons citer celui que Louis Schiavonetti grava, dans le format in-8º, d'après la peinture de Strœhling et qui fut publié à Londres, le 1er mai 1805. L'infortunée sœur de Louis XVI est vue de 3/4 à droite, dans un ovale entouré de rayons, les cheveux ceints d'un triple rang de perles. Cette gravure au pointillé ne manque point de grâce et l'on en rencontre trois états : 1er avant la lettre ; 2me avec la lettre grise, et 3me avec la lettre noire.

Mentionnons encore celui de Rosslin, gravé par Massol, in-8º, au pointillé, qui, à la vente Sieurin (1879) fut adjugé au prix de 73 francs les deux épreuves, *avant* et *avec la lettre* ; un autre de Cathelin d'après Ducreux, in-4º, que l'on trouve annoncé, sans indication de prix, dans la *Gazette de France* du 1er mai 1778 et qui fut poussé jusqu'à 37 francs à la vente de Behague, dans le catalogue de laquelle il est indiqué comme étant *avant toutes lettres ;* et enfin, un profil à gauche, in-8º, genre Le Beau, gravé par Romanet, d'après Fontaine et publié chez Boré.

ÉON DE BEAUMONT
(La Chevalière)

1728-1810

Comment ne pas faire figurer dans cette galerie ce personnage au sexe ambigu et au joli minois imberbe, tour à tour *ambassadrice* près l'impératrice de Russie, dont elle devint la *lectrice,* capitaine de dragons et ministre plénipotentiaire en Angleterre ?

Entre temps, cette pseudo-demoiselle ne laissait pas

de cultiver les lettres et ses œuvres réunies ne forment pas moins de treize volumes in-8° publiés en 1775.

Il existe un très grand nombre de portraits du personnage ; nous ne décrirons que les principaux.

HOWARD peint par Aug. KAUFFMAN,

dessiné d'après LA TOUR.

In-folio.

En femme, dans un ovale, un bonnet de dentelle sur la tête, pendants d'oreilles, décolletage avec guimpe et gros nœud au milieu du corsage, sur le côté gauche une croix d'ordre suspendue à une large rosette. Au cou, un ruban de velours noir.

Sous le portrait, légende en texte anglais.

Cette gravure assez remarquable a été tirée en bistre très pâle.

1869	Leblond.	Avec un autre de Bradel deux pièces.	17 f.	50
1881	Mulbacher.	Sans désignation d'état.	240	»
1886	Docteur Cuzko.	Deux épreuves sans désignation d'état.	53	»

PRUNEAU (1779).

In-8°.

Le personnage est représenté sous les traits de Pallas et coiffé d'un casque avec plumes, dans un ovale, regardant de 3/4 à gauche ; le sein droit est complètement nu et sort d'une robe drapée à l'antique et retenue par une agrafe sur l'épaule gauche ; sur sa poitrine, du côté gauche, brille une décoration.

Sous le portrait ces deux vers :

Son esprit vaut son cœur ; c'est Pallas elle-même !
Long-tems on la craignit, et maintenant on l'aime.

GUICHARD.

CATHELIN, d'après DUCREUX.

In-folio.

Un bonnet sur la tête, au cou un velours auquel est attachée une croix pendant sur la poitrine, des anneaux aux oreilles, corsage décolleté ; sur le côté gauche une croix d'ordre fixée par un ruban ; à mi-corps, de 3/4 à gauche regardant de face.

Dans la tablette une légende.

1876	HERZOG.	Avec la légende.	35 f. »
1877	BEHAGUE.	Avec la légende.	21 »
1886	DOCTEUR CUZKO.	Même état.	21 »

Par et d'après BRADEL (1779).

In-folio.

En buste, de 3/4 et regardant à gauche, un bonnet sur la tête, au cou un velours auquel une croix est suspendue, corsage décolleté à guimpe, avec un gros nœud au milieu; une croix d'ordre sur le côté gauche fixée par une large rosette.

1880	Michelot.	Sans désignation d'état.	9 f.	»
1886	Docteur Cuzko.	Avec la lettre.	7	»

Le même artiste a gravé un autre portrait « Dédié aux dragons de France » dans lequel le personnage est jeune et en costume de l'arme, pièce de format in-folio, assez médiocre, publiée au prix de 3 livres. (*Gazette de France* du 7 janvier 1780).

1861	Lavalette.	Avec la dédicace.	2	25
1876	Herzog.	Même état.	21	»

TH. CHAMBARS, d'après COSWAY (1787).

In-8°.

De profil à droite, coiffée d'un bonnet à voile tombant, entouré d'un ruban bleu, avec un fichu de dentelle sur les épaules. La croix de Saint-Louis sur la poitrine.

Cette pièce se rencontre ordinairement en couleur, mais elle existe aussi en noir.

1886	Docteur Cuzko.	Sans désignation d'état.	11	»

DANIELL, d'après DANCE.

In-4º.

Vue jusqu'à mi-corps assise et de profil à droite, coiffée d'un bonnet, avec une croix d'ordre sur la poitrine.

A claire-voie, en manière du crayon, cette pièce est signée : *G. Dance R. A. del^t May 26, 1793.—Wm Daniell sculp^t*.

Portrait important et recherché valant une quinzaine de francs.
Voici encore quelques noms des principaux artistes à qui on doit des effigies de ce personnage énigmatique. Elles sont généralement plus que médiocres :

Letellier, d'après Baader.
Le Beau, d'après Desrais.
Robin de Montigny.
S. Hooper, 1773.
Burke, d'après Huquier, en manière noire.
Par James Cundée 1807 (à Londres).
Par Vispré, in-folio, en Minerve.
Dupin.

On rencontre enfin beaucoup de pièces anonymes, parmi lesquelles nous distinguons une gravure in-folio, en couleur, assez curieuse dans ses détails, dont nous avons vu une épreuve au cabinet des Estampes (série des alphabétiques) et dont voici la description :

En femme, debout et décorée, corsage en pointe légèrement échancré, pendants d'oreilles en forme de poires, coiffée d'un haut bonnet, les cheveux en trois rouleaux détachés sur les tempes, manches mi-courtes, laissant entrevoir tout l'avant bras nu ; la main droite, fermée et appuyée sur la hanche, tient une épée la pointe en bas, tandis que la main gauche, éloignée du corps, s'appuie sur une canne ; sur le mur du fond un tricorne, au-dessus duquel est un sabre, à droite et à gauche, deux bustes et un tableau. Sur une table à gauche deux livres et un parchemin déroulé portant ces mots : *A Policy 25 7C^t on the ch^r d'Eon, man or woman*. A la gauche de l'estampe, la main qui tient la canne repose sur une tunique rouge d'officier accrochée au dossier d'une chaise.

A la vente de M. Richard Lion, (avril 1886), collection très remarquable par le choix des pièces, une jolie aquarelle de Rowlandson signée et datée de 1788, représentant la Chevalière d'Eon faisant une passe avec le sergent Léger, soldat des gardes, a été vendue 4,400 francs ; elle était encadrée et mesurait 0m51 de largeur sur 0m35 de hauteur. Cette aquarelle qui a été gravée en couleur par Rosamberg, provenait de la vente La Béraudière (1883), où elle avait été adjugée 3,250 francs.

ESTE (Fortunée d')

1731-1803

Épouse de Louis-François-Joseph de Bourbon, prince de Conti, et fille du duc de Modène.

C'est à cette princesse que, chez Madame Dubarry, le jeune négrillon Zamore à qui l'on passait tout, disait : « Madame, pourquoi donc avez vous un si grand nez ? »

Aug. DE SAINT-AUBIN, d'après COCHIN.
In-12.

Sur une médaille, en buste, de profil à droite, cheveux roulés, un mantelet recouvrant les épaules. En exergue : *Fortunée. Marie d'Est, princesse de Conti*. Sous le buste et sur la bordure de la médaille : MDCCLXXXI (1784) et, tracée à la pointe, à gauche : *C. N. Cochin delineavit :* à droite, *Augus. de Saint-Aubin sculp.*

Sous le revers de la médaille on lit : *L'an MDCCLXXXI le XXVIII avril | Du règne de Louis XVI | La base de la colonne du maître-autel de cette église | a été posée | par S. A. S. Fortunée Marie d'Est, princesse de Conti ; | en présence | de Mr Jean-Bap. Desplasses, docteur de la Faculté de Théologie, | Maison et Société de Sorbonne, | Chanoine de l'église de Paris, Archidiacre de Brie, | Conseiller du roi en son grand Conseil et supérieur de la Communauté | de Marie Marguerite Félix, supérieure. | de Marie Fournier de Murat, 1re assistante et dépositaire | de toute la communauté, | de Claude-Pierre Convers, architecte de Son Altesse | et de la dite communauté, | et de Louis Caron, inspecteur.*

Le revers de cette médaille, gravé par Joseph Varin, d'après M. P. Convers, représente la vue de l'intérieur de l'église Chaumont.

1886 VIGNÈRES.   Epreuve de 1er état, grande
                        marge.   30 f. »

M. le baron Roger Portalis, le bibliophile distingué, l'iconographe éclairé, qui a bien voulu accepter d'écrire la Préface de ce livre, possède de ce personnage une jolie miniature en grisaille sur ivoire.

Ce n'est point ici le lieu de s'étendre sur la richesse et la variété des collections de M. le baron R. Portalis : elles sont bien connues des amateurs. Bibliothèque nombreuse et choisie, riche surtout en anciennes reliures, gravures des anciens maîtres, dessins originaux, estampes du XVIIIe siècle, vieux meubles, bronzes, tels sont les principaux éléments d'un chapitre qu'il serait pourtant bien agréable d'écrire.

Ajoutez à cela, ce qui ne nuit point à la chose, une urbanité, une courtoisie, une obligeance, qui font que lorsque vous quittez le cabinet de l'auteur des « *Dessinateurs d'illustrations au XVIIIe siècle* » et de tant d'autres excellents ouvrages, vous ne pouvez dire ce qui vous a le plus séduit et charmé, du profond et vaste savoir, ou de l'amabilité de l'heureux possesseur de toutes ces belles choses.

ETAMPES (La Marquise d')

Voyez « Mme DE LA LIVE. »

FANIER (Alexandrine)

?

Actrice de la Comédie Française, où elle fut reçue en 1766 ; elle était née à Cambrai. Dans ses « Princesses de Comédie et Déesses d'opéra » Arsène Houssaye en a tracé ce portrait humoristique : « Une soubrette qui donna du fil à retordre à la muse de Dorat. Elle eut beaucoup d'esprit et beaucoup de talent ; — trop de talent dans l'esprit et trop d'esprit dans le talent. »

SAUGRAIN, d'après MOREAU.

In-4°.

Elle est vue de profil à droite dans un ovale équarri, avec une chevelure relevée, couronnée de lierre, les cheveux retombant sur les épaules et tenant un masque dans la main gauche. Sous le trait carré, à gauche, on lit : *J.-M. Moreau le jeune delin., 1773;* et, à droite : *Saugrain son élève sculp.*

Reproduisons aussi ces vers élogieux qui se lisent au bas du portrait :

Sur la scène comique où règne l'imposture
On applaudit son jeu, son minois séducteur;

Mais chez elle bientôt rendue à la nature,
La gaîté, la franchise et l'aimable candeur
Changent en amis de son cœur
Tous les amans de sa figure.

Gracieuse pièce ; elle n'est point commune et le nom du dessinateur la fait justement rechercher.

FAVART (Marie-Justine-Benoîte Duronceray (Mme)

1727-1772

Née à Avignon et morte à Belleville ; elle était fille de André-René Favart, ancien musicien de la chapelle de Sa Majesté et depuis musicien du feu roi Stanislas et de Pierrette-Claudine Bied, également musicienne de la chapelle du roi de Pologne. En 1744, elle parut pour la première fois à l'Opéra-Comique, à la Foire Saint-Germain, sous le nom de Mlle *Chantilly*, rôle de Laurence des *Fêtes publiques* et débuta au Théâtre-Italien, le 5 août 1749 ; elle était mariée depuis 1745.

P. CHENU, d'après GARAUD.

In-8º.

A mi-corps, dans un ovale enguirlandé de roses et encastré dans une bordure rectangulaire. De face, les cheveux légèrement relevés et bouclés, le corps tourné de 3/4 vers la gauche ; corsage décolleté, un ruban de velours au cou nouant par derrière, avec un bout retombant par devant pour aller mourir au milieu du corsage. Au bas, dans un cartouche, ce quatrain :

Par ses talents, sa grâce naturelle,
Justine plaît sans le secours de l'art ;
Et du Laurier qui couronne Favart,
L'amour détache une feuille pour elle.

L. S. D....

1ᵉʳ état. — Avant toutes lettres.
2ᵉ état. — Avec le cartouche blanc.
3ᵉ état. — Avec les vers dans le cartouche.

1866	LEBLANC.	Avant toutes lettres.	6 f.	»
1873	GIGOUX.	Sans désignation d'état.	6	»
1877	DIDOT.	Sans désignation d'état.	10	»
1877	MARTIN.	Avant toutes lettres, marge.	12	»
1877	BEHAGUE.	Avec les 4 vers.	20	»
1879	SIEURIN.	Avec le portrait de son mari par Littret, 2 pièces.	14	»
1880	MICHELOT.	Avec les vers, marge.	5	50
1881	MULBACHER.	Epreuve avant la pagination, marge.	25	»

1886	DOCTEUR CUZKO.	Avec les vers.	5 f.	»
1886	VIGNÈRES.	Avec les vers.	3	50
»	—	Avant toutes lettres.	16	»

FLIPART (1762), d'après COCHIN fils (1753).

In-8°.

En buste, dans un médaillon fixé par un ruban à une planche rectangulaire, de profil à droite, tête nue, les cheveux courts, relevés, ondulés et ornés ; au cou, un velours s'attachant derrière et à ce velours un bijou pendeloque tombant sur la gorge nue ; corsage très décolleté.

1er état. — Eau-forte pure avant toutes lettres (format in-4° dans cet état).

2e état. — Avec le nom du personnage et des artistes, sans la tablette.

3e état. — Avec les noms des artistes, celui du personnage a disparu et est remplacé par une tablette portant ce quatrain :

Pour charmer la raison, la gaieté l'a choisie,
  L'embellit de ses agréments ;
Et comme autant de fleurs fait naître ses talens
  Pour en offrir un bouquet à Thalie.

V..... (VOLTAIRE).

4e état. — Avec le quatrain et la mention : « *Frontispice du tome V*, » dans la marge supérieure, ainsi que la pagination.

Ce portrait, qui ne porte point le nom du personnage, a paru dans le tome V du *Théâtre de M. Favart ;* Paris, 1763 (8 vol. in-8°) ; il a été reproduit dans la magnifique publication « L'Art, » année 1879, t. III (18e vol. de la collection), p. 195, à l'appui d'un intéressant article de M. Arthur Pougin consacrée à Mme Favart.

1856	S.	Avec les vers.	5 f.	»
1859	LEBLOND.	Même état.	1	50
1859	DAVID.	Même état.	2	50
1872	SOLEIL.	Même état.	8	50
1875	OLIVIER.	Même état.	6	»
1876	HERZOG.	Sans désignation d'état.	10	»
1877	DIDOT.	Avant les vers dans la tablette.	15	»
»	—	Épreuve de 1er état.	20	»
1877	MARTIN.	Avec le quatrain, marge.	10	50
1880	MICHELOT.	Avec le quatrain.	8	50
1881	MULBACHER.	Épreuve de 3e état.	25	»
1885	VIGNÈRES.	État *d'eau-forte pure.*	120	»
»	—	Avec le nom du personnage dans la tablette, grande marge.	36	»
»	—	Avec le quatrain, mais avant « Frontispice du tome V. »	8	»
1886	VIGNÈRES.	*Eau-forte pure.*	125	»
»	—	Avant les vers.	60	»
»	—	Avant la mention « Frontispice du tome V. »	20	»

Par PRUNEAU.

Petit in-folio.

Assise et jouant de la harpe, chaussée de sandales, le

corps tourné de 3/4 à gauche, costumée en Sultane, les cheveux relevés, ornés d'une plume, d'une aigrette et de perles. La robe ouverte laisse entrevoir les seins demi-nus. Près d'une colonne, un vase de fleurs et, dans le fond, une draperie. Dans *Les trois Sultanes*.

1859	David.	Avant toutes lettres.	5 f. 50
1869	Leblond.	Avant toutes lettres.	5 »
»	—	Avec la lettre.	4 50
1877	Didot.	Avant toutes lettres.	16 »

DAULLÉ (1754), d'après Carle VANLOO.

In-folio.

En pied et en costume de bergère, dans un paysage ; à droite, un hameau et, à gauche, un bouquet d'arbres; au fond, vaches et moutons ; dans le bas, ces huit méchants vers :

> *L'Amour sentant un jour l'impuissance de l'Art*
> *De Bastienne emprunta le nom et la figure*
> *Simple, tendre, suivant pas à pas la nature*
> *Et semblant ne devoir ses talents qu'au hazard ;*
> *On démêlait pourtant la mine d'une espiègle*
> *Qui fait des tours, se cache afin d'en rire à part,*
> *Qui séduit la raison et qui la prend pour règle.*
> *Vous voyez son portrait sous le nom de Favart.*

Rôle de Bastienne dans la comédie « Les amours de Bastien et de Bastienne, parodie du Devin de village, par Madame Favart et Monsieur Harny. »

Pièce reproduite dans « L'Art, » même volume que ci-dessus, p. 199 ; il en existe aussi une copie anonyme, à la manière noire et en sens contraire, sous le titre : *Spilletta*.

1856	S.	Sans désignation d'état.	8 f. 50
1856	His de la Salle.	Avec l'adresse du graveur.	23 »
1870	Hourlier.	Sans désignation d'état.	5 »
1877	Didot.	*Avant* la mention « portrait de Mme Favart, » marge.	16 »
»	—	Avec la lettre.	8 50
1877	Behague.	Avec la lettre, marge.	15 »
1880	Michelot.	Même état.	11 »
»	—	Une autre sans désignation d'état.	32 »
1884	Mailand.	*Avant* la mention, « portrait de Mme Favart. »	6 »

A la vente La Béraudière (mai 1885), le *dessin original* aux trois crayons, noir, bleu et rouge, signé à droite : *Carle Van Loo*, a été adjugé 2,920 fr. ; il était dans un cadre Louis XVI, en bois sculpté et doré à guirlandes de laurier et couronné d'un médaillon portant le chiffre F. D. (Favart-Duronceray), orné de divers attributs. (Hauteur 0^{m}46, largeur 0^{m}32.)

SURUGUES le fils (1747), d'après COYPEL.

Cette pièce est connue sous la rubrique : *Ce dépit n'est point redoutable;* elle représente Mme Favart en colère donnant des pichenettes au portrait du maréchal de Saxe.

Elle a figuré dans une vente anonyme, faite par Vignères, en avril 1883, où elle fut adjugée 14 francs ; elle était en 1er état, c'est-à-dire, avec l'adresse de Surugues.

BEAUMONT, d'après ALLAIS.

Petit in-folio.

En pied, de face, la tête inclinée à gauche ; la main gauche tient le bâton de voyage, et la main droite le chapeau pour quêter ; une pèlerine ornée de trois coquilles jetée sur les épaules n'empêche point d'apercevoir une gorge nue ; à la ceinture, une aumônière est suspendue. Dans le fond, à gauche, un paysage et, à droite, une chapelle, près de laquelle est une maison. Sous le trait carré, les vers suivants :

> *Tout est chez toy, Favart, jeu, grâce, volupté.*
> *A ton geste, à tes yeux, à cette voix badine*
> *Le spectateur s'enflame et s'écrie enchanté :*
>   *Toy-même, aimable Pélerine,*
>   *Hélas, fais-nous la charité.*

DEMARTEAU, d'après BOUCHER.

In-4°.

En jardinière, avec un large chapeau sur la tête, debout, dans un jardin, appuyée sur un râteau, la tête dirigée vers la gauche.

Pièce aux crayons rouge et noir, à claire-voie, dans un triple filet d'encadrement. On doit au même graveur une autre pièce en rouge dont l'idée est la même, bien que la composition soit différente.

1859 LEBLOND.　　　Sans désignation d'état.　　　8f. 50

1870	HOURLIER.	Sans désignation d'état.	3 f. 50
1881	MULBACHER.	Pièce en rouge.	16 »
»	—	Pièce aux deux crayons.	68 »

Le dessin de Boucher a été gravé aussi par Le Bas, dans le format in-8º, pour servir de frontispice au tome III du THÉATRE DE M. FAVART; elle est signée *Le Bas f. 1759.* Voici quelques prix atteints par cette pièce dans les ventes publiques.

1861	NAUMANN.	Avant la lettre.	3 »
1872	SOLEIL.	Avant la lettre.	50 »
1881	MULBACHER.	Même état.	24 »

PETIT, d'après BOUCHER.

In-4º.

On s'accorde généralement à reconnaître Mme Favart dans cette pièce intitulée « LE SOIR. » *La Dame allant au bal*, représentant une femme vue jusqu'à mi-corps, la gorge légèrement découverte et la taille enveloppée d'un large manteau, tenant un loup dans la main gauche et regardant de face à la cantonade. Elle est signée, sous le trait carré, à gauche : *Boucher pinxit*, et, à droite, *Petit Sculp.* Au bas on lit ce quatrain :

> *Un spectacle muet, quelle source d'ennuy !*
> *Il faut par les propos que le Bal le soutienne :*
> *Mais voulant attaquer la liberté d'autruy,*
>   *Ne risqueray-je point la mienne ?*
>   M. ROY.

Pièce rare, publiée à Paris chez le graveur et chez la veuve Chereau : elle vaut de 20 à 30 francs.

Il faut citer encore le portrait de Mme Favart, dans le rôle de Roxelane, jouant de la harpe, pièce in-8º en couleur, par Janinet, pour les *Costumes et annales des grands théâtres de Paris*, et une petite estampe très rare gravée par Guyot, d'après Moreau le jeune, représentant une scène des *Trois Sultanes*, dans laquelle figure notre personnage.

FEUQUIÈRES (Catherine-Marguerite Mignard, Comtesse de)

1657-1742

Fille du fameux peintre Pierre Mignard et femme de Jules de Pas, comte de Feuquières, lieutenant-général et auteur de *Mémoires sur la guerre*.

DAULLÉ (1735), d'après MIGNARD.
In-folio.

En muse, debout et de face, les cheveux frisés et ornés de fleurs à droite. Corsage décolleté, manteau flottant ; la main gauche relève sa jupe, tandis que la droite, tenant une trompette de Renommée, s'appuie sur une table, où se trouve un cadre contenant le portrait de son frère. Plusieurs estampes, dont l'une représente la Vierge et l'Enfant Jésus, sont éparses sur cette table. Sous le trait carré, un cartouche rocaille contient des armoiries accolées et timbrées d'une couronne de marquis.

Belle pièce, valant de 70 à 80 francs ; les premières épreuves sont *avant l'adresse.*

FEYDEAU DE BROU (Mme)

1735-1771

Henriette-Flore Feydeau de Brou, née à Paris, fille de Paul-Esprit Feydeau, marquis de Brou, garde des sceaux, et de Marie-Anne Le Jay ; elle épousa François Bernard, vicomte de Sassenay et de Châlons-sur-Saône, baron du Tartre, et mourut à Dijon.

MIGER, d'après POUGIN DE SAINT-AUBIN.

In-4º.

De 3/4 dirigée vers la droite, dans un médaillon ovale enguirlandé de roses, sur une planchette rectangulaire reposant sur une tablette armoriée. Sous le trait carré, à gauche, on lit : *Pougin de Saint-Aubin pinx.* ; et à droite : *Miger sculp.*

FOSSEUSE (Marie-Judith de Champagne, marquise de)

1745-1763

Sur cette jeune femme mariée en 1761, à l'âge de seize ans et morte deux ans après, les biographes ne nous apprennent rien autre chose si ce n'est qu'elle fit le bonheur de son époux.

DE LONGUEIL, d'après VESTIER.

In-8°.

En buste, la tête gracieusement tournée vers la droite, corsage décolleté en carré, cheveux agrémentés d'une fleur et recouverts d'un foulard noué sous le menton ; le tout, dans un médaillon ovale suspendu à la muraille par un nœud de ruban, sur lequel on lit : *Deus dedit, Deus abstulit*. Sous le médaillon, un cartouche, enguirlandé de roses et surmonté d'un bonnet de duc et pair de France, porte les écus accolés de Montmorency et de Champagne avec la devise : *Dieu aide au premier baron chrétien*. Sur la tablette du piédestal, on lit ces vers :

A la raison, dès l'âge le plus tendre,
Réunissant les qualités du Cœur,

Douce, aimable, censée, Elle a fait le bonheur
D'un Epoux qui le sçut et sentir et comprendre,
Il n'a duré que le temps d'une fleur.
C'est des biens d'ici-bas tout ce qu'on doit attendre.

1er état. — La tête découverte, c'est-à-dire sans le foulard.

2e état. — Celui décrit.

Pièce agréable, rare surtout dans le 1er état.

FRESNE (Mme Quinault du)

Voyez « Mlle SEINE. »

GENLIS (Stéphanie-Félicité Ducrest, Marquise de Sillery, Comtesse de)

1746 – 1830

Célèbre femme de lettres ; épousée par amour à l'âge de quatorze ans par le comte de Genlis, dont elle se sépara quelques années après, elle devint ensuite *gouverneur* des enfants du duc d'Orléans, émigra en Suisse pendant la Révolution et employa toute sa vie à écrire.

COPIA, d'après MIRIS.

In-8º.

Assise, de 3/4 et écrivant ; sur la table, une sphère terrestre ; sur la page qu'elle écrit, on lit ces mots : *Annal... de vertu*. Elle est coiffée d'un chapeau de paille. Sous le portrait, un quatrain de M. de Sauvigny commençant par ce vers :

Vertus, grâces, talents, esprit juste, enchanteur...

Sous le trait carré, qui touche le médaillon, un petit écusson, dans lequel se trouve une lampe antique, porte en exergue : *Pour éclairer tu te consume* (sic).

1880 Michelot.   Avec toute sa marge.   7 f. »

Puisque le nom de Copia vient de tomber sous notre plume, nous engagerons les amateurs à ne pas laisser échapper l'adresse de ce graveur, si jamais le hasard la leur fait rencontrer : c'est une charmante petite pièce in-18, en travers, dont voici du reste la description : dans un nuage qu'inondent en le traversant des rayons de soleil, un Amour aux ailes diaprées de papillon, un doigt sur la bouche, soulève de l'autre main un petit cartouche, sur le fond pointillé duquel sont écrits ces mots : *Copia || graveur || en Taille-Douce || rue Boucher || n° 5 au 2me || Paris*.

1880 Michelot.   Epreuve avec toute marge.   7   »

F. Lignon a gravé d'après Mme Cheradame un portrait du personnage dans un âge avancé. Pièce sans valeur, de format in-4°.

GEOFFRIN (Marie-Thérèse RODET, dame)

1699—1777

Femme célèbre par son esprit, qui tint à Paris l'un des salons les plus fréquentés du dix-huitième siècle. Parmi les habitués de ce salon étaient d'Alembert, Thomas, Morellet.

Par MIGER.

In-4º.

A mi-corps, de 3/4 à droite, regardant de face, dans un médaillon ovale équarri; vêtue d'une robe de chambre avec fichu de dentelle, coiffée d'un bonnet noir orné d'un nœud de ruban.

1ᵉʳ état. — Avant la lettre et avec cette seule signature sous le trait carré, à droite: *Miger sc.*
2ᵉ état. — Avec la lettre: *Madame Geoffrin | née le 2 juin 1699, morte à Paris le 6 octobre 1777. | Son éloge est dans le cœur de tous ceux qui l'ont connue;* et la signature sous le trait carré, au milieu: *S.-C. Miger sculp.* ; et à droite: *Miger sc.*

Cette estampe figura au Salon de 1779, sous le nº 277; elle n'est pas très rare; les épreuves du 1ᵉʳ état valent de 15 à 18 francs.

GOUY (Élisabeth de)

1668—1743

Femme du célèbre peintre de portraits Hyacinthe Rigaud.

WILLE, d'après H. RIGAUD.

In-folio.

A mi-corps, de 3/4 à droite, presque de profil, dans un encadrement architectonique ; corsage décolleté, recouvert d'un ample manteau, cheveux relevés et noués sur le sommet de la tête.

Très belle pièce signée : *Jean Georges Will 1743, d'après H. Rigaud.* Bien qu'elle soit postérieure en date à celle qui suit, nous la décrivons en premier lieu, parce qu'elle est le portrait *exclusif* du personnage.

1876	Herzog.	Avant toutes lettres, dans la marge supérieure, au milieu, le nom *Will* est tracé à rebours.	40 f.	»
1877	Behague.	*Avant toutes lettres*, marge.	80	»
1886	Docteur Cuzko.	Avec la lettre.	6	»

DAULLÉ, d'après H. RIGAUD.

Grand in-folio.

Rigaud est assis devant son chevalet, une palette et un pinceau à la main ; sur ce chevalet est un médaillon, dans lequel on voit le portrait de sa femme, à mi-corps, décolletée et regardant vers la droite ; au fond, un pilier et de grandes draperies retenues par une embrasse à deux glands.

1er état. — Avant toutes lettres ; le médaillon qui est sur le chevalet est blanc et les deux glands de l'embrasse n'existent pas encore.

2ᵉ état. — Avant toutes lettres, le portrait est dans le médaillon, mais le bout du pinceau n'est pas encore ombré, il n'est qu'indiqué au trait.

3ᵉ état. — Epreuve terminée, avec la lettre ; sous le trait carré, à droite, on lit : *Gravé par J. Daullé en 1742.*

4ᵉ état. — Le même que le précédent, mais sous la tablette, qui porte les noms et armes du personnage, on lit : *Gravé par Jean Daullé pour sa réception à l'Académie en 1742.*

1877 BEHAGUE.   3ᵉ état.   191 f. »

« Cette gravure est admirablement belle, écrit M. Delignères, dans le catalogue de l'œuvre de Daullé ; la tête de Rigaud et celle de sa femme sont modelées avec une rare perfection, les cheveux sont d'une grande finesse de burin, sans sécheresse, les draperies sont bien rendues. Le travail, en général, est facile, doux, harmonieux de tons.» Nous approuvons sans réserve ces éloges mérités que MM. le baron Roger Portalis et Béraldi ont encore accentués dans « les Graveurs du XVIIIᵉ siècle. »

GRAFFIGNY (Françoise d'Issembourg d'Happoncourt, dame de)

1695-1758

Femme de lettres, auteur des *Lettres Péruviennes* et

d'une *Biographie de Voltaire,* née à Nancy et morte à Paris.

GAUCHER, d'après DE LA TOUR.

In-8º.

A mi-corps, regardant de face, dans un médaillon ovale équarri, placé lui-même sur une planche rectangulaire, avec une tablette sous le médaillon. Sur la tête, un bonnet que recouvre une frileuse, collerette de dentelle, et vêtement garni de bandes de fourrure.

1ᵉʳ état. — Eau-forte, avec la tablette blanche et les noms des artistes à la pointe sous le trait carré.

2ᵉ état. — Epreuve terminée, le reste comme à l'état précédent.

3ᵉ état. — Encore avec la tablette blanche, mais les noms des artistes ont été effacés pour faire place à : *Gravé par C. E. Gaucher, d'après le tableau original que M*ᵐᵉ *Helvetius a bien voulu confier à l'auteur;* inscrit sur une seule ligne.

4ᵉ état. — Avec le nom du personnage dans la tablette, le reste comme dans l'état précédent.

1879	Sieurin.	Eau-forte, avant toutes lettres, les noms des artistes à la pointe seulement, petite marge.	65 f. »
»	—	La même épreuve de 2ᵉ état, grande marge.	55 »

Cette petite pièce est fort jolie. Les suivantes sont sans aucune espèce de valeur.

Gauthier-Dagoty, d'après J.-B. Garaud. In-folio.
Cathelin, 1763,   —   In-8º.
N. Delaunay, d'après   —   In-12 pour Cazin.
R. Delaunay, d'après   —   In-12 pour Bleuet.
Par et d'après Frilley. In-18.
J. Cathelin, d'après N. Chevalier, in-8º.

A la vente Labéraudière (21 mai 1885), le portrait *présumé* du personnage par L.-C. Carmontelle, s'est vendu 230 fr. C'était un dessin, crayon noir et sanguine, représentant Mme de Grafigny en pied, de profil à gauche, la main dans son manchon, traversant un vestibule à colonne. Dans un cadre revêtu d'une feuille d'argent repoussé, à godrons et feuillages. (Hauteur 0m23, largeur 0m15).

GREUZE (Mme)

1732–?

Anne-Gabrielle Babuty, femme du célèbre peintre Jean-Baptiste Greuze, était la fille d'un libraire de la rue Saint-Jacques; elle divorça le 4 août 1793.

ALIAMET, d'après GREUZE.
In-folio.

Cette pièce, publiée sous la rubrique *La Philosophie*

endormie, est bien le portrait de Mme Greuze. Une jeune femme, vue de face, la tête penchée à droite et profondément endormie, est renversée dans un riche fauteuil, style de l'époque, au fond duquel est un oreiller. Sur sa tête, un petit bonnet appelé alors un *battant l'œil* et aux pieds, des mules à talons. Sur ses genoux, veille un petit carlin tourné vers la droite. Une des mains de la dormeuse est posée sur un livre ouvert placé à côté d'elle sur une table, où l'on voit une plume dans un encrier, des volumes et une sphère ; par terre, à gauche, d'autres volumes et un tambour à broder.

1er état. — Eau-forte pure, avant toutes lettres. Sur l'épreuve qui est au Cabinet des Estampes, dans l'œuvre de Moreau, on lit au crayon dans la marge inférieure : *Madame Greuze, gravé à l'eau-forte par Moreau, d'après le portrait de M. Greuze.*

2e état. — Epreuve terminée, avant toutes lettres.

3e état. — Avant les mots : *Dédiée à Madame Greuze.*

4e état. — Avec la dédicace et sous le trait carré à gauche : *Greuze delin.* et à droite : *Aliamet direxit.*

Très belle estampe, d'une grande finesse de burin. Dans certains catalogues l'eau-forte en est attribuée à Fragonard ; c'est une erreur, il n'y a pas de doute qu'elle soit de Moreau le jeune. (Voir Em. Bocher, *Moreau le jeune*, n° 251).

1855	Van den Zande.	Avant la dédicace et avec l'adresse du graveur, grande marge.	19 f. »
	» —	Avec la dédicace.	7 »
1855	de Vèze.	Deux épreuves, l'une en	

		1ᵉʳ état d'eau-forte pure, l'autre en 2ᵉ état.	65 f.	»
1856	S.	Avec la lettre.	52	»
1858	David.	Avant toutes lettres.	50	»
»	—	La même terminée.	14	50
1859	Leblond.	Avec la lettre.	41	»
1859	Villot.	*Eau-forte pure.*	60	»
»	—	Avec la lettre.	21	»
1861	Lavalette.	Avec la lettre.	23	»
1861	Naumann.	Avec la lettre.	15	»
1862	Boulanger.	Avec la lettre.	8	»
1864	Raifé.	Avec la lettre.	10	»
1866	Leblanc.	*Eau-forte pure.*	83	»
»	—	Avant la lettre.	35	»
1869	Leblond.	Avec la lettre.	20	»
1872	Soleil.	Épreuve non terminée.	57	»
»	—	Épreuve terminée avec la lettre.	30	»
1876	Herzog.	Avec la lettre.	82	»
1877	Didot.	L'épreuve sans désignation d'état.	201	»
1879	Meaume.	Avec la lettre.	74	»
1880	Mahérault.	*Eau-forte avancée.*	390	»
1881	Berthier.	Avec la marge du cuivre et la lettre.	51	»
1881	Mulbacher.	*Etat d'eau-forte*, avant toutes lettres, dans cet état, le *corsage est boutonné jusqu'au cou*, tandis que, dans les épreuves terminées, il est entr'ouvert et laisse apercevoir la chemise.	400	»
»	—	La même avant la dédicace.	265	»

1881	Mailand.	Eau-forte, avant toutes lettres.	700	»
»	—	Avant la dédicace.	120	»
1881	Michelot.	Eau-forte pure, épreuve provenant de la collection Leblanc.	58	»
»	—	Épreuve terminée provenant de la collection Meaume (de Nancy).	30	»
1882	Lefilleul.	Avec la dédicace, grande marge.	71	»
1885	Cte Hocquart.	Avec la dédicace.	75	»

Il convient de citer encore l'*Etude pour le tableau de la dame bienfaisante,* gravé en 1772, par Massard, dans le format in-4º, d'après J.-B. Greuze. Cette jolie tête d'étude n'est autre chose que le portrait de notre personnage. Une esquisse du tableau se voit dans le bas de la pièce.

GRILL (Mme Anna-Johanna)

?

Femme du directeur de la Compagnie des Indes à Lorient.

Par MOITTE.

Grand in-4º.

Vue de face, en buste, dans un encadrement rectangulaire ; corsage légèrement décolleté, cheveux relevés recouverts d'un capuchon.

Pièce rare. Le personnage ressemble d'une manière frappante à Madame de Pompadour ; bien des collectionneurs s'y méprennent.

GUIMARD (Marie-Madeleine)

1743-1816

Célèbre danseuse de l'Opéra ; ses principaux protecteurs furent le prince de Soubise et le financier Laborde ; elle avait, dans la chaussée d'Antin, un somptueux hôtel décoré par Fragonard et David. En 1789, elle épousa l'acteur Despréaux.

JANINET, d'après DUTERTRE.

In-8º.

En pied, sur le bord de la mer vers laquelle elle se

dirige, les bras nus, levés et étendus. Sous le portrait, des vers commençant ainsi :

Elle unit les vertus, l'esprit et la bonté...

Dans *le Ballet du Navigateur.*

Pièce très ordinaire ; en bel état, elle se vend de 15 à 20 francs.

HÉRAULT
et Mme DE SÉCHELLES (Mme)

?

La première de ces dames, née de Séchelles, est la femme du lieutenant général de police René Hérault et la seconde est sa bru, qui s'appela Mme Hérault de Séchelles et fut la mère du conventionnel de ce nom.

DELAFOSSE, d'après CARMONTELLE.
In-4°.

Elles sont représentées en face l'une de l'autre, Mme Hérault, assise dans un fauteuil, faisant des nœuds, et Mme de Séchelles, assise sur une chaise tenant son sac à ouvrage. Au bas, les signatures : *par Carmontelle. — Delafosse sculpsit 1763.*

Jolie pièce peu commune.

1879   Roth.   Sans désignation d'état.   95 f. »

HUET (Mme)

?

Femme du peintre Jean-Baptiste Huet.

DEMARTEAU, d'après J.-B. HUET.
In-folio.

Assise et de profil à droite, lisant une lettre. Dans un médaillon équarri, retenu sur une planche rectangulaire par un nœud de ruban enguirlandé de fleurs. La tête est coiffée d'un chapeau dont les brides viennent se nouer sous le menton ; nœuds de ruban au corsage, ainsi qu'aux manches, qui sont demi-courtes.

Cette pièce est dédiée à Madame Huet, dont on croit que c'est le portrait.

L'estampe fort jolie et en imitation de pastel donne absolument à l'œil l'illusion du dessin original.

Il existe des mêmes artistes et dans le même format une autre pièce également dédiée au personnage. Mme Huet est assise de face, regardant de 3/4 à gauche, les cheveux sont relevés et ornés de plumes, elle joue de la mandoline ; à droite, une draperie. Ce dernier portrait s'est vendu :

1880 Wasset.   Sans désignation d'état.   46 f. »

JEAURAT (Mme)

Voyez « LA LIVE D'ÉPINAY. »

JOLY (Marie-Elisabeth)

1761-1798

Actrice du Théâtre-Français, morte à Paris.

LANGLOIS, d'après M***.

In-4º.

En buste, de trois-quarts, dirigée vers la gauche, costume simple ; sur la tête, un chapeau à ruban avec attaches négligemment nouées. Dans le bas, ces deux vers de Le Brun :

Eteinte dans sa fleur, cette Actrice accomplie
Pour la première fois a fait pleurer Thalie.

JULIEN (Mme)

?

Célèbre actrice reçue à la Comédie Italienne en 1781.

Par et chez COUTELLIER.

A mi-corps, de profil à droite ; sur la tête, une coiffe de veuve, blanche et bordée d'un liseré noir ; cheveux séparés sur les tempes en deux gros rouleaux, corsage de tulle transparent laissant apercevoir la pointe des seins ; au cou, une croix Jeannette et sous le médaillon ces trois vers :

> *J'apperçus le sergent, je lui rendis justice.*
> *Son air était si doux, son regard si flatteur,*
> *On eût dit que l'Amour s'était fait racoleur.*
>
> *Veuve de Cancale*, acte I, scène VI.

Pièce en couleur, sans grande valeur.

1861   Naumann.   Sans désignation d'état.   8 f. »

Ce même portrait se vendait aussi « chez Mondhare et Jean ; » avec cette adresse, il est dans un ovale sans autre forme autour et la disposition typographique des trois vers n'est pas la même que dans la pièce qui précède. C'est une charmante pièce.

1877 Behague.   Epreuve ayant toute sa marge.   40 f. »

LA BOISSIÈRE (Mlle de)

?

Marie-Gabrielle-Louise de la Fontaine de la Boissière, fille de messire François de la Fontaine Solare, comte de la Boissière, lieutenant du roi des ville et château de Dieppe.

PETIT, d'après DE LA TOUR.

In-folio.

Sur une planche de forme rectangulaire, elle est vue accoudée à un balcon en pierre; tête nue, manteau à fourrure entr'ouvert, les mains dans un manchon, de larges dentelles passant sous les fourrures, un simple ruban au cou ; elle regarde de face. Sous le trait carré, à gauche, on lit : *Peint par M. Q. de la Tour.* — *Gravé par Petit.*

Le pastel original de cette gravure a figuré en 1738 au Salon du Louvre.

Femme adorée, et bientôt tendre Me[re]
Reçois ici l'hommâge qui t'est dû :
L'Epoux que tu choisis lors-qu'il eut tout perdu
Retrouve tout, puisqu'il a sçu te plaire.

M. MAGNIER et Cie

LABORDE (Mme de)

?

La femme du compositeur et écrivain Jean-Benjamin de la Borde, qui fut premier valet de chambre et favori du roi Louis XV, gouverneur du Louvre, puis fermier général, l'auteur d'un volume de *Chansons* que tous les bibliophiles connaissent et que beaucoup convoitent.

NÉE et MASQUELIER, d'après DE NON (1775).

In-8º.

Nos lecteurs ont sous les yeux une très exacte reproduction de ce portrait, connue sous ce titre : *Madame Laborde enceinte;* il serait superflu d'en donner une description.

Cette petite pièce se recommande à l'attention des amateurs, bien plus par son *extrême rareté* que par sa valeur artistique : c'est un objet de réelle curiosité. On n'en connaît en tout que *quatre épreuves :*

La 1re, remargée à plat, dans un exemplaire en maroquin des *Chansons* de la Borde, appartenant à M. Denyau.

La 2e, dans l'exemplaire de M. Delbergue-Cormont, maroquin citron, reliure de Trautz-Bauzonnet.

La 3e, chez le baron Arthur des Jamonières, arrière petit-fils du fameux chansonnier, demeurant à la Vignette, près de Nantes.

La 4e, dans l'exemplaire en maroquin rouge, doublé de maroquin bleu, reliure de Cuzin, faisant partie de la belle bibliothèque que M. Eugène Paillet, l'éminent et aimable président de la « Société des amis des livres » vient de céder pour *un demi-million* à M. Morgand, le grand libraire du Passage des Panoramas. Cette épreuve est grande et fort belle, M. Paillet l'avait payée 750 francs et elle provenait de chez M. Welles de La Valette ; nous remercions sincèrement l'érudit bibliophile, qui a bien voulu nous donner lui-même ces renseignements.

MASQUELIER, d'après LEBOUTEUX.

In-8º.

Très petit portrait en buste sur un chevalet, une statue de Cérès et au fond un tableau représentant Vénus et l'Amour. M. de Laborde est assis en face, tenant une tabatière, sur laquelle est le même portrait.

1880 WASSET.	Epreuve avec toute sa marge.	31 f. »

MM. le baron Roger Portalis et Henri Béraldi estiment qu'il faut voir le portrait de notre personnage dans la figure de la page 122 du tome II des *Chansons de la Borde*, gravé par Masquelier et représentant un jeune homme qui regarde un portrait de femme posé sur un chevalet (*Pour la dernière fois aujourd'hui je vois ce tendre gage*). Cette figure se trouve encore reproduite dans la tapisserie du fond.

LA CHANTERIE (M.lle)

?

Actrice de l'Opéra ; elle florissait sous le règne de Louis XV.

GILBERG, d'après PIERRE.
In-folio.

Tête seule, grande comme nature, vue de 3/4 à gauche, presque de profil ; cheveux relevés ornés d'une rose.

Belle pièce à la manière du crayon.

LAFONT (Mlle Sophie-Louise-Wilhelmine de)

?

Actrice de la seconde moitié du XVIIIe siècle.

J. TARDIEU, d'après N.-B. DE LA PIERRE.

In-folio.

Assise (de 3/4 à droite, regardant de face ; décolletée, au cou, un nœud de ruban dont une des extrémités va se joindre à un autre gros nœud placé au milieu du corsage ; les manches demi-courtes sont garnies de ruban et de volants de dentelles ; au bras droit, un bracelet de quatre rangs de perles, un livre entr'ouvert dans la main gauche sur laquelle l'autre main est croisée ; à droite, comme fond, une draperie relevée par une embrasse à deux glands. Dans la tablette, les armoiries et le nom du personnage.

Le tableau fut peint à Saint-Pétersbourg, en 1769.

Cette gravure est assez ordinaire ; nous en avons vu une épreuve *avant toutes lettres* dans la collection Béraldi.

1877 D<small>IDOT</small>.   Sans désignation d'état.   20 f. »

LA LIVE DE JULLY (Mme de)

?

La femme du graveur amateur de ce nom, introducteur des ambassadeurs, mort en 1779.

DE LA LIVE, d'après COCHIN.

In-4°.

En buste, de profil à droite, dans un médaillon fixé par un nœud de rubans sur une planchette rectangulaire et reposant sur une tablette ; robe montante brochée de fleurs, cheveux à petites boucles agrémentés de barbes de dentelles, un ruban autour du cou. Dans le haut, on lit : *N° 50* et sur la tablette ce quatrain :

Pour charmer tous les yeux, le Dieu qui nous enflamme
Réunit dans Hébé les Grâces, la Beauté
Pour la faire adorer, les Dieux ont dans leur âme
Imprimé tous les traits de la Divinité.

Cette pièce est rare, elle a été gravée en 1758 : on hésite sur le point de savoir si elle représente le portrait de Mme de Jully ou plutôt de la marquise d'Etampes. Nous inclinons pour la première de ces hypothèses.

LA LIVE D'ÉPINAY

?

Amie de Jean-Jacques Rousseau.

CLAIRE TOURNAY, femme TARDIEU, d'après JEAURAT.

In-folio.

Endormie dans un fauteuil, le bras droit accoudé, un ridicule accroché au fauteuil ; à droite, sur une table, du papier, des plumes, de l'encre et sur un coussin placé sur un escabeau, un chien endormi ; à gauche, une console avec un vase de fleurs complète l'ameublement.

Cette pièce porte la rubrique : *Le joli Dormir*. Certains iconographes prétendent que c'est le portrait de Mme Jeaurat.

1861	Naumann.	Avec la lettre.	21 f.	»
1869	Leblond.	Avec la lettre.	57	»
1873	Morel de Vindé.	Même état.	38	»
1876	Herzog.	Avec grande marge.	82	»
1877	Behague.	Toute sa marge.	70	»
1877	Didot.	Avec la lettre.	60	»
1881	Michelot.	Avec marge.	30	»
1881	Mailand.	Avec la lettre.	31	»
1881	Mulbacher.	Avec la lettre et sa marge.	55	»

LAMBALLE (Princesse de)

1742—1792

Marie-Thérèse-Louise de Savoie Carignan, épouse de Louis-Alexandre-Joseph-Stanislas de Bourbon Penthièvre, prince de Lamballe, amie dévouée de Marie-Antoinette, de la maison de laquelle elle était surintendante. Née à Turin et massacrée dans la prison de la Force, le 3 septembre 1792.

RUOTTE, d'apres DANLOUX (1791).
In-4º.

De profil à gauche, dans un médaillon ovale ; cheveux frisés, corsage montant, fichu menteur et robe lilas, le tout sur un fond verdâtre.

Gravure au pointillé en couleur, assez jolie, dont il existe aussi des épreuves en noir.

1877	Didot.	Epreuve coloriée.	62 f. »
1877	Behague.	Avant toutes lettres, en couleurs *.	200 »

VÉRITÉ, d'après Mme LEBRUN.
In-8º.

De 3/4 à gauche, regardant de face, dans un médaillon ovale.

Pièce très médiocre au pointillé.

---

* Le rédacteur du catalogue a mis *Rocotte* pour *Ruotte* et imprimé, sans doute par erreur, que ce portrait était de profil à droite.

| 1869 | LEBLOND. | Avec un autre portrait. | 4 f. 50 |
| 1879 | SIEURIN. | Épreuve remargée. | 10 » |

Il existe, comme on le voit, très peu de bons portraits de la gracieuse et infortunée princesse.

Citons cependant la délicieuse effigie de Grévédon, que la photographie a popularisée : en buste, regardant de face, haute coiffure pouf garnie de rubans et de guirlandes de roses ; l'expression du visage est d'un charme infini. Mentionnons aussi le portrait gravé par Fleichsmann sous la direction d'Henriquel-Dupont, d'après le tableau exécuté en 1789 par Antoine Hickel, peintre de la cour de Vienne, et tiré du cabinet du Mis de Biencourt ; cette peinture avait déjà servi de modèle à J. Malgo, qui l'avait reproduite par la gravure en manière noire : toute jeune, la princesse est vue de 3/4 à gauche, regardant presque de face, les cheveux frisés et un fichu de dentelle jeté sur les épaules.

Dans son ouvrage sur les *Modes et usages au temps de Marie-Antoinette* (Paris, Firmin Didot, 1885 ; 2 vol. gr. in-8º), M. le Cte de Reiset signale une précieuse miniature représentant la princesse de Lamballe, qué conserve, dans son château d'Abondant, Mme la duchesse de Vallombrose.

A la vente Jules Burat (avril 1885), un portrait du même personnage en prêtresse du Soleil, peint par Antoine Vestier, fut adjugé 1,850 f.

Mentionnons également le portrait un peu fantaisiste, croyons-nous, dessiné quelques heures avant sa mort par Gabriel ; elle est de profil à gauche avec de grands cercles d'or aux oreilles, les cheveux en chignon plat retroussés et ramenés sur le haut de la tête. Cette pièce ne manque pas cependant d'un certain caractère.

Aux ventes Sieurin en 1879 et Mulbacher en 1881, ont figuré diverses épreuves d'un portrait gravé par Simonet d'après Carolus, dans le format in-8º, que l'on donnait comme étant celui de la princesse de Lamballe ; il y avait des épreuves à l'état d'eau-forte, d'autres avant la lettre, puis avec la lettre et enfin les dernières avec l'adresse de Massard.

Vainement nous avons cherché à voir cette gravure ; non seulement nous n'avons pu, malgré les plus actives recherches, parvenir à ce résultat, mais tous les amateurs et les marchands d'estampes nous ont répondu qu'elle n'existait pas, ou pour mieux dire qu'il n'existait pas de portrait de la Princesse gravé par Simonet d'après Carolus. Cependant, comme MM. Danlos fils et Delisle, ainsi que M. Jules Bouillon, rédacteurs des catalogues, dont la grande compétence et le savoir en pareille matière sont connus de tous, *maintiennent leur assertion*, nous n'avons pas cru pouvoir nous dispenser de leur en donner acte dans ce livre.

Voici les prix obtenus à ces ventes :

1879 Sieurin.	*Etat d'eau-forte*, avant la bordure et le fond. Marge.	42 f.	»
» —	*Avant la lettre*, épreuve terminée. Toute marge.	52	»
» —	Deux épreuves avec la lettre, dont une avec l'adresse de Massard. Marge.	32	»
1881 Mulbacher.	*Eau-forte pure*, avant toutes lettres, avant la bordure et avant le fond. Toute marge.	23	»
» —	*Avant la lettre*. Toute marge.	290	»

LAMOTHE-HOUDANCOURT

(Comtesse de)

1620-1709

Louise de Prie*, duchesse de Cardonne, épouse du maréchal de France, comte de Lamothe-Houdancourt.

---

* Ne pas confondre avec Agnès Berthelot de Pléneuf, marquise de Prie, maîtresse de Louis-Henri, duc de Bourbon. — (Voir Prie).

Elle fut la gouvernante de Mgr le Dauphin et des Enfants de France. Ses armes étaient : *écartelées au 1 et 4 d'azur, à la tour d'argent, qui est* de LA MOTHE-HOUDANCOURT, *au 2 et 3 d'argent, au lévrier de gueules, surmonté d'un lambel de sable et accompagné de 3 tourteaux de gueules, 2 en chef et 1 en pointe* (qui est de *du Bois*), accolées à celles de *Prie* ; *écartelées : au 1, de gueules à trois tierces feuilles d'or ; au 2, d'azur à la croix d'argent ; au 3 d'or à l'aigle éployée de sable couronnée d'argent ; au 4, fascé d'argent et d'azur de 9 pièces : au lion couronné de gueules, brochant.* Les écus timbrés d'une couronne de duc, couverts du manteau d'hermine, deux bâtons fleurdelysés en sautoir, accompagnés de lacs de veuve.

POILLY.

In-folio.

A mi-corps, dans un ovale équarri formé d'une couronne de laurier, sur un piédestal où sont ses armoiries. De 3/4 à gauche, regardant à droite ; la tête recouverte d'un voile retombant par derrière ; cheveux relevés et frisés ; un collier de perles au cou.

Pièce assez rare.

1873 GIGOUX.   Sans désignation d'état.
　　　　　　　Marge.　　　　　　　　　　35 f. »

LAMBERT (Hélène) *

?

Femme de François-Marie Langlois de Motteville, président de la Chambre des Comptes de Normandie.

P. DREVET, d'après LARGILLIÈRE.
In-folio.

Dans un jardin, cueillant des fleurs qu'elle met dans le pli de sa jupe retroussée ; à mi-jambes et de 3/4 à gauche, cheveux relevés et bouclés, fortement décolletée. Un bull-dog est devant elle, la patte appuyée sur un petit monticule. Dans le fond, entourée d'arbres, une maison. Sous l'encadrement, noms et qualités du personnage, coupés par un cartouche contenant les écus accolés des maisons de Lambert et de Motteville.

Assez jolie pièce. Le 2e état porte l'adresse de Drevet, *rue du Foin, vis-à-vis la Grande Porte des Mathurins*, et la mention : *avec privil. du Roy.*

1869	LEBLOND.	Sans désignation d'état.	5 f.	»
1877	DIDOT.	Epreuve de 2e état.	11	»
1877	BEHAGUE.	Epreuve de 2e état.	36	»

* Il ne faut pas la confondre avec Anne-Thérèse de Marquenat de Courcelles, veuve du marquis de Lambert, lieutenant-général des armées du Roy et morte en 1687.

LANY (Mlle)

1733—?

Louise-Magdeleine Lany, pensionnaire du roi, née à Paris, fut reçue à l'Académie royale de musique en novembre 1748 et se retira en avril 1767.

J.-B. DELAFOSSE, d'après CARMONTELLE.

In-4°.

Elle est représentée dansant, la tête de profil à gauche ; robe à paniers ornée de fleurs, une guirlande de fleurs dans les mains.

Au bas, ces vers :

> *Grâces, quittez Cythère,*
> *Venez sur ce gazon,*
> *Pour danser et pour plaire*
> *Venez de la Bergère*
> *Prendre leçon.*
>
> *Talens lyriques.* Acte de *la danse,* sc. 4.

Le 1er état est avec l'adresse de Delafosse et le second avec celle de Bligny.

Très jolie pièce de forme rectangulaire.

LARGILLIÈRE
(Marguerite-Élisabeth de)
1703--?

La deuxième fille du fameux peintre Nicolas de Largillière.

WILLE père, d'après N. DE LARGILLIÈRE.

In-folio.

Dans un médaillon, reposant sur un socle, à mi-corps, regardant de face, le corsage très décolleté et orné d'un bouquet de fleurs, laisse entrevoir la gorge. Du bras droit elle semble vouloir ouvrir son vêtement. Coiffure tortillon œil de queue de paon. Dans le fond des colonnes, et à droite des arbres.

Fort jolie pièce.

1877 BEHAGUE.   Épreuve avec grande marge.   40 f. »

LARUETTE (Mme)

?

Marie-Thérèse Villette, actrice de la Comédie Italienne, reçue en 1761, épousa Jean-Louis Laruette, comédien italien ordinaire du roi.

ELLUIN, d'après LECLERC.

In-4º.

A mi-corps, de 3/4 à gauche, regardant de face, dans un médaillon ovale sur un fond rectangulaire enguirlandé de roses, et reposant sur une tablette chargée des attributs du théâtre ; taille en pointe, corsage décolleté avec une légère dentelle autour du cou et un nœud de ruban sur le sommet d'une chevelure relevée.

DEVAUX, d'après SIMONET.

In-4º.

Debout, en pied, de 3/4 dirigée à droite ; coiffée d'un chapeau de paille, décolletée, un velours au cou ; robe courte avec nœuds au corsage et aux manches qui laissent voir tout l'avant-bras nu ; un panier au bras et aux pieds des sabots de paysanne. On lit sous le trait carré :

BABET

Ah ! Ah ! Ce n'est pas cela,
Cela qui me met en peine.

Rôle de Babet dans *Les Sabots*, comédie en un acte, de Sedaine. (Scène VII).

LA VAUPALIÈRE (Mlles de)

?

Diane et Albertine, fille du marquis de la Vaupalière, devenues, la première, comtesse Langeron et la seconde, marquise Balleroi.

PFEIFFER.

In-8º.

Dans un petit médaillon ovale, les deux gracieuses jeunes filles sont debout, vues jusqu'à mi-jambes, de profil à droite ; les bras nus, un mouchoir autour du cou, les cheveux flottants sur les épaules, elles se tiennent par la main. Au-dessous de l'ovale : *C. Pfeiffer sc.*

Gravure à la manière du crayon et au pointillé.
Ces deux profils sont d'une fraîcheur et d'une pureté délicieuse. La miniature originale de cette jolie pièce est au musée du Louvre, salle Thiers.

LAVERGNE (Mlle)

Nièce du peintre Jean-Etienne Liotard.

DAULLÉ et RAVENET, d'après LIOTARD.
Grand in-folio.

Elle est vue jusqu'à mi-jambes, de 3/4 à gauche, assise dans une chaise et lisant une lettre ; tête nue laissant voir des cheveux courts relevés et rassemblés derrière à l'aide d'un ruban : corsage en pointe lacé sur le devant, manches larges avec revers de brocard relevées jusqu'à mi-bras ; au cou, un velours très étroit auquel est suspendu un crucifix tombant sur une gorge très modestement dégagée.

Pièce fort agréable et peu commune, publiée à Londres ; elle a échappé

à M. Delignières dans son très intéressant catalogue de l'œuvre de Daullé*.

1877	Didot.	Sans désignation d'état.	300 f.	»
1877	Behague.	Epreuve avec marge.	251	»
1881	Mulbacher.	Sans désignation d'état.	130	»

Il existe de ce portrait une réduction à la manière noire, par Mac Hardel, de format petit in-folio.

LEBRET (Mme)

?

Marguerite-Henriette de la Briffe, la quatrième femme du peintre Cardin-Lebret.

C. DREVET, d'après H. RIGAUD.

In-folio.

La reproduction de cette gravure que l'on voit ci-contre rend inutile toute description. La perfection du procédé est telle, qu'il doit satisfaire les plus difficiles ; du reste, la réputation de la maison J. et A.

---

* Daullé, qui n'est qu'un très ordinaire graveur d'estampes, a souvent montré la souplesse et la vigueur de son burin dans l'exécution des portraits.

Lemercier à laquelle nous nous sommes adressés n'est plus à faire, elle est universelle. Bornons-nous donc à reproduire les vers qui figurent dans le bas du portrait :

> *La faucille à la main, c'est ainsi que Cérès,*
> *Aussi brillante, aussi belle que Flore,*
> *Mais plus féconde et plus utile encore,*
> *Vient moissonner pour nous ses plus riches guérets.*
> *En recevant les biens qu'elle nous donne,*
> *Défendons-nous de ses attraits vainqueurs :*
> *Jeune et riante, elle moissonne*
> *Moins d'épis encor que de cœurs !*

Voici les états de cette gravure qui ne porte point le nom du personnage :

1ᵉʳ état. — Avant toutes lettres et avec une solution de continuité dans le trait carré du bas. C'est de cet état que nous reproduisons une très belle épreuve.

2ᵉ état. — Sans changement dans la gravure, mais le trait carré rectifié.

3ᵉ état. — Avec les noms des artistes. Sous le trait carré, à gauche : *Hyacinthe Rigaud pinx.*; à droite : *Claudˢ Drevet sculp. 1728.*

Fort belle pièce. Signée, comme elle l'est, par deux artistes de premier ordre qui sont la gloire de notre école française, elle aurait dû, croyons-nous, malgré le peu de notoriété du personnage, trouver grâce près des collectionneurs ; les prix indiqués ci-dessous disent assez qu'il n'en est rien. Nous la signalons cependant aux amateurs de beaux burins : en bel état, elle peut faire l'ornement d'une collection choisie.

1859 COMBES.   Avant toutes lettres, essais de burin sur les marges.   41 f. »

1869	LEBLOND.	Sans désignation d'état.	4 f. 50
1876	HERZOG.	Sans désignation d'état.	17 »
1877	BEHAGUE.	Epreuve avec une grande marge.	30 »
1881	MAILAND.	Sans désignation d'état.	21 »

LECOMTE (Marguerite)

?

Des Académies de Peinture et de Belles-Lettres de Rome, Bologne et Florence. La fermière du Moulin-Joly et la maîtresse du Fermier-général Watelet.

H. WATELET (1753), dessiné par COCHIN fils, (1753).

In-8°.

En buste, regardant de profil à droite ; décolletée, cravate de dentelle, coiffure basse, cheveux relevés, pendants d'oreilles.

On peut voir au Cabinet des Estampes (série des Alphabétiques) deux états d'eau-forte différents de cette pièce.

1885	VIGNÈRES.	Avant la lettre et avec la tablette blanche.	41 »

L. LEMPEREUR, d'après C.-H. WATELET.

In-4°.

En buste, dans un médaillon rond fixé par un ruban à une planche rectangulaire. De profil à droite, au cou, un collier de cheveux tressés, coiffure basse agrémentée de quelques fleurs ; au côté gauche du corsage décolleté, un bouquet de fleurs artificielles. Dans la tablette, presque complètement entourée par une guirlande de roses, ce sixain :

L'heureux talent de plaire, en n'y pensant jamais ;
Un bon cœur, un sens droit et le don d'être amie ;
Une humeur franche et libre embellissant tes traits ;
  La grâce enfin à la raison unie :
Le Comte, c'est pour Toi ce que nature a fait ;
Et que l'Art ne peut rendre en gravant ton Portrait.

On n'en connaît pas l'eau-forte, croyons-nous.

1ᵉʳ état. — Avec toutes lettres.
2ᵉ état. — Avec les vers et les noms des artistes.
3ᵉ état. — Même état que le précédent et, en exergue, dans le double trait autour du médaillon, écrit en lettres capitales : *Marguerite Le Comte, des Académies de Peinture et de Belles-Lettres de Rome, Boulogne, Florence.*

C'est une pièce fort gracieuse.

LECOULTEUX
(Sophie du Moley)

?

La chanteuse, devenue l'opulente financière, « aux lundis où l'on ne recevait que des hommes à dentelles », écrit M. Edmond de Goncourt dans *La maison d'un artiste*. Protectrice de l'abbé Delille, elle lui inspira, dit-on, son poème *Les Jardins*.

A. DE SAINT-AUBIN, d'après C.-N. COCHIN (1776).

In-4°.

En buste, de profil à gauche, les cheveux en gros rouleaux, une rose posée sur le sommet de la tête et très en arrière ; le fichu en tulle croisant permet d'entrevoir un peu la gorge.

1er état. — Eau-forte pure, en dedans du trait carré, les noms des artistes très finement tracés à la pointe.

2e état. — Avant la lettre, et avant le chiffre *34* placé dans le coin du haut à droite ; les noms des artistes ont presque disparu sous les hachures.

3e état. — Avec la lettre, les noms des artistes, qui subsistent encore en dedans du trait carré, ont été répétés, sous ce trait carré, en dehors, savoir : à gauche, *C. N. Cochin filius delin.* : à droite, *Aug. de Saint-Aubin sculp. 1776.*

4ᵉ état. — Avec quatre vers.

Fort jolie estampe.

1880	Mahérault.	Avec toute sa marge.	50 f.	»
1885	Vignères.	Epreuve de 1ᵉʳ état.	36	»
»	—	Deux épreuves du même personnage.	26	»

B.-A. NICOLLET, d'après COCHIN fils (1782).

In-4°.

Dans un médaillon, de profil à gauche, sur des nuages et soutenue par trois Amours et trois femmes symbolisant la Musique, la Renommée et la Peinture ; l'Amour de gauche tourne les feuillets d'un cahier de musique, que regardent les deux autres jouant l'un du violon, l'autre de la basse de gambes ; de la main droite, la femme de gauche touche du clavecin ; la seconde, au-dessus du médaillon sur lequel elle est penchée, tient une lyre et une trompette de Renommée, et la troisième enfin, celle de droite, prépare ses couleurs sur une palette.

Charmante pièce allégorique, avec son faux-semblant d'un portrait de Marie-Antoinette ; d'ailleurs très rare. Une épreuve *avant la lettre* dans la collection Béraldi.

| 1877 | Behague. | Avant toutes lettres. | 50 | » |

LECOUVREUR (Adrienne)

1692-1730

Tragédienne de grande race qui interpréta avec une maestria et une grâce jusqu'alors inconnues les rôles des tragédies de Racine. Voltaire écrivit une de ses plus belles pièces de vers au sujet de la sépulture ecclésiastique qu'on refusa à la grande actrice. Le maréchal de Saxe fut son protecteur zélé.

P.-I. DREVET, d'après COYPEL.

In-folio.

A mi-corps, dans un médaillon lézardé reposant sur un socle ; de face, les yeux levés au ciel ; cheveux relevés sous un long voile, avec deux tresses retombant sur l'épaule gauche ; pendants d'oreilles en forme de poire, robe de velours noir décolletée. Dans les mains, une urne funéraire, contenant les cendres de Pompée ; elle la serre contre sa poitrine, mouvement qui fait glisser le bas de sa manche découvrant ainsi le bras gauche jusqu'au coude. Dans la tablette, ce quatrain :

> *C'est peu de voir icy, pour attendrir vos cœurs,*
> *Les cendres de Pompée et Cornélie en pleurs,*
> *Reconnoissés, pleurés cette Actrice admirable*
> *Qui n'eut point de modèle et fut inimitable.*

1ᵉʳ état. — Avant toutes lettres.
2ᵉ état. — Avec la faute, c'est-à-dire au 4ᵉ vers, le mot « modèle » écrit *model*.
3ᵉ état. — La faute est corrigée.

Rôle de Cornélie dans *La mort de Pompée*, tragédie de Corneille, acte V, scène I.

Cette pièce existe encadrée *avant toutes lettres* au Cabinet des Estampes, à gauche en entrant et est cataloguée sous le n° 225. On assure que l'on ne connaît que *quatre* épreuves du 1ᵉʳ état.

1857	Busche.	1ᵉʳ état, remargée et encadrée.	95f.	»
1859	Mayor.	Sans désignation d'état.	4	75
1859	David.	Avec les vers.	6	»
1861	Naumann.	Sans désignation d'état.	8	»
1861	Lajariette.	Épreuve de 1ᵉʳ état.	28	»
1865	Corneillan.	Sans désignation d'état.	13	50
1869	Leblond.	Avec les vers.	4	»
1875	Guichardot.	Même état qu'à la vente précédente.	15	»
»	—	Une autre épreuve.	8	»
1877	Behague.	Épreuve de 2ᵉ état, *avec la faute*.	260	»
»	—	Épreuve de 3ᵉ état.	45	»
1877	Didot.	Épreuve de 1ᵉʳ *état*, la lettre écrite à la main.	1010	»
»	—	Épreuve de 2ᵉ état.	180	»
»	—	Épreuve de 3ᵉ état.	41	»
1878	Rignon.	Sans désignation d'état.	34	»
1879	Michel.	Épreuve avec une grande marge.	27	»
1881	Mulbacher.	*Avec la faute*.	161	»
1885	Vignères.	Un peu rognée dans le bas.	24	»

GRATELOUP, d'après Ch. COYPEL.

In-12.

C'est le même portrait que celui gravé par Drevet, mais en *contre-partie* et dans un format réduit.

Charmante petite pièce en manière noire, commencée en 1767, selon Faucheux, et terminée en 1768.

Il en existe 3 états.

1er état. — Avant toutes lettres.
2e état. — Avec le nom des artistes sous le trait carré, et avant le nom de *Cornélie*.
3e état. — Avec le nom de *Cornélie* dans la tablette en caractères d'écriture.

1877	Didot.	Dans un 1er *état, non décrit*, avant différents travaux, marge.	75 f.	»
»	—	Epreuve de 2e état, marge.	195	»
1880	Mahérault.	Epreuve de 2e état.	41	»

Grateloup fut un très précieux graveur de portraits ; malheureusement, son œuvre est peu considérable ; il ne comprend que huit personnages, dont l'un, Bossuet, a été gravé deux fois. Les autres sont : Descartes, John Dryden, Fénelon, Adrienne Lecouvreur, Montesquieu, Melchior de Polignac et J.-B. Rousseau. La finesse de ces gravures est telle qu'on peut dire que ce sont de véritables miniatures. Il tirait lui-même les épreuves de ses planches, trouvant que les imprimeurs en taille-douce pratiquaient généralement mal cette opération, d'une importance capitale.

PETIT, d'après COYPEL.

In-folio.

En manière noire. Cette pièce vaut de 10 à 12 francs ; elle existe aussi en sanguine, et a été payée 9 francs à la vente Michelot.

SCHMIDT, d'après FONTAINE.

In-8º.

A mi-corps, dans un médaillon reposant sur un socle, les cheveux relevés, décolletée, presque de face et regardant vers la droite. (Collection d'Odieuvre).

1861   Naumann.   Sans désignation d'état.   5 f. »

Un grand nombre de portraits ont été gravés par les soins et sous la direction d'Odieuvre et tout particulièrement ceux de son grand ouvrage, L'Europe illustre (6 volumes grand in-8º, avec texte par Dreux du Radier), dont il y a deux éditions : *La première* parue en *1755 chez Odieuvre, rue des Postes* (valant aujourd'hui de 4 à 500 francs) et la *seconde en 1777, chez Noyon* (250 à 300 francs) ; les portraits sont mauvais, surtout dans la dernière où les planches sont très usées.

Voici quelques notes intéressant Odieuvre que nous empruntons au beau travail de M. Faucheux sur les œuvres de Ficquet, Grateloup et Savart, livre épuisé et devenu assez rare.

Ce fut en 1738 qu'Odieuvre fit paraître ses premiers portraits, il demeurait alors *quai de l'Ecole, en face la Samaritaine ;* les portraits avec cette adresse sont signés des bons graveurs et dessinateurs du temps, Eisen, Balechou, Poilly, Wille, Schmidt et Ficquet ; les *toutes premières épreuves* sont *avant l'adresse* et *très rares* ; les épreuves suivantes, qui portent l'adresse : *Quai de l'École, vis à vis la Samaritaine, à la Belle-Image,* sont encore fort belles. Vers 1745, Odieuvre alla se fixer *rue d'Anjou ; la dernière porte à gauche, entrant par la rue Dauphine au premier* ; puis, *rue des Mathurins chez M. Joubert* ; les épreuves à cette adresse sont considérées comme *assez bonnes*. Enfin, en 1755, nous le retrouvons *rue des Postes cul-de-sac des Vignes* : les épreuves à cette adresse sont très faibles ; quant à celles publiées après sa mort et avec *l'adresse effacée*, elles sont sans aucune espèce de valeur.

Ces portraits ont été tirés sur quatre papiers différents, savoir :

In-folio jésus, 30 épreuves.

In-4° grand raisin, 50 épreuves.

In-4° carré.

In-8° jésus.

Dans le principe, les portraits de cette collection n'accompagnaient aucun texte ; ce ne fut que plus tard qu'ils servirent à illustrer plusieurs publications, entre autres, *L'Europe illustre*, dont nous venons de parler.

Voici, du reste, pour les collectionneurs de *portraits de femmes* de la collection Odieuvre, tous ceux publiés dans l'*Europe illustre* ; la plupart sont antérieurs à l'époque qui nous occupe, et beaucoup sont étrangers ; nous les relatons cependant à titre de mémoire :

1er Volume.

Néant.

2e Volume.

ANNE DE BRETAGNE,	reine de France.	1476—1514
MARGUERITE DE VALOIS,	sœur de François Ier.	1492—1549
ANNE DE BOULEYN,		? —1535
MARIE,	reine d'Angleterre.	1516—1558
JEANNE GRAY,	—	? —1554
CATHERINE MÉDICIS,	reine de France.	1509—1579
JEANNE D'ALBRET,	mère de Henri IV.	1528—1572

3e Volume.

ELISABETH,	reine d'Angleterre.	1533—1603
MARIE STUART,	reine d'Ecosse.	1542—1587
MARGUERITE DE VALOIS,	reine de Navarre.	1552—1615
GABRIELLE D'ESTRÉE,	duchesse de Beaufort.	? —1599
HENRIETTE DE BALZAC,	marquise de Verneuil.	1579—1633
CHARLte-MARGte DE MONTMORENCY,	princesse de Condé.	? —1650

Marie Médicis,	reine de France.	1575—1642
Léonora Galigaï,	femme du maréchal d'Ancre.	? —1617
Anne d'Autriche,	reine de France.	1602—1666
Hortense Mancini,	duchesse de Mazarin.	? —1699
Henriette d'Angleterre,	duchesse d'Orléans.	1644—1670
Anne-M^{ie}-Louise d'Orléans,	duchesse de Montpensier.	1627—1693
Marie de Rohan,		1600—1679
Catherine-Henriette d'Angennes,	comtesse d'Olonnes.	? —1714
Anne-Geneviève de Bourbon,	duchesse de Longueville.	1619—1679

4ᵉ Volume.

Louise-Françoise de la Baume Le Blanc,	duchesse de la Vallière.	1644—1710
Marie-Angelique,	duchesse de Fontanges.	1661—1681
F^{se}-Athénaïse de Rochechouart,	marquise de Montespan.	1641—1707
Françoise d'Aubigny (sic),	marquise de Maintenon.	1635—1719
Catherine Alexiewna,	czarine de Moscovie.	1689—1727
Marie,	princesse de Pologne.	?
Marie-Thérèse,	dauphine.	1726—1746
Anne Iwanowna,	czarine de Moscovie.	1693— ?
Elisabeth Pétrowna,		1710— ?
Marie-Thérèse,	reine de Hongrie.	1717— ?

5ᵉ Volume.

Néant.

6ᵉ Volume.

Agathe de Chatillon,	épouse de Claude de Marolles.	1571—1630
Mlle Legras,	supérieure de la Charité.	1592—1660
Anne-Marie Schurmann,	savante.	1607—1678
Anne de la Vigne,		? —1684
M^{ie}-Magdelaine Pioche de la Vergne,		? —1693
Madame Cornuel,		1606—1693
Marie Bonneau,	dame de Miramion.	1629—1696
Magdedaine Scudéri,		1606—1700
M^{ie}-Cath. Le Jumel de Berneville,		? —1705

NINON DE LENCLOS		1615—1705
Fse-Mie DE SÉVIGNÉ,	comtesse de Grignan.	? —1705
Jne-Mie BOUVIÈRES DE LA MOTHE GUION.		1648—1717
ANTOINETTE DE LA GARDE.		1638—1694
ANNE LE FÈVRE,	femme de M. Dacier.	1652—1720
ADRIENNE LECOUVREUR,	actrice.	1690—1730
Mie-Ane DE CHATEAUNEUF,	dite Duclos, actrice.	1665— ?
VIRGINIA DI VEZZO,	épouse de Simon Vouet.	? —1638
ROSA ALBA CARRIERA,	de l'académie de Peinture.	1678— ?

Madame la comtesse de Baulaincourt possède un fort joli pastel d'Adrienne Lecouvreur, par de La Tour.

LELONG (Mme)

?

Geneviève-Elisabeth Visinier, femme de Jean-Baptiste-René Lelong, maître ordinaire en la Chambre des Comptes du Roi.

MIGER, d'après DE BONDY.
In-4°.

De profil à droite, dans un médaillon rond encastré dans un encadrement rectangulaire. On lit, sous le trait carré, à gauche : *J.-B. de Bondy del.*; au milieu : *1774;*

et, à droite : *S.-C. Miger sculp.* Enfin, dans le bas, ce quatrain :

> *Des fleurs de la gaité sa raison embellie*
> *Intéresse le cœur en amusant l'esprit :*
> *Heureuse et tendre mère, aimable et bonne amie,*
> *C'est la vertu qu'en elle on respecte et chérit.*

C'est, dit M. Edmond de Goncourt, « le plus laid et le plus ratatiné portrait de femme qui se puisse voir. »

LE NORMANT D'ÉTIOLES

Voyez « POMPADOUR. »

LENOIR (Mme)

?

Quelle est cette dame Lenoir, que Chardin, le peintre de la vie bourgeoise, a représentée en méditation ; il est peut-être difficile de le dire exactement. Mais, ce que l'on peut assurer, c'est que ce n'est point la femme du lieutenant de police.

SURUGUE, d'après CHARDIN.

In-folio en largeur.

Assise sur une chaise, dirigée à droite, une femme tenant un livre entr'ouvert dans ses mains qu'elle appuie sur ses genoux, regarde fixement de face; vêtue d'une robe montante avec fichu, elle a la tête coiffée d'un bonnet. Au bas, sous le trait carré, à gauche : *J.-B.-S. Chardin Pinxit.* ; et, à droite : *L. Surugue Sculpsit 1747.*

Dans le bas, on lit ce titre et ce quatrain :

L'instant de la Méditation.

Cet amusant travail, cette lecture aimable,
 De la Sage Philis occupent les loisirs ;
Quand on scait joindre l'utile à l'agréable,
 L'innocence est toujours la baze du plaisir.

Lépicié.

LESCOT (Mlle)

Actrice de la Comédie Italienne qui obtint un certain succès comme chanteuse. Elle fut reçue en 1780.

Par LE BEAU.

In-8°.

En buste, de profil à gauche, dans un médaillon rond, très décolletée, les cheveux ornés de fleurs, relevés et retombant librement et sans frisure sur les épaules. Le médaillon est fixé sur une planche rectangulaire et enguirlandée de roses en-dessous. Huit vers sur deux colonnes commençant par ces mots :

Jeune et ravissante rosière.....

1881	MULBACHER.	Avant la pagination, grande marge.	18 f. »
1886	VIGNÈRES.	Avant et avec la pagination ; 2 pièces.	8 »

Il existe de cette pièce une *contre-partie* qui ne porte pas de signature et présente l'adresse d'Esnauts et Rapilly ; elle sort très probablement de l'atelier de Le Beau.

LESDIGUIÈRES (Duchesse de)

1655—1716

Paule-Marguerite-Françoise de Gondy Retz ; épouse de François-Emmanuel de Bonne de Créqui, duc de Lesdiguières, pair de France.

DREVET, d'après PEZEY.
Petit in-folio.

Assise, de 3/4 à droite, regardant de face ; décolletée, les cheveux relevés et ornés de lys, avec deux de ces mêmes fleurs attachées à un corsage en pointe laçant sur le devant ; pendants d'oreilles et manteau d'hermine retenu sur l'épaule par une agrafe. Un chat faisant le rond sur ses genoux, elle tient de la main gauche un livre entr'ouvert et pose le pied sur un riche coussin, tandis que, derrière elle, un nègre, portant un turban à aigrette et des boucles d'oreilles, soutient une guirlande de fleurs. A droite, une corbeille remplie de fleurs sur un guéridon.

1er état. — Avant toutes lettres, la seule épreuve *connue* est au Département des Estampes.
2e état. — Avec la lettre, la figure retouchée.
3e état. — Avec la lettre, la figure vieillie.

LÉTINE (Mme)

?

La seconde belle-mère du graveur-amateur La Live de July.

LA LIVE, d'après BERNARD.

In-folio.

En buste, gracieusement tournée de 3/4 à droite, elle est vue de face dans un médaillon ovale entouré de guirlandes de roses et surmonté d'une couronne, encastré dans un encadrement rectangulaire, avec tablette inférieure. Avec un petit bonnet dont les attaches sont nouées sous le menton, elle est vêtue d'une robe de chambre garnie de fourrures. Sous le trait carré, à gauche : *Bernard p.* ; et, à droite, *La Live sc.* Au bas, ce quatrain :

> *Tendre, Sensible, heureuse mère*
> *Vous seriés un Modèle unique en sentimens*
> *Si l'on ne retrouvait le même caractère*
> *Dans le cœur de tous vos enfants.*

1er état. — Avant toutes lettres, la tablette blanche.
2e état. — Celui qui est décrit.

Ravissante pièce, que chacun sait être l'œuvre d'Augustin de Saint-Aubin.

On nous saura gré de reproduire la délicieuse note que l'éminent critique d'art, Edmond de Goncourt, lui a consacrée dans son attachant ouvrage *La Maison d'un artiste* : « Une eau-forte qui est l'idéal de la gravure de femme, et qui vous fait regretter qu'il n'y ait qu'un portrait de femme du dix-huitième siècle ainsi exécuté, et encore un portrait de vieille femme. Le gras modelage des traits replets dans le doux pointillé, et le joli chiffonnage des dentelles, et le bel hérissement des fourrures, et la liberté et l'esprit de cette claire image, autour de laquelle court un encadrement de fleurs, largement croqué à la pointe ! Je n'ai pas besoin de dire aux gens, qui ont la moindre connaissance des estampes du temps, que cette eau-forte est d'un bout à l'autre d'Augustin de Saint-Aubin qui en a fait cadeau à son riche élève, de Saint-Aubin, dont, un jour ou l'autre, une loupe entêtée retrouvera la signature discrète en quelque coin, sous quelque pétale de fleurs. »

LE VASSEUR (Mlle Rosalie)

?

Chanteuse de l'Académie Royale de musique, elle eut un grand succès dans l'opéra d'*Alceste*, par Gluck, qui fut représenté le 23 avril 1776.

Par PRUNEAU.
In-4º.

En buste, de profil à gauche, avec un corsage décolleté, dans son rôle d'*Alceste*. Front bombé, nez relevé, menton en avant.

Très curieuse et jolie pièce ; quand on la compare aux autres productions de Pruneau, généralement assez maussades, on ne peut s'empêcher d'y reconnaître la main du Maître Augustin de Saint-Aubin, dont le susdit Pruneau était un des élèves.
Les belles épreuves ne portent qu'une seule ligne de texte sous l'ovale.

LEVASSEUR (Thérèse)

?

L'amie bien connue de Jean-Jacques.

Par NAUDET.

In-4°.

Une vieille femme, vue debout en pied, de profil à droite, les mains dans son manchon, et comme fond, le tombeau de l'auteur de la *Nouvelle Héloïse*.

LOISON

?

Veuve de messire Pierre Le Cornu, chevalier seigneur de la Boissière.

S. VALLÉE, d'après DE TROY.

In-folio.

Représentée sous les traits de Vénus ; assise dans un char en forme de coquille ; vêtement flottant, chemisette entr'ouverte laissant voir la gorge nue ; regardant de face, les cheveux relevés, une longue frisure tombant sur le sein gauche ; l'Amour tenant dans ses deux mains une colombe est assis près d'elle, le corps penché à droite. La main gauche appuyée sur son arc, elle a dans la droite les rênes qui retiennent une autre colombe sur la proue de son char. Au bas, ces huit vers, disposés sur deux colonnes :

> *Roulant sur ce char en coquille*
> *Et tenant un arc à la main*
> *Cette divine beauté brille*
> *Et porte l'amour dans son sein.*
> *Ou c'est Vénus, fille de l'onde,*
> *Qui vous charme par tant d'attraits,*
> *Ou c'est une charmante blonde*
> *Qui de Vénus a tous les traits.*

GACON.

Cette pièce est *sans titre* ; elle est fort agréable et vaut de 15 à 25 francs.

A. BOUYS (1702), d'après DE TROY.

Cette pièce, en manière noire, nous représente Mme

Loison assise, décolletée, regardant de face et tournant la page d'un livre de musique (*Sarabande de mademoiselle Loison*) que lui présente un Amour demi-nu.

LOIZEROLLES (Mlle Gauthier de)

?

Sœur de madame Aved, la femme du peintre.

BALECHOU, d'après AVED.
In-folio.

A mi-corps, assise dans un fauteuil, regardant de face, la tête couverte d'un chapeau de paille à larges bords retroussés et orné de fleurs ; les brides nouées très bas sont pendantes ; un rouet est sur ses genoux. Dans la tablette ce quatrain :

> *Mes yeux dans ce portrait admirent le pinceau,*
> *Et par les attributs jugent du caractère ;*
> *Loisir mis à profit, mœurs douces, cœur sincère,*
> *Voilà, je crois, tout le tableau.*

Jolie pièce ; une épreuve *avant toute lettre* dans la collection Béraldi.

Van den Zande.	Avant la lettre et l'encadrement, et avec la lettre, 2 pièces.	23 f.	50
S.	Sans désignation d'état.	5	50
Leblond.	Sans désignation d'état.	4	»
Corneillan.	Sans désignation d'état.	3	50
Herros.	Avant la lettre.	37	»
Didot.	Avec deux autres pièces : ensemble 3 pièces.	16	»
Behague.	Sans désignation d'état.	27	»

LOUISE-ADÉLAIDE D'ORLÉANS
1698-1743

Fille du régent Philippe II, abbesse de Chelles, prit le voile en 1719, sous le nom de sœur Bathilde, et mourut au couvent des bénédictins de la Madeleine de Tresnel. Elle était aussi connue sous le nom de mademoiselle de Chartres.

DREVET, d'après GOBERT.

Grand in-folio.

La reproduction ci-contre rend toute description inutile. Observons cependant que voilà encore une pièce *très remarquable* à laquelle on fait fort peu d'honneur dans les ventes. Nous soulignerons tout particulièrement le *modelé* et le *fini des mains* qui sont *merveilleux*.

L'épreuve de *1er état, la seule connue,* appartient à Mgr le duc d'Aumale.

Deux autres portraits différents du personnage, également d'après Gobert, ont encore été gravés par Drevet; ils sont en réduction.

1856	His de la Salle.	Sans désignation d'état.	30 f.	»
1872	Soleil.	Celle-ci en format in-4°.	13	50
1876	Herzog.	Même format qu'à la vente Soleil.	28	»
»	—	Une autre épreuve.	25	»
1877	Didot.	Épreuve de 2e état.	40	»
»	—	Une autre épreuve.	13	»
»	—	Une autre épreuve toute marge.	46	»
1877	Behague.	Épreuve de 2e état, avec la lettre.	60	»
»	—	Une autre sans désignation d'état.	15	»

A la vente Joseph Fau, en mars 1884, un portrait du personnage par Nicolas de Largillière : à mi-corps, corsage garni de dentelle, manteau rouge sur l'épaule droite, chevelure poudrée ornée d'une plume, dans un cadre ancien en bois sculpté (H. 0m90—L. 0m72) a été adjugé 1,020 francs.

LOUISE-ÉLISABETH
DE FRANCE

Voir : « MARIE-ADÉLAIDE DE FRANCE. »

LOUISE-HENRIETTE DE BOURBON CONTI

1726-1759

Femme de Louis-Philippe d'Orléans, d'abord duc de Chartres, mère de Philippe-Egalité. Elle fut réputée pour son esprit caustique.

F. HUBERT, d'après NATTIER.

In-folio.

Dans un cadre rectangulaire, assise sur une nuée, le corps de face, la tête de 3/4, les cheveux bouclés retombent sur les épaules ; corsage très décolleté, avec guirlandes de fleurs en sautoir et les bras demi-nus. La main droite tient une coupe, la gauche, une aiguière. Près d'elle, à gauche, un aigle, les ailes ouvertes, tient la foudre dans ses serres.

Cette pièce a pour rubrique : *Madame la duchesse de.... en Hébé.*
Le tableau original est à Versailles.

1877	BEHAGUE.	*Avant toutes lettres.*	60 f. »
1877	DIDOT.	Sans désignation d'état.	31 »
1880	MICHELOT.	Sans désignation d'état.	80 »

MALŒUVRE, d'après NATTIER.

In-folio.

C'est une reproduction de la pièce qui précède, mais la rubrique est devenue *Flore à son lever*.

On suppose que c'est la princesse, mais rien ne le prouve.

1877	Didot.	Avant la lettre.	41 f. »
1880	Michelot.	Avant la lettre.	28 »

LOUISE-MARIE-ADÉLAIDE DE BOURBON PENTHIÈVRE

1753—1821

Épouse de Louis-Philippe-Joseph d'Orléans, qui devint plus tard Philippe-Egalité, porta le titre de Duchesse de Chartres depuis l'époque de son mariage (5 avril 1769) jusqu'à la mort de son beau-père (18 novembre 1785), époque à laquelle elle devint duchesse d'Orléans. Elle fut la mère du roi Louis-Philippe Ier.

A. DE SAINT-AUBIN et **H. HELMAN**, d'après **LE PEINTRE**.

In-folio.

Cette pièce, intitulée Le Duc de Chartres, son épouse et ses enfants, représente Louis-Philippe d'Orléans, debout, du côté droit de la gravure, son chapeau à la main, saluant sa femme, qui est assise sur un canapé, vue de face, la tête de 3/4 inclinée à gauche ; debout près d'elle, son fils aîné tend la main à son père, et, sur ses genoux, son dernier enfant; à gauche, un vase rempli de fleurs sur un guéridon. Sous le trait carré, à gauche, on lit : *Peint par C. Le Pcintre, peintre de S. A. S. Mgr le duc de Chartres,* et à droite : *Gravé par A. de Saint-Aubin et H. Helman, 1779.* Et au-dessous une dédicace divisée en deux par un écusson et les adresses des graveurs commençant par les mots : *Se trouve à Paris....*

On sait que les têtes de cette estampe sont l'œuvre de Saint-Aubin, et que le reste est dû au burin de Helman.

1er état. — Eau-forte pure ; avant toutes lettres et avant l'écusson.
2e état. — Epreuve terminée, mais encore avant toutes lettres, et avant l'écusson.
3e état. — Avec l'écusson et les signatures des artistes telles qu'elles sont reproduites ci-dessus, mais sans autres lettres.
4e état. — Avec la dédicace ajoutée, mais avant les adresses.
5e état. — Celui décrit.

Gazette de France du 15 mai 1779. — « Portrait en pied du duc, de la duchesse de Chartres, du duc de Valois et du duc de Montpensier.

« Estampe de 18 pouces de haut sur 14, gravée d'après C. Lepeintre par A. de Saint-Aubin et H. Helman. Chez Saint-Aubin, graveur du roi et de sa bibliothèque, rue des Mathurins et à la bibliothèque du roi et chez Helman, graveur du duc de Chartres, rue Saint-Honoré, vis-à-vis l'hôtel de Noailles. Prix : 6 livres. »

LE BEAU, d'après LECLERC.

In-8°.

A mi-corps, de 3/4 à droite, le corsage très décolleté laissant voir les seins demi-nus ; cheveux relevés et roulés sur les côtés. Le médaillon est placé sur un panneau où il est retenu par un nœud de ruban. Sur la tablette, dans un cartouche, ses armoiries : *De* FRANCE *au bâton de gueules en barre, qui est* PENTHIÈVRE, timbrées de leur couronne.

HENRIQUEZ, d'après DUPLESSIS.

In-folio.

Vue de face, étendue plutôt qu'assise, au bord de la mer, le coude gauche appuyé sur un rocher auquel elle est adossée ; toilette négligée, un peu décolletée, les cheveux relevés et bouclés et les pieds nus dans des sandales ; un crayon dans la main droite et un livre rejeté près d'elle, on lit sur le rocher ces mots qu'elle vient de tracer :.... *et vainement je veux lire* || *à chaque mot....* Dans le fond, des vaisseaux cinglent vers le large*. Sous le trait carré,

---

* C'est la flotte qui emporte son mari pour le combat d'Ouessant (27 juillet 1778).

noms et qualités du personnage, avec ses armoiries timbrées de leur couronne.

<small>Pièce en largeur, assez jolie ; dans l'attitude du personnage règne un suprême abandon. Au Cabinet des Estampes, une épreuve d'essai avec les travaux des fonds seulement.</small>

Par M^{ie}-A^{ne} CROISIER.
In-8°.

Sous la rubrique : *Un bon Prince est aimé dans ses enfants*, cette gracieuse pièce présente, dans trois médaillons enguirlandés de roses par des Amours, le duc d'Orléans, le duc et la duchesse de Chartres. Cette dernière est vue de profil à gauche, les cheveux relevés sans ornement.

<small>Il existe un autre portrait du personnage gravé d'après Dumeray par Mécou, au pointillé, dans le format in-4° ; morceau assez joli, mais sans grande valeur marchande. Enfin, on retrouve encore l'effigie de la duchesse de Chartres parmi les douze portraits en médaillons des *Princes et Princesses de la maison d'Orléans*, entrelacés de palmes, de lauriers et de guirlandes de roses qui forment le frontispice à la *Description des principales pierres gravées du Cabinet de S. A. S. Mgr le duc d'Orléans...* (Paris, 1784 ; 2 vol. in-4°.)</small>

Cette jolie pièce est l'œuvre d'un Maître : Augustin de Saint-Aubin. Nous empruntons à l'ouvrage de M. Emmanuel Bocher l'indication des états qui en sont connus :

1er état. — Eau-forte pure. En bas, au-dessous de la composition, au milieu, à la pointe : *Aug. de Saint-Aubin, delin. et sculp.*, sans autres lettres. Dans cet état, les médailles ont toutes en exergue les mêmes inscriptions qu'à l'état décrit, sauf la médaille représentant *Louise-Marie-Adélaïde de Bourbon-Penthièvre*, duchesse de Chartres, qui ne porte rien en exergue.

2ᵉ état. — Épreuve terminée. En bas, au-dessous de la composition, au milieu, à la pointe : *Aug. de Saint-Aubin, delin. et sculp.*, le reste comme à l'état décrit.

3ᵉ état. — Avec la signature : *Aug. de Saint-Aubin delin. et sculp. 1784.* Il a été tiré de cet état quelques épreuves avant le texte au verso.

LOUISE-MARIE DE FRANCE

1737-1787

Dernière fille de Louis XV, dite « Madame Louise, » entra religieuse carmélite au couvent de Saint-Denis en 1770, sous le nom de Sainte-Thérèse de Saint-Augustin.

LE BEAU, d'après QUEVERDO.

In-4º.

Dans un ovale reposant sur un socle, elle est représentée assise sur un escabeau et se présente de 3/4 vers la gauche, près d'une table sur laquelle est un crucifix. En costume de carmélite, avec le long voile noir retombant par derrière, elle tient ouvert son livre d'heures. Des encensoirs allumés sont posés sur le socle au montant duquel sont accrochés, à l'aide de rubans, deux médaillons, l'un au chiffre de la princesse et l'autre aux armes de France. Sur la tablette, les noms et qualités du personnage, et sous le trait carré, ce quatrain :

La Vertu se dévoue et la Grand^r s'immole :
Sacrifice éclatant, digne de l'Immortel !
Louise de l'Orgueil confond, brise l'Idole,
Abandonne le Trône, et s'enchaîne à l'Autel.

Cette pièce a été publiée chez Hénaut et Rapilly. Queverdo n'en a dessiné que l'encadrement.

Gaucher et Littret ont également gravé le personnage ; mais l'œuvre de ce dernier est particulièrement médiocre.

Littret de Montigny a encore gravé le portrait du personnage, mais c'est plus que faible ; enfin, on croit voir l'effigie de la même princesse dans cette gravure de Gaucher représentant une religieuse agenouillée sur un prie-Dieu, aux armes de France, sur lequel on voit un crucifix et une tête de mort. Cette pièce, de format in-8º, est signée : *Car. Gaucher ex Acad. Art. Lond. inc.* On lit, dans le bas, ces deux vers :

Par ton exemple, échauffe, instruit les cœurs,
Servir le ciel, voilà les vrais honneurs !

LOUISE-MARIE-THÉRÈSE-BATHILDE D'ORLÉANS

1750—1822

La femme du dernier des Condé, la mère de l'infortuné duc d'Enghien fusillé à Vincennes en 1804. C'est à la suite de la mort de son mari, trouvé pendu à une espagnolette du château de Chantilly, que ce domaine historique devint la propriété du duc d'Aumale qui vient d'en faire généreusement don à l'Institut de France avec toutes les richesses artistiques qu'il contient.

LE BEAU (1774), d'après LENOIR.
In-8°.

Nous n'avons pas à décrire cette ravissante petite pièce puisque nous en donnons ci-contre un fac-similé. C'est la reproduction d'une épreuve d'un état *fort rare* qui nous a été obligeamment communiquée par M. Lemeignen, amateur à Nantes, à qui nous adressons ici nos remerciements.

1876	Herzog.	Avec sa marge.	29 f. »
1877	Behague.	Sans état désigné, toute marge.	29 »
1879	Michel.	Avec toute sa marge.	16 »
1880	Michelot.	Avec la lettre.	9 »

Par et d'après DUPIN.

In-8º.

De face, dans un ovale équarri, ornementé ; au-dessous, un cartouche armorié entouré de lys et sur la tablette, les noms et qualités du personnage.

Pièce très ordinaire.

1880 MICHELOT.   Avant le nom des artistes.   13 f. 50

LUSSAN (Mlle Marguerite de)

1682-1758

Romancière, née et morte à Paris ; elle passait pour être une fille naturelle du prince Thomas de Savoie, frère du prince Eugène. On lui doit notamment des *Anecdotes de la cour de François Ier* et des *Annales galantes de la cour de Henri II*.

FESSARD, d'après RIGAUD.

In-4º.

Elle est vue de 3/4 à droite, décolletée, avec un manteau

jeté sur l'épaule gauche ; elle louche. Au bas, les signatures : *Rigaud pinx. 1713, St. Fessard sculp. 1753,* et au-dessous ce quatrain :

> *Après avoir acquis le secret et la gloire*
> *De rendre utile des romans*
> *Elle va semer d'agrémens*
> *Les grandes véritez que renferme l'histoire.*

Pièce servant de frontispice à l'*Histoire de Louis XI*, par Mlle de Lussan.

MAILLARD (Marie-Thérèse Davoux, Mlle)

1766 – 1818

Célèbre actrice de l'Opéra où elle débuta à seize ans (1782). Ce fut elle qui, à cause de sa beauté, représenta la déesse Raison à Notre-Dame, en 1793.

ALIX, d'après GARNEREY.
In-Folio.

A mi-corps, de 3/4 à gauche, regardant de face et légèrement décolletée ; sur la tête, un diadème laissant passer une boucle de cheveux qui retombe sur l'épaule gauche ; un manteau est jeté sur l'épaule et l'on aperçoit un poignard à la ceinture. Sur la tablette un médaillon contenant le portrait d'Apollon, avec deux Amours de chaque côté et les attributs du théâtre ; à gauche encore un poignard, et à droite, une mandoline.

Assez jolie pièce en couleur.

1856	S.	Sans désignation d'état.	10f.	»
1881	Mulbacher.	Epreuve avec une grande marge.	110	»
1885	Vignères.	Sans désignation d'état.	27	»

LE BEAU.

In-8º.

En buste, de profil à droite, dans un médaillon ovale retenu sur une planche rectangulaire et reposant sur une tablette. Cheveux relevés, bouclés et retombant à droite et à gauche, voile tombant derrière la tête ; corsage très décolleté. Sous le trait carré, huit vers :

Beauté, Grâce et jeunesse.....

| 1881 | MULBACHER. | Avant la pagination, toute marge. | 23 f. » |

F. LIGNON, d'après F. GÉRARD.

In-folio.

A mi-corps, de 3/4 regardant de face, coiffure de théâtre ; robe décolletée avec manches de tulle bouffantes, laissant voir les bras nus ; ceinture haute, boucles d'oreilles à pendeloques.

Il existe aussi un portrait de l'actrice dessiné par E.-C. Renaud et terminé par Lecomte, la représentant dans *La jeunesse de Henri IV*, acte V, scène XII, et un autre, en couleur, profil à gauche, par Coutellier, assez doux de ton, annoncé au prix de 3 liv. dans la *Gazette de France* du 24 août 1784. Le *premier tirage* porte l'adresse de Mondhare et Jean.

MAILLY (Comtesse de)

1710-1751

Louise-Julie de Nesle, épousa son cousin Louis-Alexandre de Mailly et devint la maîtresse de Louis XV en 1735.

B.-L. HENRIQUEZ, d'après NATTIER.

In-folio.

Dans un cadre rectangulaire, de face, le corps insensiblement tourné vers la droite, les cheveux courts et bouclés, avec une rose sur le côté. Assise sur un tertre, dans la campagne, près d'un arbre auquel est suspendu un arc et un carquois rempli de flèches; l'épaule est découverte, et elle essaie sur son doigt la pointe d'une flèche pour s'assurer qu'elle n'est pas émoussée.

Cette pièce a pour rubrique : *La Chasseuse aux cœurs*; certains iconographes croient plutôt y reconnaître le portrait de Mlle *Beaujolais*; sans vouloir trancher la question, nous constaterons que c'est une estampe fort agréable.

1861	NAUMANN.	Sans désignation d'état.	5 f.	»
1877	BEHAGUE.	Avec une grande marge.	16	»
1880	MICHELOT.	Sans désignation d'état.	27	»

MAINTENON (Marquise de)

1635—1719

Françoise d'Aubigné, femme du fameux poète burlesque Scarron le cul-de-jatte. Devenue veuve en 1660, elle fut chargée d'élever les enfants que Louis XIV avait eus de Mme de Montespan. Le roi appréciant ses hautes qualités, l'épousa secrètement en 1684.

FICQUET (1759), d'après MIGNARD, (1694).

In-8°.

Assise, dans un médaillon ovale équarri reposant sur un socle ; de face, le corps de 3/4 tourné à gauche, une main appuyée sur la poitrine, le pouce un peu écarté. Un voile sur les cheveux qui sont légèrement relevés en rouleaux et séparés par une raie. Robe à ramage modestement décolletée laissant entrevoir au col et à la manche la chemise très fine. Derrière une draperie relevée, au fond, à gauche, on aperçoit des livres sur des rayons, l'un est entr'ouvert et placé près d'un sablier. Le manteau doublé d'hermines est jeté sur les épaules.

Le personnage n'est malheureusement pas séduisant, mais l'*estampe* est une *merveille* de fini d'exécution.

Les bonnes épreuves sont sur papier double.

On raconte que Ficquet, mécontent de sa première planche, la détruisit; on le força pour ainsi dire à la recommencer en l'enfermant dans ses appartements ; il fit alors contre fortune bon cœur et nous donna la petite merveille que nous venons de décrire, enfantée aux accords de la musique que les demoiselles de Saint-Cyr exécutaient sur sa prière.

1864	Villestreux.	Sur papier double, grande marge.	9 f.	50
1872	Soleil.	Sans désignation.	7	»
1873	Gigoux.	Sur papier double.	?	
1876	Herzog.	Papier double avec marge.	16	»
1876	Combes.	Epreuve sans marge.	4	»
1877	Behague.	Sans désignation.	16	»
1877	Martin.	Papier double, toute marge.	17	»
»	—	La même sans marge.	2	
1880	Michelot.	Sans désignation.	17	»
1881	Chambry.	Sans désignation.	5	»
1885	Vignères.	Sans désignation d'état.	5	50
1886	—	Sur papier double, toute marge.	12	»

Cette pièce a été gravée en *contre-partie* par G. Benoist, on ne voit que le buste et tous les attributs ont disparu. Très mauvaise.

P. GIFFARD, 1687.

In-folio.

En buste, vue presque de dos, retournant la tête de 3/4 vers la droite et regardant à peu près de face, dans un médaillon ovale équarri. Collier de perles, pendants d'oreilles de forme allongée, cheveux séparés par une raie et chignon dans lequel s'enroulent des perles. Décolletée, une épaule presque nue. Aux quatre coins, des médaillons ronds emblématiques, ayant chacun un petit sujet allégorique, au-dessus duquel et dans le médaillon même, se trouve écrit sur une banderolle ces quatre devises : *Autant modeste qu'eslevé.* — *Je ne parois que pour faire du bien.* — *Par mes respects j'attire ses regards.* — *Ma vertu me fait estimer.* En exergue autour de l'ovale contenant le portrait : *Françoise Daubigny Marquise de Maintenon*, et dans un cartouche, au milieu du socle, les armoiries du personnage : *De gueules au lion d'hermine, armé, lampassé et couronné d'or*, timbrées d'une couronne.

1ᵉʳ état. — Le *corps du lion* qui est dans l'écusson *n'a pas d'hermines.*

2ᵉ état. — Le corps est couvert d'hermines.

1859	TEALDO.	Sans désignation d'état.	37 f.	»
1876	HERZOG.	Avec *la signature de Mariette*, au verso.	85	»
1877	DIDOT.	Epreuve avec une petite marge.	50	»

Belle pièce, justifiant les prix indiqués ci-dessus.

On a beaucoup d'autres portraits du personnage, mais ils sont peu importants ; tels sont ceux gravés par A. de Saint-Aubin (1801), de Larmessin, La Live.... et pour les collections, Desrochers, Odieuvre, Trouvain, Bonnart, etc., etc.

Nous mentionnerons encore celui gravé par Mercury, d'après Petitot, qui est vraiment remarquable ; il vaut une cinquantaine de francs. Il en existe une *copie trompeuse*, que possède M. Béraldi.

MAREILLES
(P.-B. de Létancourt, Comtesse)

?

On sait peu de choses sur cette jeune femme enlevée trop tôt à l'affection des siens et à la société dont elle était, paraît-il, un des ornements les plus accomplis.

DE LONGUEIL, d'après EISEN.
In-8º.

Une femme habillée à l'antique, Vénus, dirait-on, est assise sur une balustrade, au pied d'un socle sur lequel est un brûle-parfum ; elle tient entre ses mains un médaillon qu'elle enguirlande de roses et dans ce médaillon est le portrait de la jeune comtesse, en buste, dirigée vers la droite, vêtue d'une robe garnie de dentelles ; au dernier plan, un temple grec et au-dessous du portrait, des Amours dont l'un tient une torche renversée, supportent les écussons accolés de Mareilles et de Létancourt recouverts en partie d'un voile funèbre et timbrés d'une couronne ducale. On lit, sous le trait carré, à gauche : *Ch. Eisen delin. 1764.*; et, à droite : *De Longueil sculp. 1765.* Enfin, au-dessous de la gravure, ces vers sur deux colonnes :

L'art ne peut exprimer les dons qu'à cet Objet
Avoit prodigués la Nature ;

Et le cœur d'un Epoux murmure
De n'en offrir ici qu'un emblème imparfait.

Dieux! vous étiez jaloux qu'une Beauté si chère
D'un mortel eût reçu la main
Mais en prolongeant son destin
Hélas! elle eût été l'exemple de la Terre.

« Cette délicate pièce, écrivent MM. Portalis et Béraldi, est la perle de l'œuvre de Longueil. » En bon état de conservation, elle ne vaut pas moins de 50 à 60 francs.

MARIE-ADÉLAIDE DE SAVOIE

1685—1712

Duchesse de Bourgogne, puis madame La Dauphine, épouse de Louis de France, duc de Bourgogne, fils du grand dauphin; elle était la fille du duc Amédée II.

N. PITAU, le jeune.
In-8º en travers.

A mi-corps, dans un ovale équarri orné de branches de lauriers; sous la bordure, attributs allégoriques. De 3/4 à droite, regardant de face, cheveux relevés et bouclés, serrés derrière à l'aide d'un nœud de ruban et retombant sur la nuque. Corsage peu décolleté. En haut du médaillon, la croix de Savoie.

1877 Didot.	Sans désignation d'état.	20 f.	»

Chez THOMASSIN.

In-folio.

A mi-corps, dans un ovale équarri orné de banderolles reposant sur un socle. De 3/4 à gauche, regardant de face, les cheveux bouclés et ornés de perles, avec collier semblable et le corsage de brocart décolleté et garni de dentelles, elle porte sur l'épaule droite un manteau bordé d'hermine. En exergue de l'ovale, on lit : *Madame la duchesse de Bourgogne.* Sur le socle, ses armoiries posées sur le manteau d'hermine sont timbrées de leur couronne et divisent en deux parties la légende qui suit : *Ce portrait a esté gravé avec la permission du Roi, d'après celui que M. le comte de Tessé envoia à Sa Majesté au mois de septem*[bre] *dernier.*

Cette pièce a été exécutée en 1696 ; elle est belle et peu commune.

1877 Behague.	Épreuve avec toute sa marge.	61	»
» —	La même, mais : *gravé et retouché d'après la Princesse avec approbation de la Cour 1696.*	57	»

Le personnage a encore été gravé par Masson (in-4°), adjugé 30 francs à la vente Behague, et par Mariette (in-folio), payé 19 francs à la même vente et enfin par Miger d'après Mlle Capet, en pendant à Madame Victoire. (Voyez ce nom).

MARIE-ADÉLAIDE-CLOTILDE-XAVIÈRE DE FRANCE

1759—1802

Reine de Sardaigne, fille du Dauphin et de Marie-Joséphine de Saxe, née à Versailles ; elle épousa le fils aîné de Victor-Amédée III, qui n'était alors que prince de Piémont et devint plus tard (1796), roi de Sardaigne, sous le nom de Charles-Emmanuel IV. Elle fut déclarée *Vénérable* par le pape Pie VII, en 1808. C'est la sœur de Louis XVI, de Louis XVIII et de Charles X.

VOYEZ, d'après FONTAINE.
In-8°.

En buste, dans un médaillon ovale équarri ; de profil à droite, un peu décolletée, les cheveux relevés, roulés et enrubannés. Dans le haut, de chaque côté du médaillon, une fleur de lys héraldique. Au bas, les armes de France entourées de feuillages et de fleurs en branches.

Joli petit portrait : il faut le posséder avec l'adresse de *Boré* et non avec celle d'Hénault et Rapilly.

1858	Laterade.	Sans désignation d'état.	4 f. 25
1877	Didot.	Sans désignation d'état.	24 »
1879	Sieurin.	Avec une autre épreuve, deux pièces.	19 »

LEBEAU, d'après FONTAINE.
In-4°.

A mi-corps, dans un ovale équarri et orné ; de profil à droite, les cheveux relevés et roulés, un nœud de ruban sur le chignon ; robe très peu décolletée. Au-dessus du médaillon, une fleur de lys d'où s'échappent, en retombant gracieusement à droite et à gauche, des guirlandes de feuillages. Au-dessous de l'ovale, une tablette portant les noms et qualités du personnage, et un écu en losange timbré de la couronne.

| 1880 | Michelot. | Sans désignation d'état. | 1' » |
| 1886 | Vignères. | *Avant le n°* et *avant* les mots : *Mariée à Chambery*, toute marge. | 5 » |

DAMBRUN, d'après QUÉVERDO.
In-8°.

A mi-corps, de 3/4 à gauche, très décolletée, cheveux relevés et ornés. La tablette, formée par une draperie tendue, porte les noms et qualités du personnage.

Assez jolie pièce.

1886 Vignères.	Epreuve avec toute sa marge.	9 f. »

CATHELIN, d'après DUCREUX.
In-4°.

En buste, dans un médaillon ovale équarri ; vue de 3/4 à droite, regardant de face ; chevelure relevée, robe au corsage gracieusement entr'ouvert ; sur la tablette, un médaillon armorié.

Dans la collection Béraldi, une épreuve d'un état *avant toutes lettres*, le médaillon blanc et les ornements à l'eau-forte.

Nota. — Pour voir les portraits de ce personnage au Cabinet des Estampes, il faut les chercher à *la maison de Sardaigne*.

On voit encore le portrait de la princesse dans une estampe in-folio, gravée par Beauvarlet, d'après Drouais, représentant le comte d'Artois (depuis Charles X), encore enfant, debout à côté de mademoiselle Clotilde, sa sœur, assise sur une chèvre. Le tableau original est au Louvre.

Très belle pièce, connue sous le titre *Les Enfants de France* ; il en existe de splendides épreuves avant toutes lettres et avant les armoiries (1877, Behague, 101 fr.), et d'autres qui sont encore très belles avant la lettre, mais avec les armoiries.

MARIE-ADÉLAIDE DE FRANCE

1732-1800

Quatrième fille de Louis XV, la faiseuse du ministère Maurepas, la personnification de la politique anti-autrichienne, dit Edmond de Goncourt, dans « La maison d'un artiste, » mourut à Trieste. On l'appelait Madame Adélaïde.

MIGER, d'après Mlle CAPET.

In-4°.

De profil à gauche, vue jusqu'à mi-corps, cheveux relevés et roulés sur le derrière de la tête avec un léger bonnet, elle est assise dans une chaise, au bas on lit : *Dessiné par Mlle Capet*, puis, *gravé par Miger*. C'est le pendant du portrait de Mme Victoire (voyez ce nom) par les mêmes.

Les quatre filles de Louis XV ayant été représentées par le peintre Nattier sous la figure allégorique des *quatre éléments*, nous allons réunir ici ces quatre pièces qui forment une suite inséparable et en donner la description d'après leur différents graveurs.

Marie-Adélaide,   *l'Air*,   par Beauvarlet, in-f° en travers.
Marie-Louise-Thérèse-Victoire, *l'Eau*, par Gaillard,   —
Louise-Elisabeth,   *la Terre*, par Balechou,   —
Marie-Henriette,   *le Feu*,   par Tardieu,   —

L'Air. — Assise, ou mieux, étendue sur des nuages; vue jusqu'à mi-jambes, légèrement décolletée, la chevelure sans ornement, la tête dirigée vers la droite, regardant de face, elle retient à l'aide d'un ruban un paon dans sa main droite, tandis que, de la gauche rejetée en arrière, elle soutient le bas d'un ample vêtement. Sous le trait carré : *Madame Marie-Adélaïde de France*. || L'Air, et plus bas, un quatrain.

Peint en 1756.

L'Eau. — De face, la tête nue, assise sur un monticule, dans la campagne, les cheveux relevés et ornés, une tunique à manches courtes laissant voir les épaules et les bras nus. Le bras droit replié s'appuie sur une urne au pied d'un tronc d'arbre et de cette urne s'échappe une source d'eau vive. Près du tronc d'arbre est un gouvernail et derrière on voit des roseaux. Sous le trait carré : *Madame Marie-Louise-Thérèse-Victoire de France*. || L'Eau, et au-dessous un quatrain de M. Roy, chevalier de Saint-Michel.

Peint en 1756.

La Terre. — Assise et regardant de face, décolletée, avec une coiffure basse et des roses dans ses cheveux relevés, son manteau est retenu sur l'épaule à l'aide d'une agrafe. Dans sa main droite sont des fleurs et des fruits, tandis que la gauche reste appuyée sur une mappemonde. A gauche, des arbres et, à droite, un village avec un paysan poussant une vache devant lui. Sous le trait carré, *Madame Louise-Elisabeth de France.* ‖ La Terre, et plus bas, un quatrain.

Peint en 1750.

Le Feu. — Vue jusqu'à mi-jambes; assise dans un fauteuil près d'un socle, sur lequel brûlent des charbons ardents, elle regarde de face. Sa robe aux larges manches est décolletée légèrement et ses cheveux sont ornés de roses et de rubans ; accoudée du bras droit sur le rebord du socle, sa main gauche est posée sur un livre au dos duquel on lit ce titre : His ‖ des ‖ Vest. Au-dessous du trait carré : *Marie Henriette de France.* ‖ Le Feu, et plus bas un quatrain.

Peint en 1750.

Ces quatre pièces, plutôt *allégories* que *portraits*, ont toutes été gravées d'après les tableaux du Cabinet de M. le Dauphin à Versailles ; elles existent *avant toutes lettres* et *avec les vers* ; les premières sont assez *rares*.

Voici les prix obtenus dans différentes ventes :

1859	David.	Les 4 pièces.	15 f.	»
1861	Naumann.	« La Terre », seule.	6	50
1865	Corneillan.	« La Terre », seule.	15	»
1870	Hourlier.	« L'Eau », seule.	12	»
1873	Gigoux.	« Le Feu », seule.	2	»
1876	Herzog.	Les 4 pièces, toute marge.	109	»

1877	Didot.	« L'Air », seule *avant toutes lettres.*	24 f.	»
1877	Behague.	Les 4 pièces, *avant toutes lettres.*	180	»
1879	Michel.	« La Terre » et « L'Eau », seules.	12	»
1880	Michelot.	« La Terre », seule.	41	»
«	—	« Le Feu », seule.	33	»
«	—	Trois pièces, « le Feu » manque.	25	»
1885	Vignères.	« La Terre », seule.	15	»

En 1886, à la vente Lafaulotte, un portrait de Madame Victoire attribué à Nattier fut adjugé 7,000 francs.

Ces quatre pièces ont été reproduites très fidèlement, en manière noire et dans le même format, par le graveur anglais J.-S. Negger, mais elles sont bien moins agréables dans cet état.

MARIE-ANTOINETTE

1755-1793

La plus illustre victime de la Révolution française : dernière fille de François Ier d'Autriche et de Marie-Thérèse, née à Vienne, le 2 septembre 1755, épouse en 1770 de Louis XVI qui n'était alors que dauphin, puis reine de France, en 1774, elle fut mêlée sans le savoir à la fameuse affaire du collier et périt sur l'échafaud révolutionnaire, le 25 octobre 1793, après avoir souffert les plus cruels outrages.

Nous essaierons encore moins pour ce personnage que pour les autres de rédiger une iconographie complète. De toutes les femmes de France, l'auguste et infortunée souveraine est assurément celle qui a été la plus portraiturée : sa beauté, sa naissance, sa situation, ses malheurs, les événements terribles qui ont présidé à sa fin tragique, tout a contribué à la désigner aux artistes comme un objet digne au-dessus de tout de fixer leur attention. On peut dire que son portrait fut un sujet imposé à tous les graveurs de la fin du XVIIIe siècle. Aussi, en fixant à *quatre cent cinquante* ou *cinq cents* le nombre de ses effigies gravées, nous ne croyons pas nous écarter de la vérité ; et encore, dans ce total, nous ne faisons figurer ni les portraits-charges, ni les caricatures.

Cependant, tous ces portraits gravés sont loin de présenter le même intérêt, tant au point de vue artistique qu'au point de vue purement iconographique ; et de bons juges soutiennent même qu'il n'en est guère qu'une douzaine qui soient complètement dignes de réunir les suffrages d'un amateur délicat, non moins soucieux de la fidélité historique qu'amoureux des belles productions de la gravure.

Fidèles au plan que nous nous sommes tracés, nous ne devions donc point songer à rédiger une iconographie complète — si tant est que la chose soit possible ; — mais encore moins pouvions-nous nous borner à décrire les quelques pièces hors ligne que l'on cite, pour laisser dans l'ombre beaucoup d'autres portraits intéressants à divers titres. Voilà pourquoi nous nous sommes efforcés, dans cet important chapitre, de présenter au lecteur un choix intéressant des portraits du personnage, non sans oublier d'ailleurs d'insister, comme il convenait, sur les pièces capitales.

Au surplus, à ceux qui chercheraient d'autres renseignements sur ce sujet, il peut nous suffire de signaler l'important ouvrage que Lord Ronald Gower a publié (Paris, Quantin, 1883) sur l'*Iconographie de Marie-Antoinette*. Avec la reproduction de quarante deux pièces des plus curieuses, ils trouveront, dans ce beau livre, la description de trois cent soixante-treize portraits signés, sans compter les anonymes et les caricatures, composant la splendide collection du lord amateur. Ils y trouveront encore une lettre-préface de M. Georges Duplessis, dans laquelle le savant conservateur du Cabinet des Estampes passe en revue, avec sa compétence habituelle, les pièces maîtresses de cette collection.

ALIX, d'après Mme LEBRUN.

In-4°.

A mi-corps, de 3/4 dirigée à gauche, regardant de face, dans un médaillon ovale équarri reposant sur une tablette. Robe de velours bleu décolletée, avec fichu de linon blanc croisé sur la poitrine, pendants d'oreilles et toque de velours bleu ornée de plumes et d'une aigrette gracieusement posée sur la chevelure relevée. Sur le médaillon, en exergue: *Marie-Antoinette d'Autriche, reine de France, née à Vienne en 1755,* et, sur la tablette : *Dédié au Roi* ∥ *par son très humble et très respectueux serviteur Levachez,* séparés en deux parties par l'écu de France. Enfin, sous le trait carré, à gauche : *Peint par Mme Lebrun* et à droite: *Gravé par Alix.*

Cette gravure en aqua-tinte est assez rare et assez recherchée : elle vaut *avant la lettre* 200 à 300 fr., suivant état et condition et 100 francs avec la lettre.

Madame Vigée-Lebrun a peint environ vingt-cinq portraits de Marie-Antoinette ; le premier date de 1779.

Par et d'après J. BARBIÉ.

In-8°.

En buste, de profil à gauche, dans un ovale fixé par un nœud de ruban sur un fond équarri et supporté par deux branches de chêne croisées. Cheveux relevés et bouclés sur les tempes et le sommet de la tête, bandeau retombant sur l'épaule ; corsage décolleté avec manteau d'hermine couvrant l'épaule, retenu sur la poitrine par une double agrafe en pierreries.

En exergue : *Marie-Antoinette d'Autriche, Dauphine de France,* sous le trait carré à droite : *I. Barbié fecit.*

Pièce à l'aqua-tinte d'une *insigne rareté :* une épreuve dans la collection de Lord Gower. On en connaît *une* épreuve avant la gravure au lavis, c'est-à-dire, au simple trait d'eau-forte.

BARTOLOZZI, d'après P. VIOLET.

Petit in-folio.

En buste, presque de face, insensiblement tournée vers la droite, dans un ovale. La chevelure relevée et ébouriffée, elle est vêtue d'un peignoir dont l'ouverture laisse entrevoir la gorge.

Sous l'ovale un texte anglais.

Estampe au pointillé en couleur dont il y a aussi des épreuves tirées en bistre. La miniature originale existait en 1861, chez M. Violet Le Duc.

| 1880 | MICHELOT. | Sans désignation d'état. | 8 f. | » |
| 1881 | MULBACHER. | Avec la *lettre grise*. | 8 | » |

Par BERGER.

In-12.

Dans un ovale, en buste, le corsage décolleté, les cheveux relevés et repliés en un bandeau sur la nuque avec voile retombant par derrière.

1858	LATERADE.	2 pièces; l'une de profil à gauche, l'autre de profil à droite; (c'est probablement une contre-épreuve ou une épreuve en contre-partie).	7 f. 50
1881	MICHELOT.	La lettre est en allemand: *Konigin von Frankreich*. Pièce en bistre, de profil à gauche.	29 »

Par BERTONNIER.

In-8°.

A mi-corps, de 3/4 dirigée à gauche, le corsage recouvert d'un fichu de dentelle.

Sur le socle, deux Génies tenant des torches renversées, semblent pleurer, ils s'appuient sur un cartouche, portant: *Marie-Antoinette*.

Cette pièce n'est pas très commune : elle existe dans la collection de Lord Gower.

1877	MARTIN.	Deux épreuves; l'une avec la tablette blanche, l'autre avec la tablette ombrée.	20 »

M.-L.-A. BOIZOT, d'après L.-S. BOIZOT.

In-4º.

En buste, de profil à gauche, dans un médaillon rond fixé à une planche rectangulaire par un nœud de ruban enguirlandé de fleurs. Les cheveux sont relevés et ornés, diadème fleurdelysé sur un voile retombant en arrière; pendants d'oreilles en forme de poire.

Ce portrait fut gravé en 1781; les *premières épreuves* portent l'adresse de *J.-J. Phlipart,* les autres celles de *Basset.*

Un portrait par les mêmes artistes avait déjà paru en 1775; la reine y était représentée de profil à droite, sans pendants d'oreilles.

Ces pièces sont *très estimées* et des *meilleures* au point de vue de la *ressemblance.*

1858	LATERADE.	De profil à droite.	17 f.	50
«	—	De profil à gauche.	6	»
1861	LAVALETTE.	Sans désignation d'état.	5	50
1869	LEBLOND.	Sans désignation d'état.	6	»
1877	DIDOT.	Avec son pendant Louis XVI; 2 pièces.	49	»
«	—	La reine seule.	46	»
1880	MICHELOT.	Avec le roi, 2 pièces.	43	»
1881	MULBACHER.	Le roi et la reine (1775); 2 pièces.	100	»
«	—	Le roi et la reine (1781); 2 pièces.	100	»

BONNET, d'après VANLOO.
Grand in-folio.

Plus grande que nature, en buste, dans un ovale équarri, la jeune reine est vue de 3/4, dirigée à gauche, avec une chevelure relevée sans aucun ornement, un collier de perles au cou et un corsage légèrement décolleté. Au-dessous du trait carré, à gauche : *Mic. Vanloo pinx.* ; et à droite : *L. Bonnet sculp.*

Pièce en sanguine fort belle et de *toute rareté* ; nous ne l'avons jamais vue passer en vente ; si elle y passait jamais elle atteindrait, sans doute, un très haut prix.

Une excellente reproduction réduite à peu près à la moitié de l'original a été publiée dans l'*Art* (tome XIV) à l'appui d'un intéressant article de M. le baron de Vinck de Deux-Orp sur l'iconographie de Marie-Antoinette, sujet que l'auteur avait déjà touché dans une brochure, in-8º, publiée à Bruxelles en 1878.

On trouve dans Lord Gower (nº 48) la description d'un autre portrait *attribué* à Bonnet. Il est en imitation du crayon ; la reine est de 3/4 à droite, dans un cadre rectangulaire, les cheveux relevés et retombant en boucles sur les épaules. La ressemblance est, dit-on, *parfaite*. Cette pièce provient de la collection Labéraudière.

BONNET, d'après KLANSINGER ou KRANSINGER.
In-12.

Dans un médaillon fixé sur une tablette rectangulaire et reposant sur un socle. A mi-corps, tournée de 3/4 à gauche et regardant de face, coiffure demi-haute, avec de grosses nattes roulées derrière la tête, un épais nœud de ruban sur un corsage décolleté, un collier de perles et un manteau de fourrure.

Dans la tablette : *Marie-Antoinette ‖ Sœur de l'Emp^r Archiduchesse née à Vienne le 2 nov^r 1755.*

Puis, sous le trait carré : *Gravé par Louis Bonnet d'après le tableau de Klansinget* (sic) *qui est aux Ap ‖ partements de Mesdames ‖ A Paris ches Bonnet rue Galande vis-à-vis la rue du Fouare entre un chan^{tier} et un Layetier.*

Cette pièce *rarissime*, en imitation de pastel, se trouve au Département des Estampes (série des alphabétiques) en bel état de conservation; on y voit aussi une épreuve en noir et une autre en contre-partie, mais cette dernière n'a aucune valeur artistique.

Dans ce portrait, Marie-Antoinette n'est encore que dauphine.

1858	LATERADE.	Au crayon à plusieurs tons, dit le catalogue.	25 f. »
1876	LORIN.	Sans aucune désignation.	150 »

Par et d'après BONNEVILLE.

PORTRAITS DES PERSONNAGES CÉLÈBRES DE LA RÉVOLUTION, PAR FRANÇOIS ; avec Tableau historique et Notices de P. Quenard, etc..., tel est le titre d'un ouvrage en quatre volumes in-4°, paru successivement en 1796, 1797 et 1802.

Cette publication contenant un certain nombre de portraits des personnages qui nous occupent ici, nous en donnons la liste, par volume, en les désignant comme ils le sont dans l'ouvrage.

TOME I. — Marie-Antoinette ; — Marie-Thérèse-Charlotte ; — Comtesse du Barri ; — Comtesse de la Motte

(Jeanne de S.-Remy de Valois), impliquée dans la fameuse affaire du Collier.

Tome II. — Veuve Lamballe ; — M.-J. Philippon, femme Roland ; — M^{ie}-A^{ne}-Charlotte Corday.

Tome III. — Elisabeth-Philippine-Marie-Thérèse de Bourbon, dite de France.

Tome IV. — Cécile Renaud, qui voulut assassiner Robespierre.

Ces portraits, tous dessinés et gravés par Bonneville, à l'exception de celui de Charlotte Corday qui est dû au burin de P. Gautier, ne possèdent pas un caractère assez artistique pour qu'il leur soit consacré dans ce livre des descriptions spéciales, leur valeur marchande étant d'ailleurs presque nulle.

Quelques auteurs se basant sur ce fait que ces effigies avaient été le plus souvent dessinées en plein tribunal révolutionnaire, leur accordent cependant une certaine valeur au point de vue de la ressemblance; d'autres, au contraire, n'y veulent voir que des portraits de convention. Peut-être serait-il imprudent d'adopter exclusivement l'une de ces opinions et mieux vaudrait sans doute, en procédant méthodiquement, par comparaisons successives pour chacun des portraits de cette suite, reconnaître aux uns les qualités purement iconographiques qu'ils peuvent avoir et rejeter les autres quand il serait bien établi qu'ils ne sont que des œuvres fantaisistes. Les règles trop absolues ne mènent qu'à des conclusions fausses et exagérées ; c'est ici le cas. Ainsi, par exemple, s'il peut nous être permis de reconnaître au portrait de Charlotte Corday un certain intérêt au point de vue qui nous occupe, nous aurons bien le droit de faire observer que l'effigie de la princesse de Lamballe n'en possède aucune : rien, en effet, ne doit moins ressembler à la douce amie de la reine que cette figure arrogante du portrait gravé par Bonneville.

Par BONVOISIN.

In-8°.

De 3/4 à gauche, en buste, dans un ovale fixé sur une tablette rectangulaire. Les cheveux frisés et relevés sont ornés de perles et retombent en boucles sur les épaules ; le corsage décolleté est garni de dentelles et d'un nœud de ruban ; sur l'épaule, le manteau royal fleurdelysé.

1869 LEBLOND.	Epreuve avant la lettre.	10 f. »

Par R. BROOKSHAW.

De nombreux portraits de la Reine ont été gravés par cet artiste, dans des formats différents et presque tous en manière noire ; bien que certains d'entre eux soient assez intéressants, ils ne sont pas assez typiques pour qu'il puisse être nécessaire d'en donner des descriptions détaillées ; nous nous bornerons donc à relever quelques prix dans des ventes importantes.

1858 LATERADE.	De 3/4 à gauche, regardant de face, le manteau royal sur les épaules, cheveux relevés, d'où s'échappent de longs repentirs entourés de chenilles, collier de perles. Armoiries sous le portrait. In-folio.	8 50

1858	LATERADE.	Le même dans un autre format.	7 f. 50
1869	LEBLOND.	A la sanguine, à mi-corps, dans un ovale entouré de fleurs héraldiques, haute coiffure, manteau royal sur l'épaule droite. En dessous, écus accolés de France et d'Autriche *. Avec un portrait de Louis XVI ; 2 pièces, in-4º.	8 »
1877	MARTIN.	Avec le portrait du Roi, 2 pièces in-folio, datées : 1774.	49 »
1880	WASSET.	Avec le Roi, sur une même feuille, imprimés en face l'un de l'autre, format in-12 ; 1er état, avant les noms des artistes, grande marge, 2 pièces.	320 »
1881	MULBACHER.	Les mêmes qu'à la vente Martin.	100 »

CATHELIN, d'après FREDOU.

In-folio.

Très jolie pièce, l'un des plus beaux portraits, sans contredit, de la jeune reine. Le fac-similé que nous en donnons ci-contre étant d'une

---

* AUTRICHE : *Écartelé : au 1, partie de* HONGRIE *et de* JÉRUSALEM ; *au 2 de* HAPSBOURG ; *au 3, de* BOURGOGNE MODERNE ; *au 4, de* TOSCANE, *et sur le tout* d'AUTRICHE *parti de Lorraine.*

exactitude parfaite, aux dimensions près, bien entendu, nous sommes dispensés de la décrire.

1858	LATERADE.	Sans désignation d'état.	18 f.	»
1876	HERZOG.	*Avant toutes lettres.*	270	»
1877	BEHAGUE.	*Avant toutes lettres.*	205	»
»	—	Avec la lettre, grande marge.	86	»
1881	MULBACHER.	Avec la lettre.	155	»

CATHELIN, d'après F. DROUAIS.
In-4°.

A mi-corps, dans un médaillon équarri et reposant sur une tablette dans laquelle se trouve un cartouche rocaille armorié ; de 3/4 regardant presque de face, décolletée, portant au cou un collier avec pendeloque, cheveux relevés, bouclés et retombant sur l'épaule, manteau fleurdelysé.

1869	LEBLOND.	Avant la lettre, avec une autre pièce.	18	»

CAZENAVE, d'après LE BARBIER l'aîné (1787).
In-folio.

Cette pièce est en imitation de crayon : buste plus fort que nature dans un ovale, de 3/4 à droite, cheveux bouclés ornés de plumes.

14

1880 Michelot. Avec le portrait du roi,
          2 pièces.   21 f. »

CAZENAVE, d'après BOUILLON (1794).

In-folio.

Cette pièce a pour titre : « Le jugement de Marie-Antoinette. » La reine est représentée au tribunal révolutionnaire debout près de son fauteuil, faisant à ses ignobles juges la fière réponse que l'on connaît, reproduite dans la légende suivante au bas de l'estampe : « *L'infâme Hébert,*
« *surnommé le Père Duchesne, osa accuser la Reine d'avoir*
« *dépravé* || *les mœurs de son fils. Il n'y a pas à douter, dit*
« *ce monstre, qu'il n'y ait eu un acte* || *incestueux entre la*
« *mère et l'enfant. La Reine se contenta de lui jeter un*
« *regard de* || *mépris; mais le Président lui ayant fait l'in-*
« *terpellation : Si je n'ai pas répondu, dit* || *l'auguste ac-*
« *cusée, c'est que la nature se refuse à répondre à une pa-*
« *reille inculpation* || *faite à une mère. Se tournant ensuite*
« *vers le peuple, elle ajouta en élevant la voix* || *avec une*
« *noble fierté : J'en appelle à toutes les mères qui se trou-*
« *vent dans cet auditoire,* || *ce crime est-il possible ?* »

Pièce au pointillé, sans valeur artistique, valant de 15 à 20 francs. Elle figure au catalogue R. Gower sous le numéro 79.

J.-B. CHAPUY, d'après BRION DE LA TOUR.
In-folio.

En buste, dans un médaillon reposant sur un socle ; de 3/4 dirigée vers la gauche, en costume de cour, corsage de soie rouge, cheveux relevés ornés d'un diadème et de plumes blanches, avec frisures agrémentées de perles retombant sur les épaules ; le manteau royal maintenu sur l'épaule droite à l'aide d'une agrafe.

Pièce en couleur.

1881 MULBACHER.   Avec le portrait du Roi :
                          2 pièces.   80 f. »

COPIA, d'après PIAUGER.
In-18 en travers.

En buste, de profil à gauche, dans un médaillon. Dans le fond, à gauche, derrière un temple, le soleil se lève radieux ; à droite, le Temps couché, sa faux déposée près de lui, suspend son cours. Dans le médaillon, une banderolle avec les mots : « *Dissipat umbras* » et un quatrain :

Voici le Temple auguste.....

Pièce *très rare* destinée à l'illustration d'un livre.

Chez P. CROISEY.

In-folio.

Regardant de face, le corps tourné de 3/4 à gauche, dans un médaillon richement orné et reposant sur un socle ; de chaque côté est assis un Amour tenant dans ses bras une colombe et l'un d'eux, celui de droite, soulève un voile derrière lequel il semble vouloir se cacher.

Marie-Antoinette n'est encore que Dauphine.
Cette pièce relativement assez ordinaire comme portrait, est cependant très agréable dans son ensemble ; les ornements en sont agencés avec beaucoup de grâce.

1858	LATERADE.	Sans désignation d'état.	2 f.50
1864	RAIFÉ.	Sans désignation d'état.	10 »
1877	DIDOT.	Deux épreuves.	40 »
1881	MULBACHER.	Sans désignation d'état.	100 »
1882	DE LAUNAY.	Épreuve avec toute sa marge.	135 »

J. CURTIS, d'après DUFROE et J. BOZE.

In-folio.

Dans un ovale, haute coiffure ornée de plumes, d'une aigrette, de rubans et de perles, pendants d'oreilles de forme allongée, collier, bijoux et perles avec médaillon à l'effigie du Roi. Le corsage est décolleté tandis qu'un voile de gaze retombe sur l'épaule droite.

Belle pièce en couleur, qui existe aussi à l'état d'eau-forte.

| 1881 | MULBACHER. | Avec le portrait du Roi, 2 pièces. | 120 f. » |
| 1881 | MICHELOT. | Sans désignation d'état. | 70 » |

Par DAGOTY.

Nous voici en présence des trois portraits les moins communs du personnage : ils sont *rarissimes*, autant dire *introuvables*.

Nous ne les connaissons que dans les collections de Lord Gower et de M. Béraldi ; aussi, ne croyons-nous pas pouvoir mieux faire que de transcrire ici les descriptions données par les heureux possesseurs eux-mêmes.

Faisons cependant observer tout d'abord que, bien que les deux pièces de la collection Lord Gower aient toutes la facture de Dagoty, elles ne sont qu'*attribuées* à ce graveur.

Voici en premier lieu les descriptions données par l'amateur anglais :
« A mi-corps, de face dans un ovale tronqué, cheveux relevés, ornés
« de plumes et retombant en boucles sur les épaules ; corsage décolleté,
« bordé d'une guipure, une guirlande de lis et de roses est fixée sur le
« devant du corsage et s'étend jusqu'à l'épaule gauche. Sur les épaules,
« un manteau fleurdelysé et doublé d'hermine. Grand in-folio en cou-
« leur. » (*Iconographie de Marie-Antoinette*, n° 100.)

M. Henri Béraldi nous a dit avoir vu de cette gravure une épreuve tirée *sur velours*.

« A mi-corps, vue de face, cheveux relevés, ornés de perles qui re-
« tombent avec les boucles sur les épaules, toque à plumes fixées par
« une aigrette de diamants, corsage fort bas surmonté d'une petite
« guimpe fixée sur le devant par un bijou, manteau brodé de fleurs de
« lis et doublé d'hermine. »

« Pièce un peu moins grande que la précédente et en couleur imitant
« le pastel. » (Id., n° 101).

Enfin, nous trouvons la description du troisième portrait de Dagoty, celui-là parfaitement authentique, dans une délicieuse plaquette publiée récemment (Paris, Morgand, 1884, in-8°) par M. Béraldi, sous le titre : *Mes Estampes*. Ce petit livret étant épuisé depuis longtemps, nos lecteurs nous sauront gré de leur mettre sous les yeux les curieux détails donnés par l'auteur au sujet de ce portrait :

« Marie-Antoinette, en pied, la main droite appuyée sur une sphère « sans aucune lettre. Grand in-folio.

« C'est de ce portrait la seule épreuve jusqu'à présent connue dans « cet état. Elle a été trouvée, paraît-il, dans la loge d'un concierge à « Paris, par un marchand étranger qui l'acheta 500 fr., la promit à un « collectionneur anglais pour 800, mais la laissa emporter par une troi-« sième personne pour 1,200. Apparemment, ce marchand n'avait pa « une idée bien nette de l'article 1583 du Code civil, sur la promesse de « vente.

« L'acheteur à son tour offrit le portrait moyennant « un courtage « honnête, au collectionneur anglais, qui refusa de l'acheter.

« Je l'ai payé 500 fr., en vente publique, en 1883.

« M. Thibaudeau m'a dit qu'il en existe une autre épreuve, celle-là « avec la lettre, au château de Windsor ; en voici la légende :

« *Marie-Antoinette, Reine de France*
« *Dédiée à Madame, Comtesse de Provence.*

« *Gravé dans un nouveau genre*
« *sur le portrait original peint*
« *d'après nature par le sieur Da-*
« *goty l'aîné, peintre de la Reine.*

« *Par son très humble et très*
« *soumis serviteur*
« *Louis Dagoty, sculp.* »

Cette pièce rare provenait de la collection Labéraudière, qui lui-même l'avait trouvée en Allemagne.

DEMARTEAU l'aîné, d'après la médaille de VASSÉ.

In-4°.

Dans un médaillon rond, en buste et de profil à gauche, les cheveux relevés en gros rouleaux détachés, deux longues frisures retombant en arrière.

Intérieurement, en exergue, dans le double trait du médaillon : *Marie-Antoinette Jos ◊ Jea ◊ Dauphine de France MDCCLXX.*

Le pendant est le Dauphin; ces pièces sont tirées en sanguine.

1872	Soleil.	Les deux pièces.	20 f.	»
1881	Michelot.	La Dauphine seule.	13	»

P. DUFLOS, d'après TOUZÉE.
Petit in-folio.

En pied, de 3/4 vers la gauche, robe à panier, corsage décolleté, manches courtes ; devant la Reine, à droite, un tabouret à draperie fleurdelysée porte un coussin sur lequel est posée la couronne royale.

C'est un des *jolis* portraits de la Reine.

1869	Leblond.	Avec Louis XVI ; 2 pièces en état d'eau-forte, avant toutes lettres.	12	»
»	—	Les mêmes avec la lettre, et 2 autres pièces.	13	»
1877	Didot.	1er état avant la lettre, marge.	79	»
1885	Vignères.	Avant toutes lettres, grande marge.	101	»

On rencontre encore un autre portrait par le même graveur : il fut exécuté, en 1780, d'après le tableau peint par Mme Vigée-Lebrun, qui fut gravé en 1824 par Roger ainsi que nous l'établissons ci-après. Cette pièce qui manquait à la collection de lord Ronald Gower a figuré aux ventes suivantes.

1864	Raifé.	Avant la lettre, grande marge. Petit-in-folio.	11 f.	»
»	—	Avec la lettre.	17	»
1876	Herzog.	Avec la lettre.	105	»
1877	Behague.	Avant toutes lettres, marge.	265	»

N. DUPIN fils, d'après VANLOO.

In-4º.

En buste, de profil à gauche, avec haute coiffure. Au bas du portrait, une tablette avec les noms et qualités du personnage et les armoiries de France et d'Autriche.

Nous avons vu la même pièce aux *alphabétiques*, gravée en rouge par Duponchelle.

1858	Laterade.	Deux épreuves.	4	25
1859	Leblond.	Avec la lettre.	26	»
1869	Leblond.	Avec la lettre.	6	»
1876	Herzog.	Avec la lettre.	110	»
1877	Behague.	Avec la lettre.	75	»
1877	Didot.	Avec la lettre.	75	»

DUPLESSI-BERTAUX.

In-8º.

Le portrait de la Reine est dans un médaillon au-dessous duquel se trouve une vignette reproduisant l'arrestation de Varennes, avec un texte. Nous avons vu deux de ces pièces avec la même vignette, mais avec une différence dans le portrait qui se trouve dans le médaillon; dans l'un la Reine est décolletée et dans l'autre elle a un fichu-menteur. Les deux épreuves sont en manière noire.

| 1879 | Meaume. | Sans désignation d'état. | 1 f. 50 |

DUPONCHELLE, d'après DUCREUX.
Petit in-folio.

La Reine est de 3/4 et à mi-corps. Portrait ayant beaucoup d'analogie comme pose avec celui de Levasseur d'après Krantzinger (voyez plus loin); seuls les détails de l'ornementation sont tout à fait différents.

1858	Laterade.	Sans désignation d'état.	3	50
1859	Combes.	Imprimé en rouge avec une autre pièce.	5	»
1880	Michelot.	Avec le portrait du Roi, 2 pièces, marges vierges.	16	»

Dessiné par EISEN (1770).
In-8°.

| 1877 | Martin. | Frontispice entouré des Grâces, le génie des |

Arts lui présente un livre. Avant les draperies. 21 f. »

Jolie petite pièce devant servir de frontispice au volume : *Bibliothèque de Mme la Dauphine.*

Chez ESNAUTS et RAPILLY.

In-8°.

1873	GIGOUX.	En buste, avec 2 autres pièces.	5 »
1881	MULBACHER.	En buste, profil à gauche, haute coiffure. Coloriée.	33 »
»	—	En buste, mais de face ; grande marge.	18 »

Par FORSELL.

In-8°.

1877	MARTIN.	A mi-corps, 3/4 à droite, décolletée, haute coiffure.	10 50

GABRIELLI*, d'après **BOZE** et **S. GRATISE.**

In-4º.

Buste de face, dans un médaillon reposant sur un cartouche ; sur la tête diadème et sur les épaules, le manteau royal. Au bas, la représentation de la guillotine au moment où la Reine va monter à l'échafaud.

1856 S.   Sans désignation d'état.   11 f. 50

GAUCHER, d'après **MOREAU le jeune (1775)**.

In-18.

En buste et décolletée, dans un médaillon circulaire entouré de branches de laurier et de guirlandes de roses, reposant sur un nuage ; de profil à gauche, les cheveux relevés, une longue boucle retombant sur l'épaule gauche : telle est, en quelques mots, la description d'une merveilleuse petite pièce excitant au plus haut point la convoitise des amateurs. Elle sert d'en-tête dédicace à une publication intitulée : « *Les annales du Règne de Marie-Thérèse* » *par l'abbé Fromageot*, qui existe en deux formats, in-4º et in-8º, grand et petit papier.

Autant que possible, il faut la posséder *en tirage hors texte* et *sur grand papier*. Avec le texte, commençant par ces mots : A la Reine, etc., imprimé au recto et au verso, la planche est usée ; aussi la rencontre-t-on communément et n'a-t-elle aucune valeur.

M. H. Béraldi en possède deux épreuves : l'une *à l'eau-forte pure* et

---

* Elève de Bartolozzi.

l'autre *avant la lettre ;* M. Eugène Paillet, une *avant la lettre*, présentant cette particularité que *les noms des artistes* ne sont pas *gravés*, mais seulement *tracés à la pointe* : il l'a achetée chez M. Roblin, le marchand d'estampes, 6 ou 700 francs.

Nous croyons donc pouvoir reconstituer ainsi les états de cette pièce qui, *toute délicieuse* qu'elle est, avec sa douceur infinie et son extrême finesse, ne justifie pas, suivant nous, vu son peu d'importance, les prix *hautement fantaisistes* qu'elle atteint dans les ventes publiques ; du reste, tout ce qui rappelle l'infortunée Souveraine, de près ou de loin, se paie fort cher : on salue un souvenir.

1er état. — Eau-forte pure, avant toutes lettres ; le fond du médaillon est blanc, les accessoires très avancés ne sont pas encore complètement terminés.

2e état. — Epreuve terminée ; à gauche : *Dessiné par Moreau le jeune 1775* ; à droite : *gravé par Gaucher de l'Acad. des arts d'Angl.*, tracés à la pointe.

3e état. — Même épreuve, seulement les mots : *Dessiné...* et *gravé*, etc., sont *au burin.* C'est ce dernier état de la planche qui a servi pour le tirage des *Annales.*

1864 RAIFÉ.	2 épreuves, l'une à l'état d'eau-forte, l'autre avant la lettre*, *tirage hors texte.*	14f. 50
1869 LEBLOND.	Sans désignation particulière.	15 »
1876 COMBES.	Avec le texte.	6 »

* La mention *avant la lettre* est ici synonyme de *hors texte* ou *avant le texte*, ou encore *avant la dédicace* ; il y a pas de *lettre* à proprement parler ; la lettre, c'est *le texte*, l'adresse à la Reine qui suit sous le médaillon.

1877 Martin.	Dessin original, à la plume, lavé de bistre, signé : *Moreau le jeune 1774* ; dans ce dessin, le profil est à droite ; c'est cette pièce qui a servi à la reproduction par la gravure du portrait qui nous occupe.	800 f.	»
» —	*Avant le texte.*	115	»
1877 Behague.	*Sans aucune autre lettre que les noms des artistes.*	320	»
1879 Sieurin.	*Avant la lettre*, marge.	620	»
1880 Maherault.	*Avant la lettre*, toute marge.	530	»
1881 Mulbacher.	*Avant la lettre, tirage hors texte*, grande marge.	500	»
1886 Vignères.	*E'tat d'eau-forte pure*, marge.	999	»
» —	Épreuve *hors texte*.	499	»
» —	Épreuve avec le texte.	18	»

Nous avons vu repasser dans une vente anonyme faite par Vignères, en mars 1883, le *dessin original* de la collection Martin ; il fut adjugé 1301 francs. La gravure de ce dessin *en tirage hors texte sur grand papier avec les noms des artistes à la pointe* fut adjugée 800 francs, à cette même vente.

Par GERMAIN (1770).

Petit in-8º.

1858	LATERADE.	Médaillons du Dauphin et de Marie-Antoinette sur l'autel de l'hymen.	5f.50

Cette pièce n'existe pas dans la collection de Lord Gower.

HUBERT, d'après QUÉVERDO.

In-8º.

A mi-corps, de face, dans un ovale équarri reposant sur une tablette chargée des armoiries entourées de branches de lauriers et de lys. Décolletée avec collier, pendants d'oreilles et boucles frisées tombant sur les épaules.

1858	LATERADE.	Sans désignation d'état.	2	»
1886	DOCTEUR CUZKO.	Avec le portrait de Louis XVI.	21	»
1886	VIGNÈRES.	Avec toute sa marge.	5	»

HUBERT, d'après DAVESNE.

In-8º.

De profil à gauche et à mi-corps, dans un médaillon reposant sur une tablette chargée d'un cartouche armorié, timbré d'une couronne. Cheveux relevés et frisés avec boucles retombant sur l'épaule. Le corsage décolleté est garni de dentelle ; pendants d'oreilles de forme allongée, au corsage un bijou pendeloque ; sur les épaules, le manteau royal.

Au bas, six vers commençant par ces mots :

Du sang le plus auguste...

De cette pièce, on connaît deux états, l'un avec *l'adresse de M. Gaudrau sans les vers* ; l'autre *avec les vers*.

1877	Didot.	Sans désignation d'état.	41 f.	»
1877	Behague.	Epreuve avec une grande marge.	61	»
1881	Mulbacher.	Avant le numéro, toute marge.	40	»

Par JANINET (1777).

Petit in-folio.

A mi-corps, dans un médaillon, regardant de face, quoique la tête soit insensiblement tournée vers la droite. Les cheveux sont relevés et ornés de plumes, de perles et de rubans avec une aigrette de diamant ; deux boucles frisées, dont l'une, à gauche, est agrémentée de perles fines, retombent sur les épaules ; le corsage, sur le milieu duquel est un lys brodé, est en pointe, décolleté et orné de pierreries ; les manches sont ornées de volants de dentelle, et les épaules sont recouvertes du manteau royal doublé d'hermine et fleurdelysé.

Cette pièce en couleur est accompagnée d'un encadrement or et bistre ornementé et mobile, qu'on fixe généralement à l'aide de charnières sur le côté gauche de la pièce.

1ᵉʳ état. — Avant toutes lettres.
2ᵉ état. — Avec la lettre, en exergue, à toucher le bas de l'ovale, et très finement tracé à la pointe sèche : *Gravée par Janinet en 1777*, et plus bas :

Marie-Antoinette d'Autriche
Reine de France et de Navarre
Née à Vienne le 2 9ᵇʳᵉ 1755
Mariée à Versailles le 16 de May 1770.

Imprimé par Blin.

Nous croyons devoir rectifier le jugement porté sur cette pièce par l'un des auteurs du présent ouvrage, dans un livre récent [*], où il l'a qualifiée de « merveilleusement belle. »
L'auteur de ce livre n'avait point à s'occuper des portraits, voilà pourquoi, parlant incidemment de celui-ci, il s'était fait tout simplement l'écho de l'engouement public, sans s'arrêter à en faire un contrôle sévère. Dans « LES FRANÇAISES DU XVIIIᵉ SIÈCLE », la situation est changée : il s'agit de portraits, aussi tenons-nous à dire tout notre sentiment sur cette gravure. Hé bien! reconnaissons-le sans détour, ce portrait est loin de justifier la faveur dont il jouit auprès des amateurs et les prix étonnants qu'il atteint dans les ventes publiques. Si même nous ne redoutions de prononcer un mot aussi *brutal*, au sujet d'un Maître dont nous avons souvent admiré la science et la facilité, nous dirions sans hésiter que cette pièce est *laide* et que la somme de ses défauts dépasse celle de ses qualités.

[*] LES ESTAMPES DU XVIIIᵉ SIÈCLE. — *École française*, par M. Gustave Bourcard. Paris, Dentu, 1885. In-8°.

En 1777, date de ce portrait, la Reine a vingt-deux ans ; au dire de tous les contemporains, rien n'égale sa fraîcheur et sa grâce, elle est ravissante de beauté. Que viennent faire alors ces pommettes outrageusement marbrées de rouge et comment expliquer cette raideur générale dont la couleur elle-même est impuissante à effacer l'impression ?....

Il ne faut point s'y tromper, dans ce portrait Janinet est resté inférieur à lui-même et en couvrant d'or cette gravure, c'est encore Marie-Antoinette dont les amateurs saluent le souvenir.

Ces lignes étaient écrites lorsque les auteurs reçurent la délicate et savante préface que M. le baron R. Portalis avait eu l'obligeance d'écrire pour leur livre et dans lequel il émettait sur ce point un avis à peu près opposé au leur. — Dans une telle occurrence, que devaient-ils faire ?.... Effacer ce qu'ils avaient écrit et s'incliner devant la haute compétence de l'aimable *Préfacier*, c'était assurément le parti le plus sage ; mais il faut croire que l'amour des gravures n'est point le commencement de la sagesse, car c'est justement le contraire qu'ils ont fait.

Certes, ils n'ont point la prétention ridicule d'émettre des oracles ; cependant ils ont pensé qu'il pouvait leur être permis, sans que personne en prît ombrage, de considérer un instant ce livre comme un salon de bonne compagnie où chacun émet son avis, soutient son idée, développe ses moyens et s'évertue enfin à faire triompher son opinion, sans pour cela manquer aux convenances, sans perdre de vue la déférence que l'on doit à un contradicteur savant et courtois. On reste d'accord — c'est entendu — sur les éternels principes du beau, sur les règles immuables de l'esthétique, mais on conserve absolument le droit de varier d'opinion sur les diverses manifestations de l'Art. Et tel, enfin, reste froid devant ce qui fait l'admiration de l'autre.

1869	Morel de Vindé.	Avec l'encadrement mobile.	405 f.	»
1876	Lorin.	Avant toutes lettres ; et avant la bordure.	355	»
1877	Beñague.	Avec la lettre.	420	»
1881	Mulbacher.	Avant toutes lettres, l'encadrement or et bistre est monté sur charnières.	2850	»
»	—	La même, condition sem-		

15

	blable, mais avec la lettre.		700 f. »
1885	LABÉRAUDIÈRE.	Avec l'encadrement.	405 »

Cette pièce existe aussi au lavis, en épreuve d'essai. — Au salon de 1886, nous avons vu cette effigie assez joliment gravée par Mlle Lefort ; elle était cataloguée sous le n° 5210 et portait la mention *erronée :* d'après *une aquarelle du temps.*

Janinet a encore gravé le portrait dans un format beaucoup plus petit (le cercle n'a que 4 centimètres de diamètre). Dans cette pièce la reine paraît *vieillie ;* au-dessus du cadre, on lit : *Marie-Antoinette* || *Reine de France.* Petite estampe *fort rare* ; une épreuve est conservée dans la collection de M. Béraldi.

JANINET, d'après HUET.

In-folio.

Dans un cœur formé par un nœud de ruban, la Reine tient dans ses bras le jeune Dauphin, près du buste de Louis XVI. Au dernier plan, un buste de Marie-Thérèse ; au premier, un chien et l'autel de l'Amour. Sous cette pièce, qui porte comme rubrique « *Les Sentiments de la Nation* », un quatrain de Guichard commençant par ces mots :

Antoinette, des lys Espérance bien chère.

1876	HERZOG.	Sans désignation d'état.	235 »
1881	MULBACHER.	Sans désignation d'état.	120 »

Cette pièce a été gravée en *contre-partie* et dans le format in-4° ; elle se vendait chez Isabey.

LARMESSIN (NICOLAS IV de)
In-folio.

C'est la planche du portrait de Marie Leczinska gravée par cet artiste, mort le 28 février 1755, (avant la naissance de Marie-Antoinette, par conséquent), sur laquelle on a gravé un autre titre, effacé la légende et le nom du graveur et remplacé l'écu de Pologne par l'écu d'Autriche. (Voir : Marie Leczinska, le portrait d'après Vanloo).

1877 Didot.   Sans désignation d'état.   61 f. »

Une dizaine de portraits ont été dessinés et gravés par Le Beau ; nous allons parler des plus remarquables.

Par et d'après LE BEAU.
In-18.

De profil à droite, dans un médaillon orné reposant sur un socle portant les écus accolés de France et d'Autriche, timbrés d'une couronne ; sous ce médaillon et sur l'entablement du socle, à gauche, lyre et carquois, et à droite deux colombes se becquetant. Petite pièce très fine, ayant Louis XVI pour pendant. Les deux portraits existent en regard sur la même planche et portent alors la rubrique :

Vœux de la Nation au Roi et a la Reine
Pour le jour de l'an 1778.
Dédiés et présentés à leurs Majestés par l'Auteur.

Puis, au-dessous, cinquante-quatre vers sur trois colonnes.

1858	LATERADE.	Sur la même feuille.	14f. 50
1876	LORIN.	Avec le portrait de Louis XVI, sur deux planches séparées ; *avant le n°* et avec le nom de l'éditeur au bas de chaque planche.	200 »
«	—	Les deux mêmes, mais sur la même feuille et avec le n°.	18 »
1881	MULBACHER.	La reine seule, grande marge.	85 »
1886	VIGNÈRES.	Les deux pièces sur la même planche et *avant le n°*, toute marge.	20 »

2° Par et d'après LE BEAU.

In-8°.

A mi-corps dans un médaillon orné, encastré dans une bordure rectangulaire ; de 3/4, regardant vers la gauche, les cheveux relevés et ornés d'une aigrette et de plumes, avec gros rouleaux sur les côtés et frisures retombant à droite et à gauche sur les épaules recouvertes du manteau royal. Sous le médaillon, les armes d'Autriche-Lorraine et de France, timbrées de la couronne royale, de chaque côté deux Amours tenant d'une main l'étendard fleurdelysé et de l'autre une épée et une main de justice.

Jolie pièce comme ornementation.

3° LE BEAU, d'après MARILLIER.

In-8°.

Dans un médaillon, de profil à droite, cheveux relevés et bouclés, avec perles aux oreilles ; corsage décolleté garni de perles et froncé de dentelles et manteau fleurdelysé sur l'épaule. Au-dessous du portrait, ces vers :

Du sang le plus auguste, etc.

| 1886 | Vignères. | 1ᵉʳ état avec les vers, toute marge. | 15 f. | » |
| « | — | Avec les vers effacés et les mots : *Sœur de l'Empereur. Reine de France*, toute marge. | 19 | » |

4° LE BEAU (1774), d'après MAUPERIN.

In-8°.

Médaillon dont l'entourage et les attributs sont les mêmes que dans celui de : Voyez d'après Vanloo (*voir aux noms de ces artistes*), sauf que la tête du génie, dans le rayonnement au-dessus du médaillon, n'a point les deux nattes retombant de chaque côté. La pose du personnage est également la même, avec cette différence cependant que, dans la gravure de Le Beau, la reine a des pendants d'oreilles et un collier de perles à deux rangs relié par un nœud de brillants ; une draperie semée de fleurs de lys et relevée par un cordon à deux glands est jetée sur le médaillon. Au bas, quatre vers de l'abbé de Lattaignan, sur deux colonnes :

Le lys que la France vous donne...

1858	LATERADE.	Sans désignation d'état.	8 f.	»
1869	LEBLOND.	Sans désignation d'état.	9	»
1881	MULBACHER.	Sans désignation d'état.	20	»

5º LE BEAU, d'après LECLERC.
In-4º.

En pied et en grand costume de cour, vue de face, dans un cadre rectangulaire ; robe à panier, gants montant jusqu'au coude, manches mi-courtes, corsage décolleté et orné de pierreries ; sur une table la couronne royale posée sur un coussin. Derrière, à gauche, un fauteuil.

1858	LATERADE.	Sans désignation d'état.	20	»
1869	LEBLOND.	Avec un autre portrait d'après Dufroë par Curtis : 2 pièces.	10	»
1877	BEHAGUE.	Avec toute sa marge.	106	»
1881	BERTHIER.	Sans désignation d'état.	57	»
1881	MULBACHER.	Sans désignation d'état.	65	»
1886	VIGNÈRES.	Toutes marges.	57	»

LEMIRE, d'après MOREAU le jeune.
In-4º et in-8º.

Nous passons la plume à M. Jules Hédou, qui, dans

son étude sur Lemire a fort bien décrit les deux portraits dus à cet artiste et nous commençons par le plus grand des deux, ovale entouré d'un trait carré * :

« Au centre de la composition, le médaillon de la Reine.
« Elle est vue de profil et dirigée vers la gauche. L'exer-
« gue est ainsi conçu : *Mar. Ant. Austriæ Fr. Reg..* Les
« trois Grâces sont groupées au-dessus du portrait et
« l'ornent de fleurs. A gauche du médaillon, la Tendresse
« sous les traits d'un petit Amour joue avec un pélican
« entouré de ses petits. A droite, la Bonté soutient le
« portrait de la Reine. La France avec tous ses attributs
« est assise dans le bas à gauche et dirigée vers la droite ;
« elle présente à Marie-Antoinette une foule de petits
« enfants qui tendent leurs mains vers elle. Derrière la
« France, les Muses de la Poésie et de la Peinture chantent
« ou représentent les vertus de la Souveraine. Sur les ta-
« blettes de la Poésie on lit : *N. Le Mire.*

« En bas, au milieu du cadre réservé pour le titre, les
« armes de la Reine séparent en deux la dédicace sui-
« vante : A LA REINE | *Le portrait de sa Majesté est*
« *soutenu par sa Bonté* | *et par la Tendresse ; les Grâces*
« *l'ornent de fleurs.* | *Au bas est la France qui lui pré-*
« *sente ses enfants.* | *La Poésie et la Peinture s'empressent*
« *d'immortaliser ses vertus.* | Au-dessous, à gauche :
« *J.-M. Moreau le j^{ne} del.* — Au-dessous à droite : *Gravé*
« *par N. Le Mire, graveur de L L. Majestés Imp^{les} et R^{les}.*
« En bas au milieu sous la gravure : *A Paris, chés Petit,*
« *rue du Petit-Pont, à l'Image de Notre-Dame.* »

* Cette pièce, gravée en 1774, a été reproduite dans le journal *l'Art*, tome XXVIII (année 1882, vol. I, p. 5) à l'appui d'une étude complémentaire de M. J. Hédou sur Lemire. Elle a pour pendant le portrait de Louis XVI.

« Dans cette allégorie, Moreau le jeune a déployé tout
« son talent pour la composition et le dessin du sujet.

« Tout y est gracieux et charmant d'arrangement. Le Mire,
« qui était alors dans la force de son talent, s'est piqué
« d'émulation pour rivaliser avec le dessinateur. Il a mis
« en œuvre sa science et son adresse. »

Nous unissons nos éloges à ceux de l'auteur, et dussions-nous même soulever un *tolle* dans le monde de l'estampe, nous ne craindrons pas d'ajouter que nous plaçons cette pièce bien au-dessus du petit médaillon de Gaucher, d'après Moreau également, autour duquel les amateurs mènent tant de bruit. Dans la belle pièce qui nous occupe ici, il y a, en effet, mieux qu'un simple profil habilement exécuté : plus on l'examine, plus on se sent en présence d'une œuvre maîtresse, non moins puissante par sa composition qu'admirable d'interprétation.

Voici les états que nous en donne M. Emmanuel Bocher (Moreau le jeune, n° 33).

1er état. — Eau-forte pure, avant les noms sur le médaillon dont le fond est blanc. Tablette blanche, sans autres lettres que l'inscription qu'on voit à gauche dans l'intérieur du dessin à la pointe sur le portefeuille que tient la Peinture (chez Béraldi).

2e état. — Avant l'adresse : *à Paris, chès Petit, rue du Petit-Pont à l'Image Notre-Dame.*

3e état. — Avec cette adresse.

1858	LATERADE.	Avec le pendant.	26 f. »
1859	DAVID.	Avec le pendant.	11 »
1877	MARTIN.	Les deux pièces.	60 »
1877	BEHAGUE.	La Reine seule.	85 »

1877	Didot.	Les deux pièces.	60 f.	»
1880	Mahérault.	Les deux pièces.	39	»
1881	Mulbacher.	Les deux pièces.	135	»

Voici la description de la seconde pièce, assimilable comme format à celle de Gaucher à laquelle nous venons de faire allusion :

« De profil, la tête tournée à droite, dans un médaillon
« porté par un nuage. Deux Amours élèvent au-dessus de
« sa tête une couronne de fleurs. Sous le médaillon, on
« lit : *N. Le Mire del. et sculp. 1775 ;* et sous le nuage à
« gauche : *J.-M. Moreau le J^{ne} inv. ;* à droite : *N. Le*
« *Mire Sculp.*

« 1er état. — Eau-forte pure avant toutes lettres.
« 2e état. — Épreuve terminée, avant toutes lettres.
« 3e état. — État décrit.

(Bocher, n° 36).

Cette pièce est *délicieusement jolie* et les amateurs la préfèrent généralement à la précédente ; aussi se paie-t-elle toujours plus cher. — Le dessin original lavé à la sépia se trouve dans la collection de M. Béraldi. Ce portrait doit très probablement avoir été fait pour servir d'en-tête à une publication qui n'a jamais paru.

1876	Lorin.	Sans désignation d'état.	210	»
1879	Sieurin.	Avant toutes lettres.	599	»
1880	Mahérault.	Avant toutes lettres.	520	»

Puisque nous parlons de Moreau le jeune, n'oublions pas de noter que le Maître a dessiné un autre portrait de Marie-Antoinette, en dauphine, et que ce portrait, *dont on ne connaît jusqu'à ce jour qu'une seule épreuve*, a figuré d'abord dans le petit médaillon rond de la vignette de dédicace des *Chansons de La Borde*, où se voient actuellement les armes de la Reine avec quatre vers au-dessous commençant par ces mots :

Digne appui des Beaux-Arts...

Il est hors de doute maintenant que ce portrait *qui ne porte point de signature de graveur* a été exécuté par Née et Masquelier, d'après Moreau. Le dessin est de même dimension que les deux autres portraits gravés par Gaucher et par Le Mire, mais la dauphine est de face au lieu d'être de profil.

M. H. Béraldi a raconté avec infiniment d'esprit et d'humour comment il avait manqué tomber en défaillance en voyant ce *rarissima avis* chez M. Decloux, le discret collectionneur d'estampes. (Voyez *Bibliothèque d'un Bibliophile*, p. 65).

LEVACHEZ fils (1792), d'après LEBRUN.

In-8°.

Le baron de Vinck, dans son *Iconographie de Marie-Antoinette,* signale ce portrait en couleur comme *rarissime;* il ne nous a, en effet, jamais été donné de le rencontrer. La Reine est, dit-il, tournée vers la droite, avec une robe bleue, une toque de la même couleur et un fichu blanc recouvrant en partie les épaules.

LEVASSEUR, d'après KRANTZINGER.

In-8°.

A mi-corps, de 3/4 à gauche, regardant presque de face, dans un médaillon reposant sur un socle ; cheveux relevés et ornés de bijoux, décolletée avec corsage et manches garnis d'un ruché de dentelles, pendants d'oreilles et collier avec pendeloques; sur la poitrine, une décoration fixée par un nœud de rubans. Dans le bas, les armes d'Autriche timbrées de la couronne de dauphine. Ce portrait est presque semblable à celui de Duponchelle d'après Ducreux.

Le pendant est Louis-Auguste Dauphin, d'après Monnet.

1864   RAIFÉ.   Sans désignation d'état.   10 f. »

J.-J. LEVEAU, d'après MOREAU le JEUNE (1783).
In-8º.

En buste, de profil à droite et posé sur un socle arrondi élevé sur deux marches d'un portique circulaire, décoré d'un double rang de colonnes ; entouré des trois Grâces dont l'une à gauche, un genou en terre, enguirlande le socle sur lequel est posé le buste ; à droite, Melpomène, un diadème sur le front, un sceptre et un poignard à la main, dépose un livre *(les Œuvres de Métastase)* sur un petit autel de forme antique décoré aux quatre coins supérieurs d'une tête de bélier. Autour de cet autel, de petits génies écrivent ou portent des livres. Au-dessous, une dédicace en italien à la reine, puis à droite et à gauche, sous le trait carré, les noms des artistes.

1ᵉʳ état. — Eau-forte pure, avant toutes lettres (chez M. Béraldi.)
2ᵉ état. — Epreuve terminée avant toutes lettres.
3ᵉ état. — Celui qui est décrit.

(E. Bocher, 6ᵉ fascicule, nº 35).

1880   MICHELOT.   Epreuve avec sa marge   21   »

Le dessin original est dans la collection de M. Louis Rœderer.

DE LONGUEIL, d'après COCHIN fils (1776).

In-4º.

Assise sur son trône, de 3/4, dans un ovale enguirlandé posé sur un fond orné de caissons à fleurs de lys reposant sur un socle, dont la tablette est chargée des armes de France et d'Autriche, ainsi que des vers suivants :

> *Les Grâces sur son front soutiennent la couronne,*
> *Minerve un lis en main, la France à ses genoux,*
> *Et toutes les vertus environnent son trône,*
> *Assurent à jamais à son auguste Epoux*
> *Le prix du bonheur qu'il nous donne.*

Fort jolie pièce allégorique dont l'eau-forte existe au Département des Estampes.

1ᵉʳ état. — Eau-forte pure. Le médaillon ovale seul avant l'encadrement. En bas, au dessous du trait ovale entourant ce médaillon, à la pointe et à rebours : *Aug. de Sᵗ Aubin aqua forti sculp. 1775.*

2ᵉ état. — Eau-forte pure, avec l'encadrement. L'inscription à la pointe qu'on lit à l'état ci-dessus a disparu. Dans une épreuve de cet état qu'on trouve au cabinet des Estampes on lit, au crayon de la main de Sᵗ-Aubin : *C. N. Cochin filius delin. — Aug. de Sᵗ Aubin aqua forti scul. La bordure par P. P. Choffard.*

3ᵉ état. — Epreuve terminée ; en deça du trait carré qui entoure l'ovale : *Présenté à la Reine, par son très humble et très obéissant et fidèle sujet, de Longueil :* Sous ce même trait carré : *C. N. Cochin fils inv. Le 3 juin 1776. De Longueil sculp. A Paris chez l'Auteur rue de Sève vis à vis les Incurables. Et chez Basan rue Serpante à l'Hotel Serpante.*

(Voyez E. Bocher. *Augustin de St-Aubin*, n° 336).

| 1877 | BEHAGUE. | Avec le portrait de Louis XVI, qui, lui, est *avant toutes lettres* et le *cartouche blanc* : 2 pièces. | 120 f. | » |
| 1881 | MICHELOT. | Les deux pièces en double. | 61 | » |

MACRET, d'après L.-E. LEBRUN.
In-8°.

La reine est à mi-corps, la main sur une table où l'on voit le buste de Louis XVI posé sur un piédouche.

Pièce en bistre et au pointillé.

1869	LEBLOND.	Sans désignation d'état.	26	»
»	—	La même en noir.	6	50
1877	DIDOT.	Epreuve de 1er état.	26	»

J. MASSARD.
In-18.

En buste, de profil à droite, dans un médaillon orné et

fixé par un nœud de ruban. Décolletée, les cheveux relevés et frisés, retombant en boucles sur la nuque, pendants d'oreilles. Deux dauphins surmontent l'ovale du portrait. Sur la tablette, noms et qualités du personnage.

Marie-Antoinette n'est encore que Dauphine, le pendant est le Dauphin.

1877	MARTIN.	Sans désignation d'état.	65	»
1877	DIDOT.	Avec le pendant.	100	»
1877	BEHAGUE.	Avec le pendant.	240	»

C'est une fort jolie pièce, *très recherchée*.

MURPHY, d'après la Marquise DE BRÉHAN.

?

La reine est assise dans sa prison en costume de veuve, devant le buste de Louis XVI. Gravure en manière noire.

| 1881 | MULBACHER. | Avant la lettre. | 195 | » |

Un autre portrait également, en manière noire a été gravé par Murphy, d'après les pastels de S. de Koster ; il fut avec son pendant, le portrait du Roi, publié à Londres en juillet 1793 ; ces deux pièces ont figuré à la vente Mulbacher où elles ont été adjugées 36 francs.

PATAS, d'après LECLERC.
In-4º.

En pied et en costume de cour, jupe à paniers; ayant devant elle un fauteuil brodé aux armes royales.

1879	B. DE VEDREUIL.	Avec une autre pièce par Duflos.	42f. »

C. PORPORATI (1796).
Petit in-folio.

A mi-corps, dans un ovale, assise et légèrement tournée vers la gauche, regardant de face, les bras demi-croisés et appuyés sur une table placée devant elle, les cheveux relevés sur le devant et retombant en boucles sur les épaules. Elle est coiffée d'un bonnet de linon fin et un fichu de dentelles négligemment jeté sur le corsage, laisse entrevoir la poitrine. Manches demi-courtes garnies de dentelles laissant nu tout l'avant-bras et autour de la taille une ceinture nouée par derrière.

Ce portrait est fort joli; il a été reproduit sous le n° 306 du catalogue de Lord Gower qui ajoute que la planche existant encore appartient à M. Eduardo Alloati et figurait à l'exposition de Turin en 1880.

Cette pièce est au pointillé : elle a été tirée en noir ainsi qu'en couleur.

1877	BEHAGUE.	Avant le nom de Porporati.	94 »
»	—	Sans désignation d'état.	135 »

B.-L. PRÉVOST, d'après COCHIN (1776).

In-folio.

Dans un médaillon de profil à droite, sur des nuages, entourée d'amours et de figures allégoriques, représentant les arts libéraux. Au bas, un sixain commençant ainsi :

Reine, l'honneur et l'Amour de notre âge...

1858	LATERADE.	Avant la lettre.	31 f.	»
»	—	Avec la lettre.	17	50
1869	LEBLOND.	Avec la lettre.	10	»
1885	VIGNÈRES.	*Etat avant* les mots : *Hommages des arts ;* les noms des artistes sont à la pointe.	72	»

L'eau-forte pure existe au Département des Estampes.

C'est une fort jolie pièce, les *premières* épreuves portent pour légende : *Hommages des Arts.* Plus tard, en 1793, cette planche servit pour un diplôme ; à cet effet, on effaça le buste de la reine et à la place on grava une figure représentant la Victoire.

Par et d'après PRUNEAU.

Petit in-folio.

Sur le socle de cette pièce on lit la légende suivante qui en explique suffisamment l'allégorie : « *La France tient deux médaillons sur lesquels on voit* || *les portraits accolés du Roi et de la Reine, sur l'autre on ap* || *perçoit M*gr *le Dauphin sur un lit, et Madame fille du Roi qui* || *semble le caresser. Dans le haut du sujet on voit un* *génie qui* || *annonce cet heureux évènement, arrivé le 22 octobre 1781.* || *Leurs majestés sont venues à Paris en actions de grâces le 21 janvier 1782.* » Enfin, la banderolle de la trompette du Génie porte ces deux vers en six lignes :

Obtenir un Dauphin, triompher avec gloire,
C'est jouir à la fois d'une double victoire.

1879 Sieurin. Avec sa marge. 111 f. »

B. ROGER, d'après Mme VIGÉE-LEBRUN.
Grand in-folio.

En pied et en grand costume de cour, le corps légèrement tourné vers la gauche et regardant de 3/4 à droite. Haute coiffure avec sorte de toque ornée de plumes, perles et aigrette, avec boucles frisées retombant sur les épaules. Robe à panier relevée par des glands, le pied gauche dépassant légèrement le bas de la robe, décolletage laissant voir la naissance des seins, nœud au corsage et aux manches garnies de volants de dentelles et qui demi-courts laissent nus les avant-bras ornés d'un bracelet de double rang de perles. La main gauche pendant le long du corps tient une rose avec un bouton, la droite s'étend à gauche vers la couronne royale posée, près d'un vase de fleurs, sur un coussin à glands fleurdelysé placé sur une table recouverte d'une draperie à crépines, à droite près de deux colonnes à socle un fauteuil à demi caché par le manteau fleurdelysé, à gauche, une lourde draperie, également à crépines soulevées par des cordons à glands, laisse entrevoir le ciel et des arbres au fond.

Sous le portrait et sur la tablette : *Marie-Antoinette de Lorraine d'Autriche, Reine de France ;* dans le bas à droite également dans la tablette : *Morte à l'âge de 37 ans.* Sous le trait carré à gauche ; *Peint par Rossline le Suédois :* Au milieu : *Dessiné par Monenteuil ‖ 1828 ;* entre ces deux inscriptions : *A Paris, chez Pieri-Benard, boulevard des Italiens, n° 11.* A droite, toujours sous le trait carré : *gravé par B^r Roger ;* et touchant cette inscription : *Déposée à la Direction. Imprimé par Chardon fils.*

1er état. — Avant la lettre, avant le nom de Chardon et avant l'année 1828.
2e état. — Avec la lettre et l'adresse de Pieri Benard.
3e état. — Avec la lettre et l'adresse de Blaisot.

| 1877 | Didot. | Epreuve de *1er tirage*, grande marge. | 40f. » |
| 1881 | Mulbacher. | Epreuve de *1er état.* | 300 » |

Malgré la mention gravée au bas de ce portrait et en dépit de ce que peuvent dire tous les catalogues et notamment le catalogue officiel du Musée de Versailles, il est avéré aujourd'hui que la toile qui a servi de modèle à cette gravure est l'œuvre de Mme *Vigée-Lebrun* et non celle de Roslin le Suédois.

L'ignorance de l'éditeur de cette estampe, en 1824, fut la cause initiale de cette erreur involontaire qui, jusqu'à hier encore, était tenue pour l'expression de la vérité.

C'est à M. Henri Bouchot, archiviste, sous-bibliothécaire au Département des Estampes à la Bibliothèque nationale, que revient le mérite d'avoir le premier détruit l'effet de ce vol inconscient, en restituant à notre célèbre artiste française une œuvre qui ne sera pas son moindre titre de gloire *. Dans un article inséré au numéro de janvier 1887 de

---

* Pour être complètement exacts, nous devons dire toutefois que feu Eudore Soulié, le Conservateur du Musée de Versailles, avait déjà restitué ce portrait à Mme Lebrun. Mais il faut croire que cette restitution ne

la somptueuse revue « *Les Lettres et les Arts* * », sous le titre « *Marie-Antoinette et ses peintres* », le savant archiviste a élucidé la question de main de maître.

Au cours de nos recherches sur ce portrait, nous avions nous-mêmes conçu des doutes sérieux au sujet de cette attribution à Roslin d'une toile dont une copie était conservée au musée du Belvédère, à Vienne, sous le nom de Mme Vigée-Lebrun et ces doutes avaient encore pris une nouvelle consistance, lorsque nous avions vu les savants suédois, auxquels nous nous étions adressés, hésiter eux-mêmes à reconnaître leur compatriote comme l'auteur de cet important tableau. Consulté par nous, M. Henri Bouchot n'hésita point, alors que son article n'était pas encore imprimé, à nous communiquer le résultat de ses patientes recherches et à nous autoriser gracieusement à nous en servir pour le livre que nous préparions. Qu'il veuille bien agréer ici l'expression de tous nos remerciements pour cette libérale application des principes de la fraternité entre auteurs.

Nous croyons être agréables à nos lecteurs et à M. Bouchot lui-même en détachant de son intéressante étude le passage suivant, qui, tout en mettant en lumière le bien fondé de la restitution faite au profit de Mme Lebrun, ne contribuera pas peu à établir l'importance du tableau qui servit de modèle au graveur Roger :

« Après ses couches, écrit M. Bouchot, la jeune reine voulut se « montrer à sa mère dans sa gloire, et cette fois elle tint à faire « bien les choses. Au défaut de Roslin, on lui recommanda Mme Lebrun, « cette femme de vingt ans qui avait sa réputation faite. Jusque-là Mme « Vigée-Lebrun n'avait jamais approché la Princesse. Elle avait copié « pour le compte de M. Boquet un ancien portrait d'elle, mais elle n'a- « vait pas été admise aux honneurs d'une séance. Elle fut mandée à « Versailles.

fut pas admise ou n'eut pas un grand retentissement, puisque tous les catalogues du Musée de Versailles et toutes les iconographies de Marie-Antoinette n'en ont pas moins conservé depuis le nom de Rosslin. L'article de M. Bouchot reste donc en possession de toute sa valeur dans la partie qui traite de ce portrait. (Cf. un excellent article consacré à Rosslin par M. Ch. de Chennevières dans la *Revue universelle des Arts*, tome III, année 1856, p. 385.)

* Cette importante revue, qui s'adresse à l'élite des amateurs, des artistes et des collectionneurs, fait le plus grand honneur à MM. Boussod et Valadon qui soutiennent avec tant d'éclat le juste renom que la maison Goupil avait conquis dans le monde entier.

« C'est dans l'année 1779, écrit-elle dans ses *Souvenirs*, que j'ai fait
« pour la première fois le portrait de la Reine, alors dans tout l'éclat de
« sa jeunesse et de sa beauté. Marie-Antoinette était grande, admirable-
« ment bien faite, assez grosse, sans l'être trop. Ses bras étaient su-
« perbes, ses mains petites, parfaites de forme et ses pieds charmants.
« Elle était la femme de France qui marchait le mieux, portant la tête
« fort élevée, avec une majesté qui faisait reconnaître la souveraine au
« milieu de toute la cour, sans pourtant que cette majesté nuisît en rien
« à tout ce que son aspect avait de doux et de bienveillant. Il est diffi-
« cile de donner à qui n'a pas vu la Reine, une idée de tant de grâce et
« de beauté réunies. Ses traits n'étaient point réguliers ; elle tenait de
« sa famille cet ovale long et étroit particulier à la nation autrichienne.
« Elle n'avait point de grands yeux, leur couleur était presque bleue ;
« son regard était spirituel et doux, son nez était fin et joli, et sa bouche
« n'était pas trop grande, quoique les lèvres fussent un peu fortes. Mais
« ce qu'il y avait de plus remarquable dans son visage, c'était l'éclat de
« son teint. Je n'en ai jamais vu d'aussi brillant, et brillant est le mot,
« car sa peau était si transparente, qu'elle ne prenait point d'ombre.
« Aussi ne pouvais-je en rendre l'effet à mon gré ; les couleurs me man-
« quaient pour peindre cette fraîcheur, ces tons si fins qui n'apparte-
« naient qu'à cette charmante figure, que je n'ai retrouvés chez aucune
« autre femme.

« A la première séance, l'air imposant de la Reine m'intimida d'abord
« prodigieusement. Mais Sa Majesté me parla avec tant de bonté, que sa
« grâce si bienveillante dissipa bientôt cette impression. C'est alors que
« je fis le portrait, qui la représente avec un grand panier, vêtue d'une
« robe de satin et tenant une rose à la main. Ce portrait était destiné
« à son frère l'empereur Joseph II, et la Reine m'en ordonna deux co-
« pies, l'une pour l'impératrice de Russie, l'autre pour ses appartements
« de Versailles ou de Fontainebleau. »

Détachons encore du même article les deux paragraphes suivants, qui sont relatifs à la gravure de ce tableau :

« A la Révolution, le portrait soigneusement roulé avait été placé dans
« un dépôt du vieux Louvre. Vers 1824, Mondor, directeur des *Annales*
« *françaises*, ayant connu la cachette, proposa une souscription natio-
« nale pour en faire une gravure. « Dans ce tableau, disait le prospectus
« de souscription, la Reine est représentée en grand costume et en
« manteau royal. Sa couronne de diamants est auprès d'elle, ses pieds
« foulent un riche tapis...

« Le tableau que nous venons de décrire et *que l'on attribue à Rossline*
« (*sic*) le Suédois, va être gravé en taille-douce par M. Roger, auteur de
« l'*Atala,* des *Allégories de l'Amour* de feu Prudhon, et l'un des artistes
« les plus marquants de l'époque actuelle. » Le tour était joué, joué
« sans malice et sans parti-pris, mais l'attribution est si bien demeurée
« que le catalogue de Versailles donne maintenant le nom de Roslin
« après avoir effacé celui de Mme Lebrun. »

Ce portrait, tel que Roger l'a gravé, est peut-être le *plus beau portrait*
de Marie-Antoinette ; dans tous les cas, c'est un chef-d'œuvre de gravure
au pointillé.

Les épreuves *avant la lettre* en sont fort rares et l'on ne croit pas
qu'il en ait été tiré plus d'une centaine. La planche a été pendant plus
de trente ans sous séquestre ; elle a été achetée par Blaisot, 171, rue de
Rivoli, il y a environ quinze ans ; là, elle a été aciérée et l'on en tire de
fort belles épreuves qui se vendent au prix minime de dix francs.

Puisque l'occasion s'en présente, on nous permettra bien de dire quelques mots sur l'aciérage *, ce merveilleux procédé moderne qui assure
la conservation des planches gravées malgré de nombreux tirages.

On connaît l'excellence du cuivre pour la gravure : subissant avec une
très grande facilité la morsure de l'eau-forte, il se laisse attaquer par le
burin avec une non moins grande docilité ; aussi a-t-il été de tout temps
le métal privilégié des graveurs. Malheureusement, ces mêmes qualités
si appréciables lors de la gravure deviennent des défauts au moment du
tirage, car il s'use si rapidement pendant cette importante opération,
qu'il n'y a guère que les premières épreuves qui possèdent une entière
valeur.

Quelques artistes avaient cru pouvoir remédier à cet inconvénient en
se servant d'un autre métal et l'acier avait fini par prévaloir auprès de
certains d'entre eux. Mais outre que ce métal est très capricieux à la gravure, il ne produit en général que des estampes dures et froides ; aussi
a-t-on fini par l'abandonner à peu près complètement, au moins pour la
gravure artistique.

Les choses étaient en cet état, lorsque, il y a une trentaine d'années,
l'*aciérage* fut heureusement découvert. Ce procédé chimique, consistant
à recouvrir le cuivre gravé d'une très mince couche d'acier, sans altérer

---

* M. Henri Béraldi, dans le quatrième fascicule de l'ouvrage qu'il publie
actuellement sur *les Graveurs du XIXe siècle*, a donné un compte rendu
fort intéressant de la première expérience qui fut faite sur l'aciérage.

les tailles du burin ou les traits de la pointe, lui donne une entière solidité et lui permet de fournir des tirages presque indéfinis.

Cette découverte a fait, comme on peut le penser, toute une révolution dans l'art de la gravure ; par contre-coup elle a modifié aussi les règles qui doivent présider au choix et à l'achat des estampes. En résumant ici les inconvénients et les avantages de ce procédé, nous avons cru être agréables à nos lecteurs.

Inconvénients. — Il n'y a pas le moindre doute que, entre les épreuves tirées *avant* et celles tirées *après* l'aciérage, il y ait une différence très sensible. Le cuivre a par lui-même un ton chaud que la couche d'acier fait disparaître. Dans les parties non gravées, où le blanc du papier doit jouer un grand rôle, par exemple, dans un ciel traité à la façon d'un croquis de peintre, c'est-à-dire, indiqué par quelques grands traits laissant au gras du cuivre le soin de peindre les tons, il est évident que la différence sera très appréciable. Les premières épreuves tirées sur le cuivre *nu* ont donc une saveur onctueuse qu'on ne peut retrouver après l'aciérage.

Voilà donc un premier inconvénient, mais l'aciérage en a un second, qui est d'enlever *toute valeur artistique* aux épreuves *avant la lettre* publiées par les éditeurs et même aux épreuves *dites d'artistes* publiées sous ce nom par les mêmes éditeurs, et par conséquent de *tromper les collectionneurs* non prévenus sur la *valeur réelle* des dites épreuves. Il y a plus, les *toutes premières* épreuves tirées *aussitôt après l'aciérage* sont *plus froides* que *la centième* et la *deux-centième*.

Avantages. — Une planche *non aciérée* peut baisser assez rapidement après la 50ᵐᵉ épreuve. Par conséquent, si l'on se trompe sur le mode d'impression de ces précieuses épreuves, c'est un vrai malheur. Au contraire, un cuivre aciéré présentant une certaine consistance, une certaine durée, on a plus de loisir, plus d'aisance pour chercher les nuances d'impression, pour procéder au choix des papiers, etc... et si quelques épreuves ne sont pas heureuses et sont à déchirer, ce n'est qu'un retard et non un malheur. Ceci est un avantage, qui est loin d'être à dédaigner.

Maintenant, il y a aciérage et aciérage et l'on peut aciérer plus ou moins légèrement. Un éditeur qui veut s'assurer un long tirage d'une planche demande un aciérage solide avec lequel on puisse obtenir un millier d'épreuves sans avoir besoin d'aciérer de nouveau. Seulement, la planche est *gâtée, bouchée*, dès la première épreuve. En effet, cet *aciérage épais* a pour résultat de *couvrir* tous les *tons fins*, par exemple, les retouches à la *pointe sèche ébarbée* qui sont comme des traits *à la mine de plomb*.

Aussi, lorsqu'un artiste ne veut pas sacrifier sa planche, il spécifie qu'il veut un aciérage pour *100* ou *150 épreuves seulement ;* la couche galvanique est alors tellement légère que l'on peut voir, *au travers, la couleur du cuivre ;* ainsi les délicatesses de la gravure ne sont pas bouchées et il peut tirer une centaine d'épreuves sans que sa planche se modifie sensiblement. Un tel aciérage s'use rapidement, mais il va sans dire qu'une planche peut être *réaciérée* plusieurs fois.

C'est à M. Félix Buhot[*], peintre-graveur, que nous devons ces renseignements. Buhot est un dessinateur hors ligne et un aquafortiste de premier ordre ; c'est un jeune, il n'a pas quarante ans; aussi sent-on percer sous sa pointe habile et vaporeuse toute la poésie et la chaleur de la jeunesse. Artiste de race, indépendant et passionnément amoureux de son art, il a sa note personnelle, qu'il jette haute et brillante ; jamais il n'a erré dans les sentiers de la banalité; aussi tout ce qu'il fait, est-il empreint d'un caractère essentiellement individuel et enlevé avec une crânerie et une maestria d'allure qui éblouit et captive. Dans son œuvre, considérable déjà, nous signalerons aux amateurs comme pièces absolument *hors de pair :* **Un débarquement en Angleterre. — Westminster-Bridge. — Le palais de Westminster. — Une matinée d'hiver au quai de l'hôtel-Dieu. — La place Bréda. — La place Pigalle,** — qu'il faut avoir en épreuves d'artistes, c'est-à-dire, avec les *marges symphoniques*. Ces eaux-fortes originales si lumineuses ont une physionomie *tellement typique* que nous n'en connaissons *aucune* qui puisse leur être comparée !

Nos lecteurs nous pardonneront cette petite fugue en plein XIXe siècle, mais nous avons été trop heureux de pouvoir remercier ici publiquement le galant homme et le vaillant artiste qui n'a jamais rencontré qu'admiration et sympathie.

---

[*] Voir dans le IVe fascicule de M. Henri Béraldi, *Les Graveurs du XIXe siècle*, le *Journal des Artistes* du 1er août 1886 et dans *Le Livre* du 10 mars 1887, sous la rubrique : *Causons gravure,* signé Octave Uzanne, les articles très sincères et très remarquables qui lui sont consacrés.

L.-C.-N. RUOTTE, d'après CÉSARINE F.

In-4°.

De profil à droite et à mi-corps, dans un ovale, la reine est représentée en bergère, décolletée avec un foulard sur la tête.

Pièce au pointillé avec épreuves en noir et épreuves en couleur.

1869	LEBLOND.	Sans désignation d'état.	5f. »
1881	MULBACHER.	En couleur et avant la lettre.	91 »

A. DE SAINT-AUBIN, d'après SAUVAGE.

In-4°.

Médaillon circulaire, fixé en hauteur par un anneau à une pyramide tronquée, entourée de cyprès à droite et à gauche. Cette pyramide contient une tablette inférieure sur l'entablement de laquelle se voient une urne, un sceptre, une couronne et des branches de cyprès recouverts d'un voile funèbre. Sur la pyramide, au-dessus du médaillon : *A l'immortalité,* puis, sur la tablette, ce quatrain :

La Vertu, les Grâces, l'Enfance,
Tout a péri par un forfait nouveau.
Les yeux en pleurs, la timide Espérance
Leur offre icy ce modeste tombeau.

Les trois personnages représentés sont Louis XVI, Marie-Antoinette et le Dauphin.

1er état. — Eau-forte pure, avant des arbres qu'on voit dans le fond à droite et à gauche. Avant les contre-tailles sur la pyramide. Tablette blanche. Sans aucunes lettres.

2e état. — Epreuve terminée. Tablette blanche. Sans aucune lettre, avec les arbres dans le fond, à droite et à gauche.

3e état. — Avec en hauteur : *A l'immortalité*. L'A est tout de travers. Avec les vers sur la tablette. Sans autres lettres.

4e état. — *A l'immortalité* a été effacé, les vers sur la tablette le sont également. En bas, au-dessous du trait carré, à gauche : *Sauvage pinx^t* ; à droite : *St Aubin sculp^t*. ; au-dessous : *Se vend à Paris chez Chaise, M^d d'Estampes, rue Neuve des Petits-Champs | en face le Ministre des Finances n° 490*. Sans aucunes lettres.

5e état. — En bas : *A Paris chez Le Doyen M^d d'Estampes*, etc... et avant le mot : *déposé*, placé à droite sous : *St Aubin sculpt*.

6e état. — Avec l'adresse de : *A Paris chez Marel* rue Saint-Julien n° 12 près la rue Saint-Jacque*.

1858	Laterade.	2 épreuves, avant et avec la lettre.	6 f. »
1881	Mulbacher.	Avant que *les vers* sur la tablette *aient été effacés*.	50 »
1886	Vignères.	Avant toutes lettres.	46 »

* Toutes les gravures portant *l'adresse de Marel* proviennent de *planches usées*, elles doivent donc être impitoyablement rejetées par l'amateur délicat.

1886	VIGNÈRES.	Épreuve de 3ᵉ état.	13 f. »
»	—	Épreuve de 2ᵉ état.	51 »

Il a été fait de cette planche une copie en *contre-partie*. On lit dans le bas, à droite, sous l'encadrement : *Ruotte sculpt.;* et au dessous : *A Paris chez L.-A. Pitou, rue de Lully nº 1. Prix 1 franc.* (E. Bocher, *Aug. de Saint-Aubin,* nº 153.)

Citons encore de Saint-Aubin : 1º deux médaillons en regard, entourés d'une guirlande de rubans ; dans l'un Louis XV et dans l'autre Louis XVI avec Marie-Antoinette. C'est la reproduction d'un médaillon frappé, en 1770, lors du mariage du dauphin ; pièce rare, de format in-4º, que nous n'avons pas vue mentionnée dans le très important catalogue de l'œuvre de Saint-Aubin par E. Bocher. Des épreuves *avant toutes lettres* furent adjugées 120 francs à la vente Herzog en 1876, et 100 francs à la vente Wasset, en 1880 ; 2º une pièce in-4º représentant une médaille sur un obélisque funèbre, avec les profils superposés de Louis XVI et de Marie-Antoinette, pièce payée 28 francs à la vente Martin en 1877 ; enfin, par Augustin de Saint-Aubin, avec la collaboration de Phelipart [*], une pièce en couleur présentant la tête de Marie-Antoinette, les coiffures et ajustements imitant le dessin à la plume adjugée 185 francs, avec Louis XVI en pendant, à la vente Behague, en 1877.

A la vente Villot, en 1859, un dessin au crayon noir signé dans le bas : *Gabriel de Sᵗ-Aubin f. le 16 mai 1770*, fut adjugé 26 francs.

P. SAVART (1776).

In-32.

Sur *la même planche* avec le portrait de Louis XVI, mais dans des *encadrements séparés*.

Du côté gauche : la reine de profil à droite, les cheveux

---

[*] Nous ne connaissons pas de graveur de ce nom. Ne serait-ce pas plutôt Phelipeau ou Flipart qu'ont voulu mettre les rédacteurs du catalogue?

relevés en rouleaux sur le sommet de la tête, une boucle s'échappant du chignon est ramenée tombante sur l'épaule droite. Le médaillon qui contient le portrait est fixé sur une double planche rectangulaire par un nœud de rubans, il est enguirlandé de roses. Sous ce médaillon et dans l'enguirlandement même, les attributs de l'Amour, arc, carquois et brandon. Sous le trait carré de la première planche rectangulaire sur laquelle est fixé le médaillon, on lit : *Marie-Antoinette* || *Reine de France* : et sous le trait carré de la deuxième planche : *Gravé par P. Savart en 1776.*

Ces deux portraits *minuscules* ont été reproduits dans le catalogue de Lord Gower sous le n° 335 (qui devrait être n° 336). Ils sont *excessivement rares*. On les rencontre ou sur *la même feuille* ou sur *deux feuilles séparées*, quoique, nous le répétons, ils aient été gravés sur *un même cuivre*. Le baron de Vinck dit que ces pièces ont été gravées pour servir d'en-tête à un calendrier-bijou. On n'en connaît pas d'épreuve *avant la lettre*.

1877	MARTIN	Les deux pièces séparées.	281 f. »
1877	BEHAGUE	Les deux pièces sur la même feuille.	230 »

Gazette de France du 12 juin 1775. — Portraits du roi et de la reine, en petit, gravés par Savart. Chez l'Auteur, rue et près le petit Saint-Antoine ; 3 liv.

L. SCHIAVONETTI, d'après STRŒHLING.

In-8°.

A mi-corps, de face, dans un médaillon. Sur la tête, un diadème ; corsage décolleté, orné de bijoux, avec le manteau royal sur l'épaule gauche. Dans un rayonnement, les armes de France et d'Autriche, timbrées de la couronne royale et entourées des colliers de Saint-Michel et du Saint-Esprit.

Pièce au pointillé, publiée à Londres en mai 1805 par Weber, avec le portrait du roi, d'après Boze, en pendant.

| 1877 | Behague. | Sans désignation d'état. | 41 f. » |

SCHINKER, d'après Mme LEBRUN.

In-4º.

Dans un ovale, la reine est assise dans un fauteuil, le corps tourné à droite. — Près d'elle est une table et dans ses mains un livre fermé.

Pièce au pointillé.

| 1879 | Sieurin | Avec le pendant « Le Roi », d'après Boze, plus deux autres portraits ; ensemble 4 pièces. | 16 » |
| 1881 | Mulbacher | Sans désignation d'état. | 39 » |

SERGENT, d'après Mme LEBRUN.

In-12.

En buste, dans un médaillon circulaire ; de face et décolletée avec toque de velours surmontée d'une aigrette et de plumes.

1er état. — En noir, avec l'exergue : *Marie-Antoinette Reine de France, née à Vienne le 2 novembre 1755.* Sans nom d'artistes.

2º état. — En couleur, avec le nom des artistes et : *A. P. D. R. Chez Le Vachez, au Palais-Royal nº 258.*

1858 LATERADE En couleur. 4 f. »

SICARDI.

M. le Cte de Reiset dans son très intéressant ouvrage : *Modes et usages au temps de Marie-Antoinette,* signale un portrait de Marie-Antoinette à Trianon par cet artiste. La reine est dans un médaillon rond équarri, entouré de branches de lis ; à mi-corps regardant de face, coiffée d'un grand chapeau posé de côté, ceinture écharpe, le bras droit appuyé, deux longues frisures retombant à droite et à gauche sur la poitrine.

Cette pièce se trouve dans la collection de M. de Thiac.

SMITH, d'après DE LORGE.
In-folio.

De profil à droite, dans un ovale équarri, décolletée, cheveux relevés et roulés, une boucle retombant sur l'épaule droite. Sous le médaillon, écus accolés de France et d'Autriche timbrés de la couronne royale.

Pièce en manière noire.

1858	LATERADE	Sans désignation d'état.	5 f. »
1879	MEAUME	Avec la lettre grise, grande marge.	36 »

A. TARDIEU, d'après F. DUMONT.
Grand in-folio.

Dans un temple circulaire à colonnes, de face, en Vestale, couronnée d'un diadème, elle s'appuie contre un autel couvert de fleurs, et sur lequel est un vase rempli de lis et de roses, avec le portrait de Louis XVI.

Cette pièce commencée en 1792 ne fut terminée qu'en 1815; elle existe à la Chalcographie du Louvre et se vend 3 francs.

1859	COMBES.	Avant la lettre.	8 »
1877	BEHAGUE.	Avant la lettre, grande marge.	55 »
1881	MULBACHER.	Sans désignation d'état.	25 »

VIDAL.
In-18.

En buste, de profil à gauche, dans un médaillon orné reposant sur un socle, les cheveux relevés et en gros rouleaux sur la nuque, deux boucles retombant sur l'épaule gauche. Sous le médaillon, les armes accolées de France et d'Autriche timbrées de la couronne.

1ᵉʳ état. — Avant toutes lettres.
2ᵉ état. — Avec retouches, notamment dans le nez, qui paraît moins busqué, et avec la lettre : *Vidal scul, à Versailles chez Blaisot lib*ᵉ *du Roi et de la Reine.*

Chez VILLENEUVE.

Petit in-folio.

Dans un encadrement rectangulaire, une lanterne, dans laquelle est suspendue un médaillon ovale renfermant le buste de la Reine, légèrement décolletée et de profil à droite ; la coiffure est basse, les cheveux frisés et maintenus par un ruban noué derrière la tête et garni de perles, de grosses boucles également frisées retombent sur les épaules, pendants d'oreilles en forme de poire. En exergue du médaillon : *Marie-Antoinette la Médicis du 18ᵉ siècle.* Au-dessus du trait carré de la marge supérieure de l'estampe : *La Panthère autrichienne ǁ vouée au mépris et à l'exécration de la nation française dans sa postérité la plus reculée.* Au bas, sous le trait carré, cette légende aussi stupide qu'ignoble :
Cette affreuse Messaline, fruit d'un des plus Licencieux concubinage est composée de matière hétérogène, fabriquée de plusieurs races ; en partie Lorrai ǁ ne Allemande, Autrichienne, Bohémienne, etc... etc... de toutes pièces déjà

connue, le sera encore plus parfaitement par l'esquisse de ces traits... Elle porte la redoutable || chevelure du treizième apôtre, du même carractère de Judas, comme lui elle mit les mains dans le plat pour voler et dissiper les trésors de la France: Ses yeux || durs, traitres et enflammés ne respirent que feu et carnage pour combler ses injustes vengeances; son nez et ses joues son bourgeonnées et pourprées par un sang || corrompu qui se distille entre sa chair et son cuir déjà plombé; sa bouche fétide et infecte recèle une langue cruelle, qui se dit pour jamais altérée du sang Français.

A Paris chez Villeneuve graveur rue Zacharie St-Severin, maison du Passage n° 21.

Le pendant est le portrait du roi, sous la rubrique: *Le traître Louis XVI*.

Ces deux pièces sont tirées en bistre et *fort rares*; celle qui nous occupe a été reproduite dans le catalogue de Lord Gower sous le n° 359 (qui devrait être 360).

1864	RAIFÉ.	Les deux pièces.	62 f.	»
1876	HERZOG.	Les deux pièces.	300	»
1877	BEHAGUE.	Les deux pièces.	250	»
1881	MULBACHER.	Les deux pièces.	255	»

VOYEZ, d'après VANLOO.

In-8°.

En buste, dans un médaillon entouré d'une bordure rectangulaire et reposant sur un socle. De 3/4, tournée vers la droite, les cheveux légèrement relevés et agrémentés de perles sont roulés sur les tempes et une boucle retombe sur l'épaule droite. Le corsage décolleté est garni de dentelles et le manteau royal est jeté sur l'épaule gauche.

Sur le socle où s'appuie le médaillon, à droite, branche de laurier, lyre et carquois ; à gauche, une guirlande de roses, des tourterelles qui se becquettent et un Amour soutenant dans un cadre octogone entouré de lys et de laurier une petite vignette représentant Minerve couronnant la reine.

En haut du médaillon, au-dessus du portrait, dans un rayonnement, une tête d'ange ou de génie avec deux longues nattes tombantes.

1er état. — Sans aucunes lettres, le rayonnement autour de la tête et les deux nattes tombantes n'existent pas encore, non plus que les tailles sur les roses, le nuage et la figure de l'Amour placé à gauche.

2e état. — Avec la lettre, épreuve terminée.

1859	Combes.	Avec toute sa marge.	6 f. »
1877	Behague.	Grande marge.	51 »
1877	Martin.	Avec toute sa marge.	40 »
1886	Vignères.	Avant le n° et toute marge.	25 »

Jolie pièce. — Voir le portrait du personnage, gravé par Le Beau, 1774, d'après Mauperin.

Nous terminons cette nomenclature, bien incomplète assurément, mais ayant au moins le mérite, croyons-nous, de ne faire double emploi avec aucune de celles qui ont été données déjà, par une liste de quelques autres pièces passées en vente dans ces dernières années et nous ayant paru mériter cette mention sommaire.

Chez BANCE.

1879	Sieurin.	En buste, de 3/4 dans un médaillon, haute coiffure.	119 f. »

BARTOLOZZI.

1877	Martin.	En peignoir ; in-8°, ovale, pièce en bistre.	40 »
1877	Behague.	De profil et à mi-corps.	72 »

Chez BASSET *.

1858	Laterade.	A cheval, en costume de chasse, coloriée.	5 50

G.-T. BENOIST.

1858	Laterade.	Dans un médaillon rond, au pointillé, de face avec aigrette. Avant la lettre.	4 »
1877	Didot.	1er état, avant le nom du graveur.	30 »
1881	Mulbacher.	Sans désignation d'état.	8 »

* Une dizaine de portraits du personnage ont été publiés chez Basset.

BERNARD.

1881	MULBACHER.	Avec le portrait du roi, pièces en couleur : les coiffures et les ajustements sont en imitation de dessin à la plume. In-folio.	310f. »

Ce portrait, fait à main-levée en 1780 par le maître d'écriture Bernard, est, croyons-nous, celui qui est reproduit très joliment à l'eau-forte par Emile Salmon, dans l'ouvrage de M. le comte de Reiset.

BONNEFOY, d'après Mme VIGÉE-LEBRUN.

1881	MULBACHER.	Pièce en couleur. In-4º.	50 »

Par et d'après BRADEL (1785).

1882	DUBOIS DU BAIS.	En buste aux trois crayons.	10 »

DENY, d'après DESRAIS.

1858	LATERADE.	En pied, grand costume de cour.	9 »

LE BEAU, d'après BINET.

1858 LATERADE.   Sans désignation d'état.   14 f. 50

LEBERT, d'après KERNOSCHII.

1858 LATERADE.   De profil à gauche, en dauphine.   5 »

LEBLOND *.

1859 VILLOT.   En grand costume de cour. Essai de fac-similé de peinture à l'huile par l'impression en couleur. Ce portrait n'a probablement jamais été terminé ni publié.   41 »

Chez LEPÈRE et VAULÉE.

1877 BEHAGUE.   En buste, dans un ovale

---

* On sait que Jacques-Christophe Leblond, né à Francfort, inventa la *gravure en couleur* en 1739, et que ce fut en 1740 que le roi Louis XV lui accorda un Privilège, à condition *qu'il seroit tenu de faire graver et imprimer en présence des Commissaires nommés, et qu'il leur déclareroit tous les secrets de la pratique de son art.*

	très orné, de 3/4 à gauche. Corsage décolleté, cheveux relevés. In-4°.	62 f.	»

LEVACHEZ, d'après Mme LEBRUN.

1864	Raifé	En buste, de 3/4 à droite, cheveux relevés, recouverts d'un turban et ornés de plumes. Décolletée, avec fichu. Pièce in-8°, couleur, avec le portrait* du roi d'après Duplessis.	17	50
1880	Wasset.	Ces deux mêmes pièces.	81	»

MASQUELIER, d'après LEBOUTEUX.

1881	Berthier.	Portrait frontispice pour le 2e volume des *Chansons de Laborde*.	30 »

S.-C. MIGER **, d'après J. BOZE (1785).

1864	Raifé	A mi-corps, regardant de

---

* Ce portrait est le pendant.
** Miger était âgé de 80 ans lorsqu'il grava ce portrait.

		face, corsage décolleté, richement décoré, manteau royal sur les épaules.	10 f. »
1880	Michelot.	Sans désignation d'état. In-folio.	52 »
1881	Mulbacher.	Sans désignation d'état.	26 »

NÉE et MASQUELIER, d'après St-QUENTIN et MONNET.

Les Garants de la fidélité publique et les Vœux du peuple confirmés par la religion; deux estampes dans lesquelles on retrouve le portrait de Marie-Antoinette qui y joue le principal rôle.

Dans la collection Béraldi, nous avons vu ces deux pièces à l'état d'eau-forte : épreuves *très rares* et très belles.

NÉVIANCE (Victoire)

1858	Laterade.	En dauphine. Petite pièce in-18, servant de frontispice aux *Etrennes des saisons ou extrait des plus beaux endroits de tous les poèmes sur les saisons.*	2 50

J.-E. NILSON, d'après J.-M. MILTIZ.

1858	LATERADE.	Ovale sous un arche, de face légèrement tourné vers la gauche, avec manteau royal. Deux génies sous le cadre portent les armes de France et de Lorraine et se serrent leurs deux mains libres au-dessus d'une mappemonde. Petit in-folio.	3 f. »
1875	OLIVIER.	Avec 5 autres pièces.	7 »

PAUQUET.

1869	LEBLOND.	Debout de face, décolletée, robe à panier. Avant et avec la lettre : 2 pièces.	4 50

PHILIPPEAUX, d'après Mme DABOS.

1861	LAVALETTE.	De 3/4 à droite. Turban à plumes, décolletée. Pièce in-8°, en couleur.	2 »

Par et d'après PIERRON.

1879 MICHEL.   Ovale équarri, 3/4 à droite, décolletée, turban à aigrette ; socle drapé et armoiries timbrées d'une couronne que supporte un aigle sur les nuées : 4 pièces in-4°.   10 f. »

PRIEUR.

1881 BERTHIER.   En veuve, à la Conciergerie, bonnet de linon. Tirée du cabinet de l'abbé Carron ; de 3/4 à droite. In-8°.   7 »

Cette pièce existe en noir et en couleur.

REATING, d'après la Marquise DE BRÉHAN.

1858 LATERADE.   Dans sa prison ; à travers les barreaux de la fenêtre grillée, un prêtre la bénit. Pièce in-folio publiée à Londres, le 25 mars 1796.   2 25

SULLIN, d'après DE LORGE.

1858 LATERADE.	Le médaillon de Louis XVI et de Marie-Antoinette au-dessus de l'autel de l'Hymen. Cette pièce ne figure pas dans la collection de lord Gower.	26 f. »

VÉRITÉ, d'après Mme LEBRUN.

1858 LATERADE.	Avec une autre pièce d'après Zatta. Deux portraits en couleur.	4 25

WOLCK.

1858 LATERADE.	La Reine est jeune, vue de face et dirigée vers la droite, dans un médaillon ovale. Pièce in-4º imprimée en rouge.	2 »
1881 MULBACHER.	La même pièce.	42 »

James Watson, d'après Mme Lebrun, a gravé le personnage en manière noire dans le format in-folio. La Reine est assise, à mi-corps, de 3/4 à gauche, regardant de face, les cheveux relevés et ornés de trois plumes et de deux rangs de grosses perles; corsage décolleté, frisures retombant sur la nuque, gros nœud formant une sorte de collerette garnie de dentelle et attachée au corsage. Cette pièce fut publiée à Londres, en août 1783, par G. Denham.

En terminant ce chapitre, nous ne pouvons omettre deux pièces curieuses, quoique sans valeur. La première se trouve aux Alphabétiques et porte pour titre : *Dernières paroles de Marie-Antoinette* ; elle est gravée par A. Pélicier et donne le profil de la Reine, en mettant en *alinéas* la lettre que l'infortunée souveraine écrivit à la sœur de Louis XVI, madame Élisabeth. Un polygone de douze côtés encadre cette pièce in-folio.

La seconde, qui se trouve dans la collection de lord Gower est un tour de force calligraphique : la Reine est en buste, tournée vers la gauche et le portrait est tracé *d'un seul trait de plume*. Cette pièce, gravée par Beaublé, a été dessinée par G.-P. Jumet, maître d'écriture.

En avril 1886, à la vente de M. Richard Lion, un dessin ovale au lavis d'encre de Chine et d'aquarelle, de Lemoyne, représentant Marie-Antoinette en buste, de profil à gauche, cheveux très relevés devant et tombant sur le cou, fut adjugé 850 francs. (Dimensions : H., 0^m,10; L., 0^m,08.)

A la même vente, un dessin de François-André Vincent aux trois crayons : en buste, dirigée à droite, avec fichu blanc couvrant les épaules et coiffé d'un bonnet garni de fleurs, fut adjugé 145 francs. (Dimensions : H., 0^m,25; L., 0^m,2.0)

MARIE-HENRIETTE DE FRANCE

?-1752

Voir : « **MARIE-ADÉLAIDE DE FRANCE.** »

MARIE-JOSÈPHE DE SAXE

1731-1767

Mère de Louis XVI, fille d'Auguste II de Pologne, deuxième femme de Louis Dauphin, fils de Louis XV.

Elle portait, *écartelé : au 1 et 4 de gueules à l'aigle d'argent couronné, membré et becqué d'or, qui est de* POLOGNE ; *au 2 et 3 de gueules au cavalier armé d'argent tenant une épée nue à la main dextre, et en l'autre un écu d'azur à une double croix patriarcale : le cheval bandé d'argent, houssé d'azur et cloué d'or ; sur le tout, de* SAXE *qui est burelé de sable et d'or de dix pièces ; un crancelin de sinople brochant sur le tout.*

DE LARMESSIN, le jeune, d'après VANLOO.

In-folio.

Cette gravure n'est que la planche *retouchée* du portrait de Marie-Thérèse d'Espagne, première femme du dauphin (voyez ce nom).

1856	S.	Sans désignation d'état.	17 f.	»
1861	LAVALETTE.	Sans désignation d'état.	7	»
1877	BEHAGUE.	Avec marge.	27	»
1886	VIGNÈRES.	Épreuve avec grande marge.	17	»

J.-G. WILLE, d'après KLEIN.
Petit in-folio.

A mi-corps, dans un médaillon ovale, équarri, reposant sur un socle. De face, les cheveux bas et frisés, deux mèches retombant sur la poitrine ; corsage décolleté, robe de brocart ; sur l'épaule, le manteau doublé d'hermine.

Assez jolie pièce.

M. AUBERT, d'après DE LA TOUR.
In-4º.

Dans un médaillon ovale équarri, assise dans un fauteuil, tenant dans les mains un cahier de musique et regardant de face. Coiffée d'une frileuse, elle est vêtue d'une robe montante en soie, avec nœud de ruban foncé au corsage et aux manches. Au-dessous du trait carré, à gauche : *De La Tour, pinx.;* et à droite : *M. Aubert, sculp.* et au-dessous : *A Paris, chès Aubert, rue de la Harpe....* Sur les épreuves postérieures, cette adresse est remplacée par celle-ci : *A Paris, chès Buldet, rue de Gesvres, au Grand-Cœur.*

1876 · HERZOG.   Sans désignation d'état.   10 f. »

Par et d'après LITTRET.
In-4º.

Vue de trois quarts à gauche jusqu'à mi-corps, dans un petit médaillon ovale que la France tient sur un socle.

Dans le bas, une femme pleurant symbolise la Saxe. Dans l'intérieur du trait carré à droite, on lit : *Littret, inv., del. et sc. 1767*, et au bas :

> *Sur elle en vain le sort déchaîna son courroux.*
> *Il ne put l'accabler qu'en frappant son époux.*

Cette pièce, avec le dauphin faisant pendant, peut valoir 20 francs.

MARIE-LECZINSKA (Catherine-Sophie-Félicité)

1703-1768

Fille de Stanislas Leczinski, roi de Pologne, devint Reine de France par son mariage avec Louis XV, le 5 septembre 1725; dix enfants naquirent de cette union.

Par et d'après LE BEAU.
In-8°.

A mi-corps, dans un médaillon placé sur une planche rectangulaire, reposant sur une tablette. Autour de l'ovale des branches de laurier, en haut un sablier flanqué à droite et à gauche des ailes du Temps; dans le bas, à droite, une urne funéraire du sommet de laquelle s'échappe un rayonnement entouré de neuf étoiles formant couronne ; à gauche, sur un coussin et voilés d'un crêpe, le sceptre et la couronne royale ; au milieu et sous le médaillon, un petit cartouche portant ces mots très finement tracés : *Eglise Saint-Denis où est la sépulture des Roys, la Reine de France ;* et vue de l'abbaye.

1872	Soleil.	Épreuve avec l'adresse du graveur.	21 f.	»
1876	Herzog.	Sans désignation d'état.	145	»
1877	Behague.	Sans désignation d'état.	38	»
1881	Mulbacher.	Avec le pendant, le portrait de Louis XV, dans cette pièce il y a la vue de *la Place Louis XV.* 2 pièces.	185	»

Annoncé, sans indication de prix, dans la *Gazette de France* du 5 août 1774.

DAULLÉ, d'après L. TOCQUÉ.

Grand in-folio.

La Reine est en pied, dans une salle du palais, en grand costume de cour, robe de brocard ; à droite, un fauteuil à dossier semé de fleurs de lis ; à gauche, une console sur laquelle repose la couronne de France, placée sur un coussin fleurdelysé vers lequel elle étend la main.

Sous le portrait : *Marie Princesse de Pologne ∥ Reine de France et de Navarre.*

Pièce d'un bel effet décoratif.

1861	LAVALETTE.	Sans désignation d'état.	20 f.	»
1877	BEHAGUE.	Avant la lettre.	80	»

J.-N. TARDIEU, d'après NATTIER.

In-folio.

Assise, de 3/4 tournée vers la gauche, dans un cadre rectangulaire ; pendants d'oreilles et sa coiffure habituelle au *Papillon noir* ; robe garnie de fourrures. Le bras gauche repose sur un livre ouvert placé sur une console ; on lit au premier feuillet de ce livre : *Chap. IX*[233] || *Cette Reine adorée* || *de la France*. Au-dessous du portrait les armes accolées de France et de Pologne.

1856	HIS DE LA SALLE.	Avec l'adresse du graveur.	39	»
1859	DAVID.	Sans désignation d'état.	13	»
1861	LAVALETTE.	Sans désignation d'état.	23	»
1869	LEBLOND.	Avec un autre portrait d'après Vanloo, par Chereau.	38	»
1876	COMBES.	Petite marge.	5	50
1877	DIDOT.	Sans désignation d'état.	14	»
1877	BEHAGUE.	Belle épreuve.	36	»
1879	MICHEL.	Sans désignation d'état.	23	»
1880	MICHELOT.	Sans désignation d'état.	33	»

Il existe de cette pièce une très jolie réduction en contre-partie par Le Beau et une autre par Duponchelle, de format in-8° l'une et l'autre ; la première vaut environ 20 francs et une épreuve de la seconde, état *avant le numéro*, a atteint le prix de 16 francs à la vente Vignères en 1886.

Ch.-E. GAUCHER, d'après J.-M. NATTIER.

In-12 en travers.

A mi-corps, dans un médaillon formé de guirlandes de fleurs, posé sur un treillage dont chaque losange renferme une fleur de lys ; elle est vue de 3/4 dirigée vers la droite, la tête couverte d'une frileuse.

Ce portrait-vignette se trouve en tête de la dédicace du *Nouvel abrégé chronologique de l'Histoire de France* du Président Hénault, édition de 1768.

Dans l'intéressant volume qu'ils ont publié sur Gaucher, MM. le baron Roger Portalis et Henri Béraldi ont apprécié en ces termes ce portrait : « Cette gracieuse image de la Reine a été gravée par Gaucher
« avec la plus précieuse délicatesse ; aussi est-elle considérée à juste titre
« comme l'un des chefs-d'œuvre de notre artiste. Elle est entourée d'un
« encadrement de lys et de roses d'une rare élégance, mais dont la gra-
« vure, selon nous, ne saurait être attribuée à Gaucher ; l'exécution
« ferme et serrée de ce cadre fait penser à l'artiste auquel sont incon-
« testablement dus les ornements de plusieurs des portraits de Gaucher,
« nous voulons parler de Choffard.

« Une épreuve de l'encadrement seul, à l'eau-forte pure, existe dans
« la collection de M. L. Béraldi. Dans l'œuvre de Gaucher, au Cabinet
« des Estampes, figure une curieuse épreuve sur laquelle le portrait est
« à l'état d'eau-forte avancée dans l'encadrement achevé.

« Terminé, le portrait de Marie-Leczinska se rencontre en deux états :
« 1º Epreuves d'artiste, tirées hors texte.
« 2º Epreuves avec texte, provenant du livre. »

1869	Leblond.	Avec le texte au verso.	11 f. »
1872	Soleil.	Sans désignation d'état.	30 »
1877	Behague.	Avant le texte au verso.	40 »
1877	Martin.	Avant le texte.	39 »
»	—	La même épreuve doublée.	24 »

1880	Michelot.	Sans désignation d'état.	12 f. »
1886	Vignères.	*Eau-forte pure, avant l'encadrement terminé.* Pièce *rarissime*, peut-être *unique*.	530 »
»	—	La même épreuve d'essai presque terminée, *la figure* est encore à *l'eau-forte*, sans marge.	50 »
»	—	La même, tirage hors texte, grande marge.	171 »
»	—	La même, moins belle et moins de marge.	42 »

N. DE LARMESSIN, d'après VANLOO.

Grand in-folio.

En pied, dans un cadre rectangulaire, grand costume de cour, diadème, cheveux relevés et frisés en boucles retombant sur l'épaule gauche. Sur la table, près de laquelle elle se trouve, un coussin fleurdelysé sur lequel repose une couronne royale qu'elle prend de la main gauche. Décolletée, avec un corsage en pointe. De la main droite, elle relève le pan de sa robe. A droite, deux colonnes avec piédestal ; à gauche, une draperie soulevée par des cordons à glands.

Sous le trait carré, les noms des artistes, ainsi que ceux du personnage, et les armes accolées de France et de Pologne timbrées d'une couronne.

Cette planche a servi ensuite pour le portrait de Marie-Antoinette : on s'est borné à changer la tête. Nous avons vu que Larmessin s'était déjà livré à un *tripotage* du même genre au sujet des deux femmes du dauphin, faisant, comme par enchantement, une Marie-Josèphe de Saxe d'une Marie-Thérèse d'Espagne. Il y a certainement là un commencement de *spécialité !*

1876	Combes.	Avec le portrait de Louis XV ; 2 pièces.	4f.	»
1876	Herzog.	Avant la retouche.	31	»
1877	Behague.	Sans désignation d'état.	25	»
1880	Michelot.	Sans désignation d'état.	20	»
1881	Berthier.	Sans désignation d'état.	27	»

N. DE LARMESSIN, d'après VANLOO.

In-folio.

En buste, de 3/4 dirigée vers la gauche, dans un médaillon ovale sur fond rectangulaire ; riche costume, corsage de brocart, manteau fleurdelysé doublé d'hermine, chevelure retombant en longues boucles sur les épaules.

Très belle pièce signée : *Peint par Venloo* (sic) *et gravé par N. de l'Armessin graveur du Roy, rue des Noyers à Paris.*

PETIT, d'après J.-B. VANLOO.

In-folio.

A mi-corps, dans un médaillon ovale équarri reposant sur un socle. De 3/4 à gauche, regardant de face. Cheveux bouclés et retombant en frisures sur les épaules, un diadème sur la tête, corsage décolleté avec manteau royal sur les épaules. Sur le socle, une légende, donnant les noms et qualités du personnage, est coupée par les écus accolés de France et de Pologne, avec les écussons des Leczinski, en abîme, timbrés de la couronne royale.

1877	Didot.	Avec sa marge.	19 f. »

Par et d'après J.-J. PASQUIER.
In-8º.

Sous la rubrique : *Pensée à la Reine*, qui se lit sur un ruban au-dessus d'une branche de pensée, au centre de laquelle un petit médaillon renferme le profil à droite du personnage, en exergue : *Maria Leckzinski Franc. Regin.*, et au bas : *Présentée en avril 1768 par l'auteur, rue S.-Jacques vis-à-vis le collège de Louis-le-Grand.*

Cette pièce est *très recherchée ;* nous en avons vu une belle épreuve *avant toute lettre* dans la collection Béraldi.

1880	Mahérault.	Avant la lettre.	40	»
1886	Vignères.	Sans désignation d'état.	60	»

CARS (1728), d'après VANLOO.
Grand in-folio.

Debout, à mi-corps, dirigée à gauche, dans un ovale

équarri. En grand costume, robe fleurdelysée, garnie de fourrure et recouverte d'une ample pelisse.

Pièce d'apparat, au demeurant assez froide.

1865 CORNEILLAN.   Sans désignation d'état.   23 f. »
1876 HERZOG.   Sans désignation d'état.   59 »

Un autre portrait du personnage a été gravé par J. Moyreau, également d'après Vanloo ; il vaut de 4 à 6 francs.

Nous mentionnerons encore les portraits suivants, peu importants du reste : chez Desrochers*, chez Crespy, chez François, en noir et en bistre, chez Chiquet, rue Saint-Jacques au grand Saint Henry ; et enfin, chez G. Landry le petit in-folio intitulé : *La Fécondité roiale* ; la Reine est assise et entourée de ses quatre enfants ; on lit au bas de l'estampe :

A nouri notre espérance par la naissance des deux Princesses le 14 aoust 1727.
A continué notre espérance par la naissance d'une Princesse le 28 juillet 1728.
A comblé nos vœux par la naissance du Dauphin le 4 septembre 1729 à
[*3 heures 40 minutes du matin.*

A la vente Labéraudière (20 mai 1885), un ravissant pastel de Jean-Baptiste Perroneau, représentant la reine en buste, de face, robe de soie blanche agrémentée de ruche et de rubans bleus, avec tour de cou et bonnet de dentelle, cheveux frisés et poudrés, a trouvé acquéreur à 5,500 francs ; il était dans un cadre XVIIIe siècle sculpté et doré (H. 0m55 L. 0m45).

---

* La collection ou suite Desrochers se compose d'environ 7 à 800 portraits de personnages, la plupart antérieurs au règne de Louis XV ; ils sont généralement assez médiocres.

MARIE-LOUISE-THÉRÈSE-VICTOIRE DE FRANCE

Voyez « VICTOIRE DE FRANCE. »

MARIE-THÉRÈSE-CHARLOTTE

1778-1851

Fille aînée de Louis XVI, dite « Madame Royale », épousa, le 19 juin 1799, son cousin Louis-Antoine de Bourbon, fils de Charles X et de Marie-Thérèse de Savoie, duc d'Angoulême, et mourut à Goritz. On a dit d'elle qu'elle était *le seul homme* de sa famille.

Par et d'après SERGENT.
Petit in-folio.

Nous n'avons point à décrire ici cette délicieuse pièce, dont une très fidèle reproduction forme le frontispice de ce livre. Bornons-nous à observer qu'elle n'est pas moins séduisante par le fini de son exécution que par le charme de la physionomie de l'intéressante princesse qu'elle représente.

1877 BEHAGUE.	Avant toutes lettres, marges.	200 f. »
1881 MULBACHER.	Sans désignation d'état.	50 »

A. DE SAINT-AUBIN, d'après SAUVAGE.

In-folio.

En buste, vue de profil à droite, dans un médaillon rond surmonté d'une couronne de roses et d'un nœud de rubans et encastré dans un encadrement rectangulaire avec tablette inférieure, enguirlandée de fleurs. Corsage recouvert d'un léger fichu, la tête ceinte d'un ruban garni de perles formant un nœud par derrière.

Cette gravure, en imitation de pierre antique, porte en haut sur la bordure du médaillon ces mots : MADAME *fille du Roi.* Sur la tablette on lit : *Dédié au Prince Royal ;* et sous le trait carré : *Peint par P. Sauvage peintre du Roi et gravé par Aug. de Saint-Aubin graveur du Roi et de sa Bibliothèque ;* enfin, plus bas, à gauche : *Se vend à Paris chez M. Desmarets.* | *Hôtel de Bullion rue de J.-J. Rousseau,* et puis à droite : *Présenté au prince Royal.* | *Par son très humble et très obéissant serviteur Desmarets.*

Nous empruntons à M. Emmanuel Bocher (*Catalogue de l'œuvre de Saint-Aubin,* n° 157) le détail des états connus de cette pièce gravée en 1791.

1er état. — Rien sur la bordure du médaillon. Tablette blanche. En bas au-dessous de l'encadrement, à la pointe, à gauche : *P. Sauvage Pinx. ;* à droite : *Aug. de Saint-Aubin sculp.* Sans autres lettres.

2ᵉ état. — En haut, sur la bordure du médaillon : MADAME, *fille du Roi*. Tablette blanche. En bas, au-dessous de l'encadrement : *Peint par P. Sauvage, peintre du Roi et gravé par Aug. de Saint-Aubin, graveur du Roi et de sa Bibliothèque.* Sans autres lettres.

3ᵉ état. — Celui qui est décrit.

4ᵉ état. — *Rue Montmartre, n° 137*, au lieu de *Hôtel de Bullion, rue J.-J. Rousseau.* Le reste comme à l'état décrit.

5ᵉ état. — On lit sur la bordure du médaillon, en haut : *Madame, fille du Roi.* En bas : *Née à Versailles, le 19 décembre 1778.* Sur la tablette : S. A. R. MADAME | DUCHESSE D'ANGOULÊME, au lieu de : *Dédié au Prince Royal.* En bas, au-dessous de l'encadrement : *Peint par P. Sauvage, peintre du Roi, et gravé par Aug. de Saint-Aubin, graveur du Roi et de sa Bibliothèque.* | *A Paris, chez Jean, rue Saint-Jean de Beauvais, n° 10.* Sans autres lettres.

LIGNON, d'après AUGUSTIN.

In-folio.

A mi-jambes, dans un médaillon ovale équarri, de 3/4 à gauche, regardant de face. Sur la tête une couronne de diamants ornée de plumes, un long voile retombant par derrière ; pendants d'oreilles et rivière de diamants ; corsage décolleté, manches courtes et la main gauche dans une mitaine. Sur la gauche de la gravure, deux colonnes sur piédestal recouvertes d'une draperie formant le fond. Sous le médaillon, les armes accolées de France et d'Artois timbrées d'une couronne.

Pièce sans grande valeur.

Le personnage a encore été portraituré par Audinet, d'après Danloux; par Valentine Green, à l'aqua-tinte; par Gabrielli, d'après Miery; chez Klauber; par Dupuis, d'après Desrais; par J.-J. Mansfeld, dans la collection Artaria, petite pièce au pointillé d'une exécution assez douce, mais cependant sans grande valeur, etc., etc.

MARIE-THÉRÈSE D'ESPAGNE

?—1746

Épouse de Louis, Dauphin, fils de Louis XV, elle mourut sans postérité. Après sa mort, le dauphin se remaria avec Marie-Josèphe de Saxe.

LARMESSIN, d'après VANLOO.
In-folio.

Debout, vue de face, près d'un fauteuil dont les bras figurent des dauphins; devant elle une table sur laquelle est une couronne reposant sur un coussin ; cheveux relevés et ornés de perles, une boucle retombant sur l'épaule droite. Collier en brillants et pendants d'oreilles, corsage décolleté garni sur le devant d'hermine et de pierres précieuses, avec un manteau d'hermine sur l'épaule. Les bras, demi-nus, sont chargés de bracelets ; la main gauche est appuyée sur le dossier du fauteuil, tandis que la droite tient les plis du manteau. A droite, une colonne cannelée avec son piédestal ; à gauche, dans le fond, un bâtiment relié par une galerie à la pièce où est la Dauphine. Au milieu, sous le trait carré, un cartouche, supporté par un dauphin, contient les écus accolés du Dauphin et de la Dauphine, timbrés de leur couronne.

La dauphine étant morte après un an de mariage et le dauphin s'étant remarié l'année suivante avec Marie-Josèphe de Saxe (voyez ci-dessus), la même planche servit à donner le portrait de la nouvelle dauphine, de celle qui devait être la mère de trois rois de France. Pour ce faire, on se borna à retoucher la tête et à changer le nom, et Marie-Thérèse d'Espagne devint Marie-Josèphe de Saxe.

Le personnage a été aussi gravé par Wille, d'après Klein.

1877 Behague.   Sans désignation d'état.   18 f. »

MONNIER (Sophie, marquise de)

1754-1789

Marie-Thérèse Rochard de Ruffey, plus connue sous

le nom de « Sophie », célèbre par sa liaison avec Mirabeau ; née à Pontarlier, se donna la mort à Gien.

DELIGNON, d'après BOREL.
In-8º.

A mi-corps, dans un médaillon ovale surmonté d'une draperie soulevée par un Amour. Regardant de face, le sein gauche complètement nu, tandis qu'une bandelette agrafée sur l'épaule droite retient un vêtement flottant. Maintenus à l'aide d'un ruban noué sur le côté, les cheveux sont frisés et une longue boucle retombe sur la poitrine. Sur la tablette drapée, où repose le médaillon, une torche d'amour, un carquois, un arc et une lyre sur les cordes de laquelle se becquettent deux colombes ; à gauche de cette lyre, une guirlande de roses et une feuille de papier déroulée pendant le long de la tablette.

1ᵉʳ état. — Avant la lettre ; sous le trait carré, le nom des artistes à la pointe.
2ᵉ état. — Avec la lettre et : *Sophie | In bel corpo anima bella.*

Pièce très médiocre, le personnage étant d'ailleurs fort peu intéressant lui-même.

1886 VIGNÈRES.　　　Avant et avec la lettre,
　　　　　　　　　　2 épreuves.　　　　　　　4f. »

MONTBAREY (Princesse de)

?

Françoise-Parfaite-Thaïs de Mailly-Nesle, femme du ministre, d'abord comte, puis prince de Montbarey.

Par LAURENT.

In-4°.

De profil à droite, robe au corsage entr'ouvert avec fichu ; elle porte un bonnet sur chevelure relevée et étagée. Au bas, on lit : *Gravé et présenté par Pierre Laurent, graveur de Leurs Majestés,* et au-dessous ce quatrain :

> *Multiplier ces traits chers à l'humanité,*
> *Cet air doux, gracieux, ce noble caractère,*
> *D'une épouse sensible et d'une tendre mère,*
> *C'est offrir un modèle à la postérité.*
>
> (Par M: Vien.)

Pièce de *toute rareté*, à laquelle le portrait du prince de Montbarey fait pendant ; les dessins de ces gravures passent pour être d'Augustin de Saint-Aubin.

MOUCHY (Mme de)

?-1794

Anne-Claude-Laurence d'Arpajon, femme de Philippe, comte de Noailles, puis duc de Mouchy, périt avec son mari sur l'échafaud révolutionnaire.

L. SURUGUE (1746), d'après COYPEL.

In-folio.

A mi-jambes, dans un cadre rectangulaire, dont la tablette porte cette légende : *Mad^e de ** en habit de bal*. Elle est assise de côté, dans un fauteuil et regarde de face, les bras croisés, un masque dans la main gauche. Les cheveux courts et bouclés retombent en deux nattes dans lesquelles brillent de nombreuses perles. Corsage décolleté, avec écharpe en sautoir, nœud de velours au cou et gros pendants d'oreilles.

Cette pièce fut gravée d'après un pastel.

1861	LAVALETTE.	Avec la lettre.	11 f.	»
1870	HOURLIER.	Avec la lettre.	14	»
1873	GIGOUX.	Épreuve sans marge.	10	»
1876	COMBES.	Grande marge.	37	»

1876	HERZOG.	Avec la lettre.	48 f.	»
1877	DIDOT.	Avec la lettre.	27	»
1877	BEHAGUE.	*Avant toutes lettres.*	125	»
1880	MICHELOT.	Avec la lettre.	56	»
»	—	*Avant toutes lettres.*	206	»

NARBONNE-PELET (Vicomtesse de)

1721-1754

Marie-Antoinette-Diane de Rosset de Fleury, fille d'André-Hercule 1er de Rosset, premier duc de Fleury, petite-nièce du cardinal de Fleury et la première femme de François Raymond, général et vicomte de Narbonne-Pelet, morte au château des Fontanès en Languedoc.

DAULLÉ, d'après LATINVILLE.
Grand in-folio.

Debout, dans un temple, souriante et regardant de face, corsage décolleté. Elle se dirige vers la gauche tenant dans ses deux mains un vase thuriféraire, qu'elle va déposer sur un autel antique. Sous les noms et qualités du personnage une légende de six lignes et deux colonnes d'inscriptions latines.

Cette pièce se trouve au Département des Estampes, inachevée : le large espace blanc qui existe entre les deux colonnes d'inscriptions latines devait très probablement être destiné à recevoir des armoiries.

877 BEHAGUE.   Sans désignation d'état.   31 f. »

Ce même portrait a été gravé aussi par Bazan sous la rubrique : *la 'udeur :* elle est inférieure à l'original.

NOYELLES (Baronne de)

1716—1778

Marie-Augustine Bernard de Rasoir, dame et vicomtesse héréditaire du pays de Langle, dame de Chérens, Briâtre, Le Hove, Rasoir, etc., morte à Cambrai le 13 décembre 1778.

GAUCHER, d'après DE PASCHE.
In-8º.

Le fac-similé ci-contre nous dispense de donner une description détaillée de cette jolie pièce. Voici l'indication des états qui en existent :

1er état. — Eau-forte pure.
2º état. — Eau-forte plus avancée, mais les médaillons destinés à contenir les armoiries restant encore blancs.
3º état. — Terminée au burin, avant les filets autour de la planche.

4ᵉ état. — Avec les filets, mais avant la légende en haut et le vers de Virgile.

5ᵉ état. — Avec toute la lettre.

Cette fine gravure est à coup sûr le plus *beau fleuron* de la couronne de Gaucher : justesse des valeurs, harmonie des tons, finesse exquise des modelés, rien ne lui fait défaut. Comment se fait-il donc qu'elle soit relativement si peu recherchée ?... Sans doute, le peu de notoriété du personnage est pour beaucoup dans cette inattention du public; cependant nous ne croyons pas cette raison suffisante et nous estimons qu'une pièce possédant à ce point la grâce et le charme délicat, qui ont fait la gloire des *petits maîtres* du XVIIIᵉ siècle, a droit aux suffrages des collectionneurs les plus difficiles et à une *place d'honneur* dans leurs portefeuilles.

1886	Vignères.	Eau-forte avancée, les médaillons sont en blanc.	73 f. »
»	—	Avant les filets.	22 »
»	—	Avec les filets, mais avant la légende.	12 »
»	—	Épreuve terminée.	11 »

OLIGNY (Mlle d')

Actrice de la Comédie-Française, florissait vers 1780.

J.-J. HUBERT D'AUGSBOURG, d'après **MICHEL VANLOO**.
In-folio.

Dans un ovale équarri, à mi-corps, regardant de face ; cheveux légèrement relevés et ornés sur le côté droit d'une feuille de chêne, avec une frisure retombant sur l'épaule droite. Au corsage décolleté, ainsi qu'aux manches, encore des feuilles de chêne. Au-dessus du médaillon, accessoires de théâtre : masque, musette, couronne de roses, branche de laurier et, au-dessous, en exergue, dans le double trait de l'ovale : *La pudeur fut toujours la première des grâces. Ecole des mères, acte II, scène IX*, et dans la tablette :

> *Pour rendre plus touchants l'Amour et la Nature*
> *D'Oligny leur préta ses accens séducteurs.*
> *Elle fut toujours vraie, intéressante et pure*
> *Et mérita l'estime en gagnant tous les cœurs.*

Cette pièce est jolie ; les prix qu'elle atteint dans les ventes sont mérités.

1856	S.	Avant toutes lettres; les noms des artistes à la pointe.	40 f.	»
1876	Herzog.	Même état que la vente précédente.	85	»
1877	Didot.	Sans désignation d'état.	11	»
1877	Behague.	Même état qu'à la vente S.	50	»
1880	Mahérault.	Même état qu'à la vente S.	56	»

OLIVIER (Mlle)

?

De la Comédie Française, fut dans tout son éclat en 1785.

Par et d'après COUTELLIER.

In-4°.

A mi-corps et de profil, la tête coiffée d'un chapeau orné de plumes avec collerette à double rang et justaucorps bleu. *Rôle de Chérubin* dans le *Mariage de Figaro*.

Les premières épreuves portent *l'adresse de Coutellier* et les suivantes, celles de Mondhare.

1877   Behague.   Sans désignation d'état.   35 f. »

Gazette de France du 11 mars 1785. — Portrait de Mlle Olivier, dans le rôle de Chérubin (*Mariage de Figaro*), en couleur, 3 liv.; chez M. Coustelier, rue de la Juiverie, à côté de la Magdeleine. » (Voyez Contat.)

Lebeau a également gravé le personnage d'après Desrais, de profil à gauche, coiffé d'un chapeau à larges bords légèrement relevés et orné de plumes, d'aigrettes et de rubans, dans un ovale équarri reposant sur une tablette.

Janinet l'a aussi gravée en pied et en couleur dans le rôle d'Alcmène d'*Amphytrion* ; elle est de profil à droite.

PARABÈRE (Comtesse de)
1693-?

Née Marie-Madeleine de la Vieuville, épousa en 1711 César de Beaulieu comte de Parabère. Dame d'atour de la duchesse de Berri, elle fut la maîtresse du Régent qui l'appelait « son petit corbeau noir. »

Chez CRESPY le fils.
In-8°.

De profil, le corps incliné vers la gauche, cheveux relevés formant une coiffure basse, corsage décolleté, bras gauche nu, elle tient une colombe dans ses deux mains posées sur un coussin recouvert d'une draperie et placé sur une balustrade. Dans le bas, ce quatrain :

L'hiver cède la place au jeune et doux printemps
Qui s'empare déjà et des prez et des champs.
Les oiseaux réveillez à son heureux retour
Renoncent pour longtemps à se parler d'amour.

Une épreuve de cette pièce, qui ne manque point de charme, existe au Cabinet des Estampes (série alphabétique); elle porte cette annotation manuscrite : « *Cette estampe se vendait à Paris en 1719 et en 1720 et on la regarde comme le portrait de Madame de Parabère, qui était la maîtresse du Régent.*

Louis Crespy, éditeur d'estampes, a gravé un grand nombre de pièces, surtout de portraits, d'après ses propres dessins ou d'après des peintres connus, entre lesquels Heinecken cite: N. Albane, C. Lebrun, N. Lancret, H. Rigaud, A. Watteau, C.-G. Hallé, C. Van Loo, etc.

Son père, Jean Crespy, également marchand d'estampes, mania lui aussi la pointe et le burin et s'attacha préférablement à copier les meilleures pièces des bons graveurs. Il a, en outre, exécuté, non sans quelque succès, toute une série de très petits portraits de princes et de princesses de la maison de France, médaillons ovales entourés de fines arabesques, que leur extrême délicatesse fait justement rechercher des amateurs.

Notons parmi les portraits de femmes les pièces suivantes, que l'on nous reprocherait à bon droit d'avoir passées sous silence : *la duchesse de Bourgogne*; — *la duchesse de Chartres*; — *Marie-Anne de Bourbon, princesse douairière de Conty*, particulièrement jolie ; — *la duchesse du Maine*; — *la duchesse de Lorraine*; — *Marie-Thérèse, infante d'Espagne, dauphine de France*; — *Marie-Louise-Élisabeth d'Orléans*, reine d'Espagne.

Citons encore du même artiste un charmant petit portrait de la *Princesse d'Espinoy*, dans un entourage orné d'Amours, pièce fort *rare* et recherchée (10 francs, première vente Michelot).

Les catalogues de vente annoncent quelquefois un portrait de Mme de Parabère gravé d'après Rigaud, par Simon Vallée ; c'est une confusion avec celui de Mme Pecoil qui suit.

PECOIL (Mme)

?

Catherine-Marie Le Gendre, femme de Pecoil.

S. VALLÉE, d'après RIGAUD (1706).
In-folio.

De 3/4, assise sur un tertre au pied d'un arbre, près

duquel est un vase de fleurs. Corsage garni de dentelles et décolleté ; cheveux relevés retombant en boucles sur les épaules. De la main droite, elle s'appuie sur l'épaule d'un négrillon lui présentant une corbeille, tandis que de l'autre, elle cueille des fleurs.

| 1859 | COMBES. | Sans désignation d'état. | 6 f. 50 |
| 1877 | DIDOT. | Avant toutes lettres. | 41 » |

PÉLISSIER (Mlle)

1707-1742

Actrice de l'Opéra.

DAULLÉ, d'après DROUAIS.

In-folio.

Dans la campagne, vue de face, assise sur des rochers ; cheveux légèrement relevés et ornés de fleurs, corsage décolleté avec une frisure retombant sur l'épaule gauche ; elle sourit avec une pointe d'ironie et tient de ses deux mains écartées une guirlande de fleurs. Au bas, ce quatrain :

Par un Art délicat, par un jeu patétique,
Pélissier, vous donnez à la scène lyrique

> *Du Théâtre-Français tous les charmes divers :*
> *Sans vous les Opéra ne sont que des concerts.*
>
> M. Roy.

1er état. — Avant toutes lettres, essais de pointe sur la marge du bas, à droite.

2e état. — Avec l'adresse de Drouais et les vers.

3e état. — Avec les vers sans le titre.

4e état. — Avec l'adresse de Basan.

5e état. — Avec l'adresse : *Chez Jacob, rue Saint-Jacques, chez M. Finard, libraire*, etc.... Etat non décrit.

Fort belle pièce, dans laquelle l'actrice est représentée en *Flore*.

1861	LAVALETTE.	Avec l'adresse de Drouais.	9 f.	»
1861	NAUMANN.	Sans désignation d'état.	5	»
1869	LEBLOND.	Sans désignation d'état.	5	»
1873	GIGOUX.	Avec l'adresse : chez Bazan.	7	»
1876	HERZOG.	Epreuve avec grande marge.	10	»
1877	DIDOT.	Avec l'adresse de *Jacob*, état non décrit.	27	»
1877	BEHAGUE.	Avec l'adresse de Basan, grande marge.	14	»
1880	MICHELOT.	Avec la 1re adresse, celle de Drouais.	42	»
»	—	La même, le titre coupé.	3	»
1881	MAILAND.	Avec l'adresse de *Jacob*, état non décrit.	13	»
1881	MULBACHER.	Avec l'adresse de Drouais.	33	»
1883	SOLIMAN LIEUTAUD.	Avant toutes lettres.	545	»

PERDRIGEON (Marie-Françoise)

1717-1734

Femme d'Etienne-Paul Boucher, secrétaire de Louis XV.

DUPUIS, d'après RAOUX.
In-folio.

En vestale, debout et de face sur les marches d'un autel où brûle le feu sacré, elle est vêtue de la stole blanche, modestement décolletée, soutenant de la main gauche le long voile qui recouvre sa tête, tandis que de la main droite, elle alimente le feu sacré à l'aide d'un sarment de bois sec. Dans les airs un Amour et à la muraille un tableau représentant la déesse Vesta une baguette à la main; une draperie relevée par des cordons à glands masque l'entrée du temple. Dans le bas, au-dessous du trait carré, à gauche : *Raoux pinx. 1733,* et à droite : *C. Dupuis sculp. 1736.*

Il existe de cette pièce une contre-partie avec huit vers latins sur deux colonnes et les armoiries accolées des Boucher et des Perdrigeon.

1877	Didot.	Avant toutes lettres et avec la pièce en contre-partie	11f. »
1877	Behague.	Avant toutes lettres.	30 »
»	—	En contre-partie.	10 »

POLIGNAC (Duchesse de)

1749-1793

Née Yolande-Martine-Gabrielle de Polastron, épousa le duc Jules de Polignac, devint dame du palais de la Reine et gouvernante des Enfants de France. Ses armes étaient : *Fascé d'argent et de gueules de six pièces* ; et sa devise : *Sacer custos pacis*.

FISCHER (1794), d'après Mme LEBRUN.
In-4º.

Dans un médaillon ovale, le corps de face, la tête insensiblement tournée à droite et le regard dirigé du même côté ; fichu menteur, cheveux noués à la petite fille. Au bas, le nom du personnage et, entre deux quatrains, ses armoiries au centre d'un rayonnement.

Ce portrait fut peint de mémoire par madame Lebrun. Il en existe un autre du même artiste reproduit en héliogravure dans l'ouvrage de M. Reiset, qui nous apprend que « ce portrait peint par Mme Lebrun, disparu pendant la Révolution, fut sauvé et donné par testament à M. le duc de Polignac actuel, dans la galerie duquel il est maintenant. » Nous ne croyons pas que ce dernier tableau ait été gravé ; dans tous les cas, en voici la description : A mi-corps, regardant de face, fichu de linon légèrement décolleté, chapeau de paille orné d'une grande plume et de fleurs des champs, manteau tombant en arrière et retenu sur les avant-bras ; une ceinture autour de la taille et les mains jointes.

Cette pièce vaut une soixantaine de francs.

PAROY, d'après Mme LEBRUN.

In-12.

Dans un petit médaillon, vue jusqu'aux genoux.

Ce portrait à l'aqua-tinte fait pendant à celui de Mme Vigée-Lebrun (voyez ce nom), gravé d'après elle-même par le comte de Paroy : deux petites pièces, *fort rares* d'ailleurs.

1859	David.	Sans désignation d'état.	26 f.	»
1879	Sieurin.	Pièce coupée à l'ovale et montée en dessin.	58	»
»	—	Même composition, format in-4°, épreuve d'eau-forte pure, avant toutes lettres.	205	»

A la vente Maze-Sencier (mars 1886), une tabatière en écaille jaspée, cercle orné de torsade en or vert ayant sur son couvercle le portrait de Mme de Polignac par Drumont, fut vendue 4,220 francs.

POMPADOUR (Jeanne-Antoinette Poisson, Marquise de)

1721-1764

Epousa en 1741 Le Normant, seigneur d'Etioles et devint la maîtresse de Louis XV en 1745. Amie des lettres et des arts, elle publia une *Suite de soixante-trois* estampes, plus un frontispice, d'après les pierres gravées de Guay. — Les livres provenant de sa riche bibliothèque et portant ses armoiries : *d'azur aux trois tours d'argent maçonnées de sable,* sont très recherchées des bibliophiles.

BONNET (1767), d'après BOUCHER (1757).
In-4°.

En buste, la tête penchée à droite, le corps tourné de 3/4 à droite et regardant dans cette direction, décolletée, cheveux légèrement relevés et ornés.

Cette pièce, en la manière du crayon, dans laquelle on croit reconnaître le personnage, est vraiment délicieuse : impossible de donner plus complètement à l'œil *l'illusion du dessin original* avec le fondu et le velouté de ses tons.

Elle porte au bas cette mention : *Tiré du cabinet de Monsieur Baudouin, peintre du Roy, se vendait chez Bonnet et aussi chez la veuve Chéreau.*

On peut la voir au Département des Estampes, à l'œuvre de Bonnet ; c'est un morceau *très rare.*

1877	BEHAGUE.	Sans désignation d'état.	285 f. »
1879	B. DE VEDREUIL.	Sans désignation d'état.	193 »
1881	MULBACHER.	Sans désignation d'état.	195 »
1882	DE LAUNAY.	Epreuve de 1er état, avant toutes lettres, à laquelle est jointe une autre de 2e état, avec les noms des artistes ; 2 pièces.	320 »

J.-L. ANSELIN, d'après C. VANLOO.

Grand in-4°.

Cette pièce fort remarquable et *la meilleure* du personnage porte la rubrique *La belle Jardinière*. Nous l'avons fait reproduire ici ; c'est pourquoi nous nous bornons à en décrire les états.

1ᵉʳ état. — Eau-forte.

2ᵉ état. — Avant toutes lettres, avec le cadre.

3ᵉ état. — Avant la lettre et le nom des artistes au burin.

4ᵉ état. — Avec le titre : *La Belle Jardinière* ‖ *Mᵉ de Pompadour* et au-dessous : *gravé d'après le tableau original qui était au château de Bellevue et se trouve aujourd'hui en la possession de M. Fontanel,* associé honoraire et garde des dessins de l'Académie de Montpellier.

Didot ne mentionne que *trois états*; le *premier* est de *toute rareté*.

1856	His de la Salle.	Avant la lettre.	47 f.	»
1856	S.	Sans désignation d'état.	25	»
1859	David.	Etat *d'eau-forte pure.*	16	»
»	—	Avant la lettre.	60	»
»	—	Avec la lettre, toute marge.	16	»
1859	Téaldo.	Avant la lettre.	48	»
1861	Lavalette.	Avant la lettre.	54	»
»	—	Avec la lettre.	9	»
1873	Gigoux.	Avec la lettre, toute marge.	47	»
1876	Herzog.	*Avant toutes lettres,* et avec les noms des artistes *à la pointe.*	1120	»

1877	Behague.	Avant la lettre, toute marge.	500 f.	»
1880	Michelot.	Avec la lettre.	38	»
1881	Berthier.	Avec la lettre, petite marge.	16	»
1881	Mailand.	Avant la lettre.	201	»
1881	Mulbacher.	Avant la lettre, toute marge.	490	»
1886	Docteur Cuzko.	Sans désignation d'état, marge.	101	»

LE BEAU, d'après QUEVERDO.
In-8°.

En buste, dans un ovale équarri et ornementé reposant sur une tablette. De face, les cheveux légèrement relevés et les épaules découvertes, une agrafe au corsage, maintenant, à l'aide d'une bandelette en sautoir, la draperie sur l'épaule. — C'est la Pompadour en nymphe.

Cette pièce est assez jolie ; cependant, une *incorrection* de dessin à l'épaule droite nuit à la pureté de la ligne, et le cou est trop long et trop grêle. On sait d'ailleurs que Le Beau a reproduit là un tableau de Nattier et que Quéverdo n'a dessiné que le cadre.

1859	David.	Sans désignation d'état.	10	50
1864	Villestreux.	Avec toute sa marge.	7	»
1877	Sieurin.	Épreuve remargée.	5	»
1880	Michelot.	Avec sa marge.	17	»
1881	Berthier.	Toute sa marge.	25	»
1886	Vignères.	Sans désignation d'état.	7	50

Duhamel a également gravé le personnage d'après le même modèle.

BEAUVARLET, d'après CARLE VANLOO.

In-folio.

Sous les rubriques : *La Sultane — La Confidence,* il a paru deux pièces représentant le personnage. Dans la première, elle est habillée en sultane, un nègre lui présentant une tasse de thé; dans la seconde, également en sultane, elle a près d'elle une autre femme et travaille à la tapisserie.

Le catalogue des objets d'art du marquis de Marigny, frère de la célèbre courtisane, signale ces portraits comme *très ressemblants.*

1855	Van den Zande.	1er état avant toutes lettres, épreuve signée du graveur; « la Sultane » manque.	35 f.	»
1856	S.	La « Confidence » seule.	10	»
1861	Naumann.	Les deux pièces.	5	50
1867	Davalet.	Les deux pièces.	?	
1876	Herzog.	Les deux pièces *avant toutes lettres,* marge.	265	»
»	—	Les deux pièces, avec la lettre.	26	»
1877	Béhague.	Les deux pièces, *avant toutes lettres,* marge.	155	»
»	—	Les deux pièces avec la lettre.	37	»
1877	Didot.	Les deux pièces, *avant toutes lettres.*	76	»

VOYEZ JUNIOR, d'après NATTIER.

In-folio.

Vue de face, assise sur un tertre, près d'un tronc d'arbre, la tête inclinée sur l'épaule droite, une guirlande de fleurs dans les mains. Cheveux relevés et bouclés, corsage décolleté à l'antique.

Cette pièce porte la rubrique : *M*^{me} *de ..... en Flore.*

1866	LEBLANC.	Avant toutes lettres.	33 f.	»
1877	DIDOT.	Epreuve avec sa marge.	21	»
»	—	La même, sans marge.	20	»
1877	BEHAGUE.	Toute sa marge.	105	»
1880	MICHELOT.	Sans désignation d'état.	23	»
1881	MAILAND.	Sans désignation d'état.	26	»

JAMES WATSON, d'après BOUCHER.

In-4º.

Cette pièce, en manière noire, se trouve généralement en tête de la suite d'estampes gravées par Mme de Pompadour : médaillon rond, de 3/4 à droite. Corsage décolleté.

1861	LAVALETTE.	Sans désignation d'état.	4	»
1861	NAUMANN.	Sans désignation d'état.	19	»
1873	GIGOUX.	Au bas, deux lignes de texte.	5	»
1879	SIEURIN..	Avec sa marge.	52	»
1880	MICHELOT.	Sans désignation d'état.	3	»
1886	DOCTEUR CUZKO.	Deux pièces, dont l'une d'un plus petit format.	24	»

En avril 1886, à la vente de M. Richard Lion, un portrait aux trois crayons, par François Boucher, représentant le personnage en buste, de face, avec quelques fleurs dans les cheveux, a été adjugé 3,050 francs. C'était, croyons-nous, une étude pour le tableau : *La Toilette de Vénus*.

CATHELIN, d'après NATTIER.
In-4°.

C'est la *même tête* avec la même *incorrection de ligne d'épaule* que dans la gravure de Le Beau, d'après Quéverdo (voyez ci-dessus), seulement les détails d'ornementation sont différents. Sous le portrait, ce quatrain :

Une Beauté ! non loin du noir cyprès,
Et ce flambeau qu'hélas on voit s'éteindre,
D'aimables fleurs se flétrissant auprès
Diroient assez qui l'on a voulu peindre.

J. D. S.

1861	Naumann.	Sans désignation d'état.	21 f. »
1879	Sieurin.	Avec un autre personnage ; 2 pièces.	8 »

Gravure froide ; les dernières épreuves portent l'adresse de Bligny.

LITTRET (1764), d'après SCHENAU.
In-8°.

En buste, dans un médaillon richement orné de fleurs et fixé par un ruban ; au bas, une torche enflammée sur un socle. De profil à gauche, les cheveux relevés à plat et frisés sans prétention au-dessus de l'oreille et des tempes, une natte prise derrière la tête, ramenée et fixée sur le sommet de la tête. Pendants d'oreilles et collier de perles attaché par un ruban. Sous le médaillon, une tablette sur laquelle retombe une guirlande porte le nom du personnage.

Assez jolie petite pièce.

1872	Soleil.	Sans désignation d'état.	5 f.	»
1877	Didot.	Sans désignation d'état.	14	»
1877	Martin.	Avec toute sa marge.	10	»
1879	Sieurin.	Avec marge.	27	»
1880	Michelot.	Sans désignation d'état.	10	»
1886	Docteur Cuzko.	Avec marge.	15	»

MARIAGE.

In-12.

En buste, dans un ovale équarri, profil à droite. Cheveux relevés et bouclés sur les côtés, une tresse prise derrière la tête, ramenée sur le devant et retenue par un large ruban, entoure la tête. Collier de double rang de perles. Sous le portrait : *M^{de} d'Et. Marq^{se} de Pompadour.*

1877	Didot.	Sans désignation d'état.	7	50

Aug. DE SAINT-AUBIN (1764), d'après COCHIN.

In-8°.

En buste, de profil à droite, dans un médaillon ovale fixé sur une planche rectangulaire par un anneau et un nœud de ruban. Les cheveux relevés par derrière à l'aide d'un peigne, elle n'est que légèrement décolletée. Dans le bas, ce quatrain signé de Marmontel :

Avec des traits si doux l'Amour en la formant,
Lui fit un cœur si vrai, si tendre et si fidèle,
Que l'amitié crut bonnement
Qu'il la faisait exprès pour elle.

1er état. — Eau-forte pure avant toutes lettres.
2e état. — Avant le nom *Marmontel* sur la tablette.
3e état. — Avec ce nom.

Cette pièce est décrite au catalogue de l'œuvre de Saint-Aubin, par M. Em. Bocher, sous le nom de Mme Lenormant d'Etioles (n° 130).

1877	Martin	Épreuve à toute marge.	?
1880	Michelot.	Épreuve remargée à claire-voie.	17 f. »
»	—	La même, sans désignation d'état.	40 »
1885	Vignères.	*Avant* le nom de *Marmontel.*	41 »

Une pièce anonyme *très rare*, médaillon rond à l'eau-forte, représentant le personnage jouant de la harpe, a passé à la vente du docteur Cuzko, en 1886 : elle a été adjugée 9 francs.

A la vente Alexis Febvre, en 1882, une ravissante peinture, signée : *Drouais le fils 1760* (H. 0^m64 — L. 0^m52) fut vendue 7,000 francs ; le personnage était vu à mi-corps, presque de face, les cheveux frisés et poudrés, vêtu d'une robe blanche décolletée avec manches courtes laissant voir les bras nus, avec collier et bracelet de perles, la main droite ramenant sur la poitrine une peau de léopard retenue sur l'épaule par un cordon de soie.

Parmi les effigies non gravées de Mme de Pompadour, il faudrait citer en première ligne le beau pastel que La Tour[*] exposa au salon de 1755[**], qui lui fut payé 24,000 livres et que l'on peut admirer maintenant au Louvre : Assise devant une table chargée de livres, la célèbre favorite tient un cahier de musique dont elle tourne négligemment les feuillets ; le regard dirigé vers la gauche, elle est vêtue d'une grande robe à ramages d'or et de couleur, avec corsage décolleté garni de nœuds de soie rose pâle. Sur la table, on distingue le tome IV de l'*Encyclopédie*, l'*Esprit des Lois*, la *Henriade* et le *Pastor fido*, et l'on voit une mappemonde, un recueil de pierres gravées et une petite estampe portant la signature : *Pompadour sculpsit*. Par terre, est un portefeuille d'estampes, et sur un canapé placé au second plan, une guitare. Dimension : H. 1^m75 ; — L. 1^m28.

A la vente du baron de Beurnonville (juin 1884), un pastel *présumé* de la Tour, représentant notre personnage, a été payé 1200 francs.

Signalons encore une esquisse du même artiste, appartenant à M. Ch. Demazes, qui a figuré à l'Exposition des Pastellites français en avril 1885.

Enfin, pour terminer cet article, signalons une petite erreur du catalogue de la vente Behague, dans lequel on a indiqué un portrait du personnage gravé par Gaucher d'après Mlle Loir, *gravure qui n'a jamais existé* (il s'agissait sans doute d'une épreuve avant la lettre du portrait de Le Beau d'après Quéverdo) ; et notons une confusion faite, à l'occasion d'un portrait gravé par A. de Saint-Aubin, d'après Cochin, dans le catalogue de la vente Martin (1877) entre Mme de Pompadour et Mme Le Normant d'Etioles. (Voyez ce nom.)

---

[*] Ce pastel a été gravé de nos jours par Adrien Nargeot ; il sert de frontispice à l'ouvrage d'Emile Campardon : *Madame de Pompadour et la Cour de Louis XV. Paris, Plon, 1867*. Il est vraiment étrange que ce portrait, à coup sûr *le plus séduisant* du personnage, n'ait pas tenté les maîtres graveurs de l'époque !

[**] Certains disent en 1752, d'autres en 1757.

POUGET (Françoise-Marguerite)

?

Deuxième épouse de Chardin, veuve de Charles Malnoë.

Un portrait de ce personnage à l'état d'eau-forte est passé à la vente S, en 1856, et a été adjugé 7 f. 50. Elle est représentée de profil à droite, jouant du luth et regardant un Amour qui joue de la flûte ; derrière elle, un jeune homme fait un geste d'admiration ; à ses pieds, un violon. Tracée à la pointe au milieu des herbes, cette signature qu'on ne lit qu'avec peine : *Pouget 1770*.

PRIE (Agnès Berthelot de Pléneuf, marquise de)

1698-1727

Maîtresse de Louis-Henri duc de Bourbon, celle que Dargenson appelait « la fleur des pois du siècle. » Son mari était ambassadeur à Turin*. Elle portait : *de gueules,*

---

* Ne pas la confondre avec la gouvernante des Enfants de France, femme de Philippe de la Mothe-Houdancourt, maréchal de France.

à 3 *tiercefeuilles d'or posée 2 et 1 ; au chef d'or chargé d'un aigle à 2 têtes éployé de sable.*

CHEREAU le jeune, d'après VANLOO.

In-folio.

Assise, dans un jardin, la tête inclinée à droite, le coude appuyé sur un coussin, tenant sur sa main droite un oiseau auquel elle semble s'adresser avec un geste de la main gauche ; cheveux relevés et corsage décolleté. Au bras droit, un bracelet de deux rangs de perles. Sous le trait carré, huit vers de J. Verduc commençant par ces mots :

Sur votre belle Main ce captif enchanté.

Cette pièce est charmante ; il en existe une *contre-partie* réduite au format *in-8°* qui se vendait : *chez Crespy* ; elle ne porte que quatre vers seulement.

Le pendant est le portrait de la marquise de Sabran.

1869	LEBLOND.	Sans désignation d'état.	14 f. »
1877	DIDOT.	Avec sa marge.	25 »
1877	BEHAGUE.	Avec sa marge.	60 »
1880	MICHELOT.	Chez Crespy.	6 »
1881	MAILAND.	Sans désignation d état, marge.	36 »

PROVENCE (Comtesse de)

1753-1810

Marie-Joséphine-Louise de Savoie, fille du duc Victor-Amédée III, épousa le 14 mai 1771 Louis-Stanislas-Xavier, comte de Provence, qui fut plus tard Louis XVIII.

Les armes sont de deux sortes. Avant son mariage, *écartelées : au 1ᵉʳ et 4ᵉ de France ; au 2ᵉ et au 3ᵉ d'azur à une fleur de lys d'or surmontée d'un lambel de gueules qui est de* Provence *accolé de* Savoie. Après son mariage, simplement : *de* France *à la bordure dentelée de gueules, accolé de* Sardaigne*.

M.-L. BOIZOT, d'après L.-S. BOIZOT.

In-4º.

En buste, haute chevelure roulée, dans un médaillon rond retenu à une planche rectangulaire par trois nœuds de rubans reliés entre eux par des guirlandes de fleurs. Décolletée, de profil à droite.

1877 Behague.   Avec le portrait du comte, 2 pièces gravées en 1676-78, marge.   175 f. »

* Voir à *Comtesse d'Artois* la notice relative à ces armoiries.

1880	Michelot.	Avec son pendant, deux pièces, toute marge.	41 f. »
1881	Mulbacher.	Avec son pendant.	40 »
1885	Vignères.	Sans pendant.	8 50

HUBERT, d'après DROUAIS.

In-8º.

En buste, dans un médaillon ovale avec quelques ornements, reposant sur un socle portant des écus accolés et timbrés d'une couronne. De 3/4 à gauche, regardant de face, les cheveux relevés ; corsage décolleté ; au cou, un ruban noué par derrière.

L'épreuve que nous en avons vu était assez molle de burin.

1885	Vignères.	Épreuve avec toute marge.	5 50

Par et d'après LE BEAU.

In-8º.

A mi-corps, dans un médaillon ovale équarri. De profil à gauche, haute coiffure agrémentée de nœuds roses et de perles, cheveux en grosses boucles roulées. Corsage décolleté garni de bandes de fourrure. Sous le médaillon, une tablette portant les noms du personnage suivis de la date de son mariage, et un cartouche rocaille contenant deux écus accolés et timbrés d'une couronne. Le médaillon est fixé sur la planche rectangulaire par un nœud de ruban.

DUHAMEL, d'après QUÉVERDO.
In-8°.

A mi-corps, dans un médaillon ovale équarri ornementé et fixé par un nœud d'où s'échappent des branches de lauriers, reposant sur une tablette chargée d'un cartouche rocaille portant des armoiries ; à droite et à gauche, la croix de Savoie dans un rayonnement. De face, très décolletée, cheveux relevés et roulés sur les côtés. Dans la tablette : *Future épouse.....*

Il y a des épreuves postérieures, qui n'ont plus la même valeur, sur lesquelles les mots : *Future épouse.....* ont été effacés et remplacés par ceux-ci : *Mariée à Vers^{les} le 14 may 1771 avec.....*

1858	LATERADE.	Deux épreuves d'état différent.	1 f. »
1877	DIDOT.	Sans désignation d'état.	3 »
1886	VIGNÈRES.	Deux pièces, sans désignation d'état.	22 »
»	—	1er état avec *Future épouse de*, etc., toute marge.	12 »

BROOKSHAW (1774), d'après DROUAIS.
Grand in-folio.

Tournée de 3/4 à droite, à mi-corps et regardant de face.

Décolletée, avec manches et corsage garnis d'un bouillonné. Haute coiffure, au cou un nœud de mousseline et une rose à la main ; à droite, une colonne.

Pièce en manière noire, assez recherchée.

1858	LATERADE.	Sans désignation d'état.	12 f.	»
»	—	La même, avant la lettre, format réduit.	12	»
»	—	La même avec la lettre.	1	»
1876	HERZOG.	Avant la lettre.	180	»
1877	BÉHAGUE.	Avant la lettre.	115	»

A la vente Behague, un portrait du personnage dessiné au crayon noir avec cette inscription de l'auteur : *Madame de Provence, 1771, Drouais,* fut adjugé 305 francs.

CATHELIN, d'après DROUAIS.

In-4°.

De 3/4, dirigée vers la gauche, regardant de face, dans un médaillon ovale surmonté d'une guirlande de fleurs et accroché sur une planche rectangulaire. Robe garnie de dentelle sur les manches, avec légers bouillons au corsage. Les cheveux sont relevés et le cou est orné d'un ruban. A gauche, au-dessous du trait carré, on lit : *Drouais pinx.,* et à droite : *Cathelin sculp.* ; et plus bas : *A Paris, chez Bligny.*

Jolie pièce, bien que manquant un peu de moelleux.
Il faut bien faire attention qu'il existe de ce portrait *deux états* portant, avec l'adresse de Bligny, exactement *les mêmes signatures.* Dans le second, l'ovale a été rogné dans le bas et placé au milieu d'un nouvel

encadrement ; le personnage n'a point changé, le buste seul a été coupé, mais les épreuves sont très inférieures.

Voici quelques remarques qui permettront de les distinguer facilement : 1º Dans le 1er état, les signatures sont *au-dessous* du trait carré, tandis que dans le second, elles sont *sur* la tablette ; 2º le médaillon est simplement *posé* et non plus *accroché* sur la planche ; 3º les *fleurs* sont remplacées par des *lauriers*, et 4º, les deux premières lettres de l'adresse de Bligny, l'A et le P, qui sont *accolées* dans les épreuves du 1er état, sont *séparées* dans celles du second.

1886	Vignères.	Avant toutes lettres, toute marge.	100f. »
»	—	Avec la lettre.	40 »

BONNET, d'après DROUAIS.

In-folio.

Grande comme nature, dans un ovale équarri, vue de face, jusqu'à la naissance des épaules. Gravure dans le goût du crayon, dont les épreuves sont tirées en sanguine.

Dupin fils, d'après Drouais ; Dambrun, d'après Favannes ; Helmann, d'après Lebrun et Monet ; ont encore gravé le portrait du personnage, ainsi que Massart et Bouilliard. La planche de Bouilliard est même la propriété de M. Rapilly qui en fait de fort jolis tirages qu'il vend 2 francs l'exemplaire : c'est un charmant portrait qui n'existe qu'*avant toutes lettres*, (la lettre n'ayant jamais été gravée) ; c'est ce qui fait que, dans les ventes, des amateurs croyant se trouver en présence d'un *état* le poussent jusqu'à 10 et 15 francs. Il faut cependant accorder la préférence aux épreuves sur *vieux papier* : ce sont celles que le graveur avait fait tirer.

Voici, du reste, la description de la pièce :

A mi-corps, dans un médaillon ovale, regardant de face, le corps insensiblement tourné de 3/4 vers la droite, les cheveux relevés en arrière et retombant en boucles sur les épaules. Un fichu menteur transparent laisse très légèrement entrevoir la naissance de la gorge, ainsi que la dentelle de la chemise. Sous le portrait, les écus accolés de France et de Savoie, timbrés d'une couronne, entourés d'une branche de lys et d'une palme, le tout dans un rayonnement.

RADIX (Mme)

?

Marie-Elisabeth Denis, femme de Claude-Mathieu Radix, écuyer, seigneur de la Chatellenie, de la Fertey-Loupière et Prévôté de Chevillon.

A. DE SAINT-AUBIN, d'après COCHIN.
In-4º.

En buste, de profil à droite, dans un médaillon rond, fixé sur une planchette rectangulaire au moyen d'un anneau et d'un nœud de rubans. La tête coiffée d'un bonnet dont les attaches en dentelles sont rejetées par derrière et par dessus, un petit fichu de mousseline noire noué sous le cou. Sous le trait carré, à gauche, on lit : *Dessiné par C.-N. Cochin*; et à droite : *Gravé par Aug. de Saint-Aubin, 1765.*

1er état. — Eau-forte pure. Avant toutes lettres.
2e état. — Épreuve terminée, mais avant différents travaux de burin sur la figure. Avant toutes lettres.
3e état. — Celui qui est décrit.

Pièce *admirablement* gravée; c'est un des plus *gracieux* portraits de l'œuvre de Saint-Aubin.

RAUCOURT (Mlle)

1756-1815

Françoise Clairien, dite Saucerotte, dite plus communément Mlle Raucourt, née à Dombasle (Meurthe-et-Moselle) et morte à Paris. Célèbre tragédienne, rivale de Mlle Clairon, elle débuta à la Comédie Française en 1772 et y fut reçue le 23 mars de l'année suivante.

LINGÉE, d'après FREUDEBERG.

Petit in-folio.

En buste, dans un médaillon équarri et ornementé. De 3/4 dirigée vers la droite, les cheveux relevés et roulés sur le dessus de la tête et sur les côtés, une grosse natte tombant en avant sur l'épaule droite ; le corsage orné de dentelles et très modestement décolleté. Au bas du médaillon, à droite, les attributs du théâtre et à gauche, un diadème. Sur la tablette inférieure, une vignette représentant le personnage dans son rôle et portant ces mots : *Donnez........ Mitr.* Scène II, acte V. De chaque côté de cette tablette, une couronne de lauriers portant dans l'intérieur les inscriptions suivantes : *F^{se} A. M. | de Raucourt | née à Paris | le 3 mars | 1756,* sur celle de gauche ; et *Débute | à la | Coméd. Franc^{se} | 1772 | Reçue | le 23 mars | 1773,* sur celle de droite.

Cette pièce porte en outre les armoiries de la comtesse du Barry à qui elle est dédiée. C'est une assez jolie estampe dont les ornements ont été dessinés par Moreau le jeune.

1er état. — Eau-forte pure, avant toutes lettres.
2e état. — Avec toutes les inscriptions indiquées ci-dessus, les armoiries de la comtesse du Barry et les noms des artistes.
3e état. — Le même avec l'adresse de Buldet.

Nous avons vu chez M. Béraldi une précieuse épreuve du 1er état avec retouches *à la mine de plomb*.

1859	David.	Sans désignation d'état.	3 f. 75
1861	Naumann.	Sans état indiqué.	7 50
1877	Behague.	Avant toutes lettres.	185 »
1877	Didot.	Sans désignation d'état.	17 »
1880	Mahérault.	Avant l'adresse de Buldet; avec une autre pièce.	32 »
1880	Michelot.	Épreuve avec marge, mais collée.	5 »
1886	Vignères.	Avant toutes lettres et à toute marge.	110 »
»	—	La même avec la lettre.	20 »
1886	Docteur Cuzko.	Sans désignation d'état.	13 »

Par LE BEAU.

In-8°.

Réduction en contre-partie de la pièce que nous venons de décrire; les couronnes de lauriers, avec leurs inscriptions, qui se trouvent sur la gravure de Lingée, ne se retrouvent plus dans cette copie, assez jolie d'ailleurs.

1859	Leblond.	Sans désignation d'état.	1 f. 25
1872	Soleil.	Sans état indiqué.	13 »
1877	Behague.	Sans désignation d'état.	26 »
1877	Didot.	Avec trois autres pièces.	20 »
1880	Michelot.	Sans désignation d'état.	8 »
1886	Vignères.	Avant la ligne sur la tablette inférieure.	3 50
»	—	Avec cette ligne.	4 »

Janinet a gravé aussi le portrait du personnage dans le rôle de *Médée*, format in-4°, ainsi que Malapeau : ce dernier portrait a été adjugé à vingt francs à la vente Behague, en 1877.

REBECQUE (Baronne de)

1744—1780

L'ardente et maladive ennemie des Encyclopédistes, écrit M. Edmond de Goncourt, dans *La Maison d'un artiste*, celle qui, mourante, dictait à Palissot sa comédie des *Philosophes* et lui donnait l'idée de la scène capitale.

Aug. DE SAINT-AUBIN (1780).

In-4°.

A mi-corps, de 3/4 à droite, dans un médaillon rond, regardant presque de face, la tête appuyée sur de larges oreillers garnis de dentelles et enveloppée dans un flot de mousseline venant se nouer sous le menton. Les cheveux relevés et, sur le milieu de la tête, un nœud de ruban.

1er état. — Eau-forte pure, sans aucune lettre.

2e état. — Eau-forte plus avancée ; dans le double trait qui entoure le médaillon on lit, en haut et en exergue : *La Baronne de Rebecque,* et au bas, toujours dans l'intérieur du double trait, ce quatrain :

> *Sa vertu, sa raison, son heureux caractère*
> *Jamais un seul instant ne se sont démentis.*
> *Hélas ! faut-il pleurer une Amie aussi chère*
> *Au moment où ces dons étaient si bien sentis ?*

3e état. — Sur la bordure on lit : *Dernière heure de la* Baronne Rebecque, *morte à 36 ans,* et le quatrain. Au milieu et sous la bordure, comme du reste au 2e état on lit à la pointe : *A. de St A. sc. aq. fort.*

La pièce est assez jolie et *peu commune.*

1877	Behague.	Epreuve portant les initiales de l'artiste à la pointe sèche, toute marge. 99 f. »

RENAUD (Cécile)

1774-1794

Fille d'un marchand de papier qui habitait la rue de la Lanterne, fut arrêtée le 4 prairial an II à neuf heures du soir sous l'inculpation d'avoir voulu assassiner Robespierre. C'est elle qui répondit au satellite qui la questionnait : « Je venais pour voir quelle figure avait un tyran ! » Elle fut exécutée le 29 germinal an II.

LEVACHEZ.

In-folio.

En buste, dans un médaillon rond, de profil à droite et décolletée ; sous le médaillon, une vignette à l'eau-forte de Duplessi-Bertaux représentant la scène de l'arrestation chez Robespierre.

Gravure en manière noire. — Elle fut également gravée par Bonneville.

RENAULT L'AINÉE (Mlle Rose).

1767-18...

Depuis Mme d'Avrigny, célèbre actrice, reçue à la Comédie Italienne le 19 mai 1785 ; elle avait été surnommée *Le Rossignol*.

Par et d'après de BRÉA.

In-4°.

De 3/4 à gauche dans un médaillon ovale équarri ; corsage légèrement décolleté, avec manteau rejeté en arrière, chapeau orné de plumes sur une chevelure retombant en frisures sur les épaules, boucles d'oreilles en perles fines. Dans le bas, ce quatrain :

> *Son chant facile et doux, nous ravit, nous enflâme.*
> *Son gosier est celui du Chantre de nos bois;*
>   *Et la pureté de sa voix,*
> *Est le symbole heureux de celle de son âme.*

Par M. Desforges.

Belle pièce en manière noire.

1881   Mulbacher   Sans état indiqué.   10 f. »

Mercure de France du 31 décembre 1785. — « Portrait de la d^elle

Renault peint et gravé par de Bréa, rue Montmartre, vis-à-vis Saint-Joseph, prix, 2 liv. »

Mlle Renault figure encore dans une pièce in-4° ovale par Beljambe, d'après Monnet, dont une épreuve *avant la lettre* fut adjugée 27 francs à la vente Vignères en 1885.

ROLAND (Mme)

1754-1793

Marie-Jeanne Phlipon épousa, le 4 février 1790, Roland de la Platrière, ministre de l'Intérieur ; ce fut une des femmes les plus célèbres de la Révolution. C'est elle qui le jour de son exécution, s'inclinant devant la statue de la Liberté, s'écria : « O liberté, que de crimes on commet en ton nom ! »

GAUCHER, d'après B.-A. NICOLLET.
In-4°.

A mi-corps, dans un médaillon ovale équarri. De profil à droite, les cheveux bouclés et retombant sur les épaules, avec un fichu croisé sur la poitrine. Sur la tablette : *J. M. P^h Roland | Femme du ministre de l'Intérieur | née à Paris, en 1756, et condamnée à mort en 1793.* Sous le trait carré, à la pointe sèche et à gauche: *B.-A*. Nicollet del.* ; à droite, *C.-S. Gaucher inc. An VIII.*

Cette pièce, réputée le meilleur portrait du personnage, est *loin* de présenter le même intérêt au point de vue artistique. Dans cette œuvre de *vieillesse*, c'est en vain que l'on chercherait la souplesse et le moelleux habituels du burin de Gaucher.

1886	Vignères.	Sans désignation d'état.	20 f.	»
»	—	La même avec une grande marge.	30	»

M.-F. DIEN.

In-12.

A mi-corps, dans un médaillon ovale équarri, de profil à gauche, avec un fichu menteur et, noué sur le milieu du front, une sorte de foulard blanc laissant passer les cheveux qui se répandent sur les épaules.

1869	Leblond.	Avant toutes lettres.	8	»
1877	Didot.	Sans désignation d'état.	40	»

LEVACHEZ.

In-folio.

Dans un médaillon rond, buste de profil à gauche, les

---

* Et non *A.-J.* comme l'indiquent par erreur la notice et le catalogue de Gaucher par le baron Roger Portalis et Henri Draibel.

cheveux sur le front et sur le dos, deux grosses boucles revenant à droite et à gauche snr le devant du corsage.

Au-dessous du médaillon, Duplessi-Bertaux a dessiné et gravé à l'eau-forte une petite vignette en travers représentant Mme Roland plaidant sa cause devant le tribunal révolutionnaire, le 19 brumaire an II. Dans le bas, une notice biographique.

Gravure en manière noire.
Un autre portrait de face, coiffée d'un bonnet, a été gravée par Lips d'après Bréa; il porte au bas un quatrain :

J'étais Républicaine et j'ai vécu sans crimes.....

Cette pièce vaut une vingtaine de francs.
Il a paru aussi chez Bonneville et chez Villeneuve. — Claessens a également gravé le personnage, ainsi que Chrétien à l'aide du physionotrace, format in-18.
Dans la collection de M. Rœderer, à Reims, figure un portrait du personnage par Moreau le jeune, dessin à l'encre de chine et à la sanguine rehaussé de blanc, exécuté en 1793. Cette pièce fut achetée en vente publique 600 francs, croyons-nous.

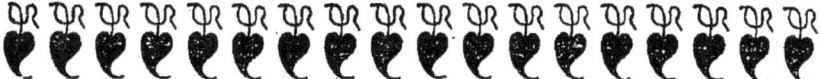

SABRAN (Mme de)

Louise-Charlotte de Foix-Rabat, maîtresse du Régent.

CHEREAU le jeune, d'après VANLOO.
In-folio.

Sur un fond carré, elle est vue jusqu'à la ceinture, avec une chemise tombante découvrant largement la poitrine ; elle tient dans ses deux mains une colombe placée sur un coussin, à la droite de la gravure, et regarde vers la gauche à la cantonade ; chevelure relevée sans ornements.

L'épreuve que nous avons vue au cabinet des Estampes ne porte point le nom du personnage ; elle est signée, à gauche sous le trait carré : *Vanloo, pinx.*, et à droite : *Chereau le jeune, sculp.* Au bas, deux quatrains :

Qu'un timide Artisan, Esclave du scrupule...

Cette charmante pièce a pour pendant « La Marquise de Prie, » d'après les mêmes artistes.

1856	S.	Épreuve avec toute sa marge.	35 f. »
1861	LAVALETTE.	Avec une autre pièce, marge.	12 »
1877	DIDOT.	Sans désignation d'état.	10 »

1877	Behague.	Avec une grande marge.	30 f.	»
1880	Michelot.	Sans désignation d'état.	21	»
1881	Mailand.	1er état, avec les 8 vers au bas.	25	»

SABRAN (Marquise de)

?

Dame qu'il ne faut pas confondre avec la précédente et qui devint plus tard la femme du poète Stanislas-Jean de Boufflers.

BERGER, (1787) d'après Mme VIGÉE-LEBRUN.
Grand in-4°.

Dans un médaillon ovale, assise, le corps tourné de 3/4 à gauche et regardant de face, les bras croisés et appuyés, fichu de mousseline ; cheveux frisés et ébouriffés ; anneaux d'or aux oreilles ; une ceinture autour de la taille.

Pièce au pointillé, en bistre, très jolie.

1861	Naumann.	Sans désignation d'état.	20	»
1875	Villot.	Sans désignation d'état.	86	»
1880	Michelot.	Sans désignation d'état.	30	»
1881	Mailand.	Sans désignation d'état.	35	»

SAINT-AUBIN * (Mme de)

?

Louise-Nicolle Godeau, femme du graveur Augustin de Saint-Aubin, qu'elle épousa en 1764.

Par et d'après AUGUSTIN DE SAINT-AUBIN.
Petit in-folio.

Dans un médaillon ovale équarri, une jeune femme en déshabillé galant, vue jusqu'à mi-jambes, de profil à droite, un bonnet tuyauté sur la tête, les cheveux en désordre, un sein complètement découvert, fait signe de se taire, à l'aide de l'index posé sur la bouche. Sous le médaillon, en exergue : « AU MOINS SOYEZ DISCRET » et plus bas, sur la tablette un fleuron dans lequel on voit un petit Amour, de face, les yeux bandés, s'avancer vers un précipice dont l'ouverture est béante à ses pieds et sur une banderolle : *Il ne voit pas le précipice*. Au bas on lit : *Dessiné et gravé par Aug. de Saint-Aubin de l'Académie Royale de Peinture et Sculpture Graveur du Roi et de sa Bibliothèque* ‖ *A Paris Chez Berthet Rue Charretière n° 9, près la place Cambrai*.

1er état. — Eau-forte pure. Avant toutes lettres, un simple trait ovale et un filet autour du médaillon.

---

* Voir : « Adrienne-Sophie. »

2ᵉ état. — Avec les mots : *Il ne voit pas le précipice,* sur le fleuron et dans le bas, au-dessous de l'encadrement, au milieu, tracée à la pointe, la signature : *Aug. de St Aubin delin. et Sculps^t.* Sans autres lettres. — Dans quelques épreuves de cet état, dit M. Emmanuel Bocher, les marbrures qui existent sur le fond de l'encadrement à l'état suivant ne se voient pas encore ici.

3ᵉ état. — Avec l'adresse : *A Paris chez l'auteur rue des Prouvaires n° 54 et à la Bibliothèque du Roi. A. P. D. R*, au lieu de : *A Paris chez Berthet…* comme à l'état décrit.

4ᵉ état. — Celui qui est décrit.

5ᵉ état. — L'adresse de Berthet est remplacée par celle-ci : *A Paris chez Marel rue St Jacques n° 22*. Le reste comme à l'état précédent.

Cette pièce extrêmement gracieuse ne porte point le nom du personnage; elle a pour pendant le portrait du graveur par lui-même sous la rubrique : CROYEZ A MES SERMENTS.

Il faut la posséder au moins dans le 3ᵉ état : dans les deux derniers, le cuivre est trop fatigué pour qu'une épreuve puisse satisfaire un amateur délicat.

La planche *existe encore* et l'on en fait d'affreux tirages en noir et en sanguine.

Mercure de France, août 1789. « *Au moins soyez discret. — Comptez sur mes serments*. Deux sujets en demi-figure, dessinés et gravés par Augustin de St-Aubin, graveur du roi et de sa Bibliothèque ; 13 pouces de large sur 9 pouces 1/2 de longueur. Prix, les deux, six livres. A Paris, chez l'auteur, rue des Prouvaires n° 54. »

1859 DAVID.	Avec le pendant sans marge.	4f. »

1859	Leblond.	Avec le pendant, *avant la lettre*, marge.	19 f. »
1865	Corneillan.	Mêmes pièces et état que vente précédente.	102 »
1869	Leblond.	Avec le pendant, *avant la lettre*, le nom de l'artiste à la pointe.	66 »
»	—	Les deux mêmes pièces avec la lettre.	22 »
1872	Villestreux.	Avec le pendant *avant la lettre*, marge.	171 »
1876	Herzog.	Les deux pièces *avant toutes lettres*, le nom du Maître à la pointe seulement, toute marge.	260 »
»	—	Les deux mêmes, même état, toute marge.	220 »
1877	Behague.	Même état et condition que vente Herzog.	315 »
1877	Didot.	Les deux pièces avant la lettre.	295 »
1880	Wasset.	Même état que vente Behague, les 2 pièces.	320 »
1880	Michelot.	Les 2 pièces avant la lettre.	197 »
1881	Saint-Geniès.	Les 2 pièces.	81 »
1881	Mulbacher.	Les 2 pièces *avant toutes lettres*, seulement à la pointe sous le trait carré : *Aug. de St-Aubin, delin. et sculpst*.	500 »
1882	Dubois du Bais.	Les 2 pièces avant la lettre toute marge.	511 »
1882	M. des Chesnais.	Les 2 pièces avant la lettre.	270 »
1885	Cte Hocquart.	Les 2 pièces *avant tou-*	

tes lettres, seulement le nom de l'artiste à la pointe. 405 f. »

SAINT-AUBIN (Mme)

1764-1850

Célèbre actrice, née Jeanne-Charlotte Schrœder; elle fut surnommée la *Mars* de l'Opéra-Comique.

ALIX, d'après GARNEREY.
In-4°.

En buste, dans une bordure ovale reposant sur une tablette; costume de paysanne, dans *Ambroise ou Voilà ma journée*, scène IV. Sous le portrait, une scène de la pièce.

Jolie pièce en couleur.

1856	S.	Sans désignation d'état.	15	»
1861	Lavalette.	Sans désignation d'état.	3	75
1869	Leblond.	Avec un autre portrait; deux pièces.	11	»
1881	Mulbacher.	Sans désignation d'état.	95	»

DEBUCOURT, d'après BOILLY.

In-4°.

En buste, corsage décolleté, bras nus, cheveux courts et bouclés retombant sur le front.

Pièce gravée à l'aqua-tinte.

1869	LEBLOND.	Sans désignation d'état.	6 f. 50
1880	MICHELOT.	Avec grandes marges.	42 »
1880	MAHÉRAULT.	Avant la lettre.	28 »

SAINT-HUBERTY (Antoinette-Cécile Cavel Mme)

1756-1812

Célèbre cantatrice et actrice de l'Opéra, mariée au comte d'Antraigues, elle fut assassinée avec lui à Londres. Sa biographie a été publiée par Edmond de Goncourt [*].

[*] *La Saint-Huberty, d'après sa correspondance et ses papiers de famille, par Edmond de Goncourt.* Paris, E. Dentu, 1882.

JANINET, d'après LEMOINE.

In-8°.

Dans un ovale équarri, de profil à droite, en costume de théâtre, les cheveux relevés et ornés d'un double rang de perles cousues sur un large ruban.

1861	NAUMANN.	Sans désignation d'état.	13 f. 50
1872	VILLESTREUX.	Sans désignation d'état.	17 »
1886	VIGNÈRES.	*Avant toutes lettres,* marge.	100 »

Gazette de France du 14 février 1783. — Le portrait de Mlle Saint-Huberty, de l'Académie Royale de musique, 3 liv., dessiné par Lemoine, chez l'auteur, rue Grencta, maison du roi David; et chez Janinet, graveur, place Maubert. Ce portrait fait pendant à celui de la d^{lle} Colombe.

Le Beau a reproduit ce profil en *contre-partie*.

Le portrait de la Saint-Huberty a encore été gravé par Colinet, d'après Lemoine: profil à droite, costume théâtral, dans un ovale équarri in-8°; par Scotin, en 1745, ébauchant un pas de danse, et par Janinet, d'après Dutertre, dans le rôle de Didon, format in-8°.

Enfin, nous trouvons cette annonce dans la *Gazette de France* du 10 août 1784: « Portraits de Mlle de Saint-Huberty et de M. Cheron. 1 liv. 10 sols, chaque; chez le S. Chereau, rue des Mathurins. »

SALLÉ (Mlle)

?

Célèbre danseuse dont Voltaire a chanté les charmes dans ces vers :

De tous les cœurs et du sien la maîtresse,
Elle allume des feux qui lui sont inconnus :
De Diane c'est la prêtresse,
Dansant sous les traits de Vénus.

LARMESSIN, d'après LANCRET.

In-folio en travers.

En pied, dans la campagne, de 3/4 tournée vers la droite, la tête gracieusement penchée à gauche, une boucle de cheveux retombant par derrière sur l'épaule. Robe à double jupe agrémentée de fleurs et de rubans. Corsage très décolleté, avec manches courtes ornées de dentelles. Elle ébauche un pas de danse, les bras étendus. Derrière elle, trois femmes dansent une ronde. A droite, jouant de la musette, quatre petits garçons, auprès d'un temple circulaire, au centre duquel une Diane est assise un arc à la main. Sous le trait carré, à gauche : *N. Lancret pinxit*, à droite : *N. de Larmessin sculpsit*. Au milieu : Mlle *Sallé*; puis, à la gauche de ce nom, six vers français et à la droite, un même nombre de vers anglais.

1er état. — En bas, au-dessous du trait carré, au milieu, à la pointe : *De Launey, d'après Lancret*. Sans autres lettres.

2e état. — Celui qui est décrit.

Belle pièce estimée.

1885	De Vèze.	Sans désignation d'état.	20 f. »
1856	S.	Sans désignation d'état, marge.	40 »

1859	Combes.	Sans état indiqué.	20 f.	»
1861	Naumann.	Sans désignation d'état.	15	»
1877	Didot.	Epreuve avec marge.	41	»
1881	Mailand.	Sans désignation d'état.	30	»
1881	Michelot.	Sans désignation d'état.	66	»

PETIT, d'après FENOUIL.

Petit in-folio.

Dans la campagne, à mi-corps, de 3/4 à droite, regardant de face, décolletée, avec un vêtement flottant et tenant dans ses deux mains un oiseau qui cherche à s'envoler. Au-dessous, ce quatrain :

> *Les sentiments avec les Grâces*
> *Animent son talent vainqueur.*
> *Les jeux voltigent sur ses traces*
> *L'Amour est dans ses yeux, la Vertu dans son cœur.*
>
> M. des Forges Maillard.

Cette pièce a pour rubrique : *L'après-dîné.*

1869	Leblond	Sans désignation d'état.	5	»
1880	Michelot.	Grande marge.	6	»

A l'Exposition des Pastellistes français, en 1885, il y avait un joli pastel représentant le personnage, par de la Tour, appartenant à Mme Denain [*].

---

[*] Voyez ci-dessus à « Camargo. »

SÉCHELLES (Mme de)

Voyez : « Mme HÉRAULT. »

SEINE (Catherine de)

?

Actrice de la Comédie Française, née à Paris. Elle débuta devant Louis XV au palais de Fontainebleau et fut reçue quelques jours après, le 16 novembre 1724, à la Comédie Française où elle parut pour la première fois dans le rôle d'*Hermione*. Elle devint plus tard la femme de l'acteur Abraham-Alexis Quinault, dit Dufresne.

LÉPICIÉ, d'après AVED.
In-folio.

Debout, à mi-jambes, dans un médaillon équarri reposant sur un socle ; de face, les yeux levés au ciel, les cheveux relevés et ornés de perles, le sein gauche complètement nu et saignant d'une blessure qu'elle vient de se faire avec le poignard qu'elle tient encore à la main ; le bras droit est orné d'un bracelet à double rang de perles, le gauche est appuyé sur un bûcher, près d'un casque et d'une épée dont on voit la garde. Au fond, à droite, dans le lointain, on aperçoit des galères. Sur la tablette du socle :

L'Art ne vous prête point sa frivole imposture,
Dufrêne, vos attraits, vos talents enchanteurs
N'ont jamais dû qu'à la nature
Le don de plaire aux yeux et d'attendrir les cœurs.

Dans le haut de l'ovale, en exergue : *Catherine de Seîne épouse du Sr Dufresne.*

Dans cette estampe, l'actrice est représentée dans son rôle de *Didon.*

Il faut avoir cette pièce *avant l'adresse de Buldet.*

1877 BEHAGUE.   Avant l'adresse de Buldet,
                                        marge.   8 f. »

FESSARD, d'après AVED.

In-8°.

Vue de face, accoudée sur un coussin, à une fenêtre, tenant un carlin dans ses bras ; vêtue d'un peignoir, cheveux courts et relevés. Une gracieuse fossette au menton ajoute encore au charme de ce frais minois.

Joli portrait peu connu, pour la suite d'Odieuvre. C'est une des meilleures pièces de Fessard, dont le burin est ordinairement lourd et froid.

SILVIA

?

Actrice, de son vrai nom Jeanne Benozzi, florissait au milieu du XVIII° siècle.

SURUGUE fils (1755), d'après DE LA TOUR.

In-folio.

A mi-corps, assise près d'une fenêtre, regardant de face, cheveux ornés d'une plume et de roses, un nœud de rubans autour du cou, un parfait contentement au corsage et une robe passementée de cannetilles, et de sourcils de hannetons, dit de Goncourt. Sur le linteau de la croisée, ce quatrain :

> *Du Jeu de Sylvia la naïve Eloquence*
> *Sçait instruire, égayer, attendrir tous les Cœurs.*
> *A l'art de plaire unissant la décence*
> *Elle ennoblit son Etat par ses mœurs.*

1861	NAUMANN.	Sans désignation d'état.	8 f.	»
1861	LAVALETTE.	Sans désignation d'état.	4	75
1877	DIDOT.	Sans désignation d'état.	27	»
1880	MICHELOT.	Avant toutes lettres.	24	»

TONELLI (Mlle)

?

Actrice appartenant à la Comédie Italienne, florissait vers 1750.

L. LEMPEREUR, d'après L. GLAIN.

In-4°.

De trois quarts à gauche, dans un médaillon ovale équarri ; coiffée d'un chapeau à bord étroit, corsage décolleté.

Au bas, l'*Air de la bonne aventure,* paroles et musique dans « La Bohémienne. »

1881 MULBACHER.   Sans désignation d'état.   15f. »

TURPIN DE CRISSÉ (Comtesse)

?

Marie-Élisabeth-Constance de Lowendal, femme du comte Turpin de Crissé.

Par HOUEL.

In-8° en largeur.

De profil à gauche, en regard de son mari ; les deux médaillons, dans un très gracieux encadrement, avec carquois, colombe, drapeaux, etc., et cette devise :

Apparet Marti Quam sit amica Venus.

Jolie pièce signée : *J. Houel f.*

VALLAYER-COSTER (Mme Anne)

1744-?

Peintre de genre, membre de l'Académie Royale de peinture et de sculpture, reçue le 28 juillet 1770 ; elle épousa, le 23 avril 1781, Jean-Pierre-Sylvestre Coster, avocat au Parlement.

LETELLIER, d'après elle-même.

In-4°.

En buste, de profil à droite, dans un rond encastré dans un encadrement rectangulaire ; corsage légèrement décolleté, cheveux relevés agrémentés de petits velours ; au-dessus d'une tablette inférieure, palette, pinceau et appuie-main. Sous le trait carré, à gauche, on lit : *Anne Vallayer del. — C.-F. Letellier, sculp.* et au-dessous, l'adresse de Letellier.

Profil très élégant et très pur de ligne.

VAN LOO (Mme)

?

Anne-Antoinette-Christine Somis, femme du peintre Carle Van Loo, née à Turin.

DUPUIS, d'après VAN LOO.

In-8º.

De face, dans un médaillon ovale équarri; vêtue d'un peignoir à fourrures, appuyée sur un coussin et tenant de la main droite un papier de musique ; une aigrette dans la chevelure.

Cette pièce, faisant partie du fond d'Odieuvre, est signée, sous le trait carré, à gauche : *Vanloo fils. pinx.* — *C. Dupuis, sculp.*

VENCE DE SAINT-VINCENT

?

Dame Julie de Villeneuve, petite-fille de madame de Sévigné.

ROMANET, d'après BERTHÉLÉMY.

Petit in-folio.

A mi-corps, dans un médaillon ovale équarri reposant sur une tablette portant le nom du personnage, le corps de 3/4 à -droite, regardant de face. Cheveux relevés et bouclés retombant derrière la tête. La chemisette très décolletée laisse entrevoir l'épaule droite et une partie des seins. Sur le milieu de la tablette environnée du manteau d'hermine, les armoiries : *Ecartelée d'argent et d'azur, l'argent chargé d'une couleuvre ondoyante en pal et l'azur d'une colombe de l'un en l'autre, accolées à celle des Villeneuve-Vence ; de gueules fretté de six lances de tournoi d'or et semé dans les claires-voies d'écusson du second ; sur le tout, d'azur à la fleur de lys d'or* ; les écussons timbrés d'une couronne de marquis surmontée d'une toque de Président. (*Les Graveurs de portraits en France*, Didot, n° *2033*).

Pièce très dure et peu gracieuse signée : *Gravé par A. Romanet, d'après le Tableau original, peint par Berthélémy avec permission.*

1877	MARTIN.	Epreuve avec grandes marges.	6 f. 50
1879	SIEURIN.	Sans désignation d'état.	11 »

Le Beau a également gravé un portrait du personnage, format in-8°.

VESTRIS (Mme)

?

Célèbre actrice de la Comédie Française, réputée pour sa beauté. « Madame Vestris, écrit Grimm, est une figure de Mignard ; » elle s'appelait mademoiselle Dugazon.

Par JANINET.
In-8°.

Debout, en pied, dirigée à droite, lisant une lettre, dans le rôle de Gabrielle de Vergy. Pièce anonyme en couleur, au bas de laquelle on lit ces vers dont nous respectons l'orthographe :

Mon cœur est plus heureux, il reste auprès de toi
Allons voici la fin de mon afreux suplice.

VICTOIRE DE FRANCE (Marie-Louise-Thérèse)

1733—1799

Fille de Louis XV, passa toute sa vie dans la pratique

de la vertu et de la charité, s'enfuit en Italie, lors de la Révolution française, et mourut à Trieste. Ses cendres furent ramenées en France par les soins de Louis XVIII et déposées dans le caveau royal de Saint-Denis.

Dessiné et gravé par LE BEAU.

In-4°.

A mi-corps, dans un ovale entouré d'oves et surmonté d'une couronne reposant sur un socle. Assise, le corps tourné à gauche, regardant de face, cheveux relevés à l'aide d'un ruban ; au cou une cravate boa, corsage décolleté, manches à bouillons. Sur la tablette, les noms et qualités du personnage ; sur les montants du socle, à droite et à gauche, deux médaillons portant, l'un les armes de France, l'autre les chiffres enlacés de la Princesse.

Gazette de France du 28 octobre 1774. — « Portrait de *Madame Victoire*, dessiné et gravé par Le Beau, chez l'auteur, rue Saint-Jacques, maison de la veuve Duchesne. Prix, 12 s. »

MIGER, d'après Mlle CAPET.

In-4°.

De profil à droite, dans un médaillon ovale équarri ; vue jusqu'à mi-corps, assise sur une chaise, les cheveux relevés et roulés derrière la tête ; coiffée d'un léger bonnet, avec de simples anneaux d'or aux oreilles. Sur une tablette on lit : MADAME VICTOIRE, TANTE DU ROI.

Cette pièce, qui vaut une vingtaine de francs, fait pendant au portrait de Mme Adélaïde, par les mêmes.

Un autre portrait du personnage par Gaillard d'après Nattier est décrit au chapitre consacré à Madame Adélaïde.

VIGÉE-LEBRUN (Mme)

1755—1842

Elisabeth-Louise Vigée, femme de M. Lebrun, célèbre peintre de portraits. Elle tenait un salon où se réunissaient tous les artistes de son temps.

J.-G. MULLER (1785), d'après elle-même.
Grand in-folio.

Nous ne décrivons point ce portrait, le plus joli de Mme Lebrun, dont on peut voir ci-contre un fac-similé en réduction. Le large chapeau dont elle est coquettement coiffée, détermine sur la figure une ombre très accentuée à laquelle succède brusquement la pleine lumière, et ce heurt violent du blanc et du noir accentue très heureusement le piquant de cette physionomie pleine d'expression.

Cette pièce a été gravée à Stuttgard ; on en rencontre les états suivants :

1er état. — Epreuve d'essai inachevée.
2e état. — Avant toutes lettres.
3e état. — Avec la lettre.

1856	S.	Avec la lettre.	9 f.	50
1859	David.	Avant toutes lettres.	20	»
1861	Lavalette.	Avec la lettre.	6	»
1869	Leblond.	Avec la lettre.	11	50
1873	Gigoux.	Même état.	20	»
1876	Herzog.	Avant toutes lettres.	105	»
1880	Mahérault.	Avec un autre portrait, deux pièces.	41	»
1880	Michelot.	Avant toutes lettres.	63	»
»	—	Avec la lettre.	17	»
1881	Mailand.	Avec la lettre.	13	»

DE PAROY, d'après elle-même.

In-8°.

Debout, à mi-corps dans un ovale; dans la main gauche, une palette sur laquelle on lit : *Lse Lebrun pinxit.*

Rare et jolie pièce à l'aqua-tinte qui a pour pendant le portrait de Mme de Polignac; nous en avons vu chez M. Béraldi une épreuve inachevée, avant le trait ovale.

1859	Combes.	Sans désignation d'état.	?	
1869	Leblond.	Sans désignation d'état.	8	50
1877	Martin.	Avant d'être terminée, l'ovale est à peine indiqué.	21	»
1879	Sieurin.	Avant toutes lettres.	63	»
1886	Docteur Cuzko.	Sans état indiqué.	81	»

S. D'AGINCOURT, d'après elle-même.

In-8°.

Assise, de face, la tête légèrement penchée à gauche, sa fille sur ses genoux. Sous le trait carré :

Mad^e Le Brun et sa fille
peinte par elle-même.

Viens ma fille, viens cher Enfant,
Viens dans mes bras, offrons l'image la plus pure,
Que, jamais mère, art bienfaisant
Ait su montrer à la nature.

Pièce en manière de dessin à la plume.

Chez FATOU.

Assise et peignant, un chapeau sur la tête et regardant de face.

1881   MICHELOT.   Avec petite marge.   26 f. »

Pièce en bistre, attribuée à Mme Cosway (?)

AUDOUIN, d'après elle-même.

In-4°.

Elle est représentée sur un fond carré, jusqu'à mi-jambes, assise à son chevalet et regardant de face ; toilette négligée, un mouchoir sur la tête, un fichu menteur et une ceinture nouée à la taille. A gauche, au-dessous du trait carré : *Vigée Le Brun, pinx. in Rôma 1790*. — Et à droite : *P. Audouin, de l'Académie des Arts de Vienne, sculp. 1804.*

Très gracieux portrait publié dans la 31e livraison de la *Galerie de Florence*.

DENON, d'après LEBRUN.
In-4°.

Assise, tournée vers la droite, une palette dans la main droite et de la main gauche peignant un portrait d'homme ; les cheveux dans un foulard.

Pièce à l'eau-forte signée : *Lebrun P.* et *Denon sc.*

Avril a également gravé Mme Lebrun, d'après elle même, sa fille sur ses genoux. Cette pièce a été adjugée 18 francs à la vente Mailand et 35, *avant la lettre*, vente Mahérault ; on peut se la procurer au prix de 10 francs à la *Chalcographie du Louvre*.

VILLETTE (Marquise de)

?

Mademoiselle de Varicourt, fille adoptive de Mme Denis, surnommée « *Belle et bonne* » par Voltaire qui lui fit épouser, en 1777, le marquis Charles de Villette, littérateur et poète, qui fut membre de la Convention nationale.

Mme LINGÉE, d'après PUJOS.

In-4°.

De face, dans un médaillon ovale équarri ; corsage à rayures décolleté, chevelure relevée très haut et surmontée d'un petit mouchoir de mousseline ; autour du cou un fichu rayé recouvrant la poitrine. Sur la tablette, on lit :

Mme la M^{se} de V***
Surnommée Belle et bonne par Voltaire

> *Elle eut Voltaire pour parrain,*
> *Belle et bonne est le nom que lui donna Voltaire ;*
> *Et ce nom, mieux que le burin*
> *Peint sa grâce et son caractère.*
>
> (Par M. LE M^{quis} DE VILLETTE).

Et sous le trait carré, à gauche : *Dessiné par Pujos*, et, à droite : *Gravé par Mme Lingée* et plus bas : *A Paris, chez Mr Pujos, quay Pelletier, chez M. Lequin orfèvre près de la Grève.*

Jolie pièce au pointillé et à la manière du crayon, très finement exécutée ; il en existe des épreuves avant la lettre.

1877	MARTIN.	Sans désignation d'état.	10 f.	»
1879	SIEURIN.	Epreuve avec marges.	50	»
1886	VIGNÈRES.	Sans état indiqué.	20	»

Ce portrait est annoncé, sans indication de prix, dans la *Gazette de France* du 18 décembre 1787.

WARENS (Baronne de)

1699-1765*

Louise-Françoise de la Tour Depil, la célèbre amie de Jean-Jacques Rousseau qui l'a immortalisée dans ses *Confessions*.

LEBEAU, d'après P. BATONI.

In-8º.

A mi-corps, dans un ovale équarri, reposant sur un entablement, regardant de 3/4 vers la droite, la tête recouverte d'un léger voile de mousseline négligemment noué sous le menton, fichu en pointe laissant entrevoir la naissance des seins. Elle est souriante.

Cette pièce, comme, du reste, tous les portraits gravés du personnage, n'a aucune importance.

1873 Gigoux. Avec un portrait de la Dugazon, 2 pièces.   7 f. 50

Une petite pièce in-12 non signée la représente dans un médaillon

---

* D'autres biographes disent 1700-1762.

ovale, assise, jouant du clavecin et regardant un buste de Jean-Jacques; elle est décolletée légèrement, et les cheveux frisés et bouclés retombent sur les épaules.

Cette pièce devait servir à illustrer le volume des *Confessions* ; elle a passé à la vente Laterade, où elle fut adjugée 1 fr. 50.

Le portrait *original* se trouve à la Bibliothèque du Corps Législatif.

TABLE ALPHABÉTIQUE

DES NOMS D'ARTISTES

A

Agincourt (d'), 348.
Albane, 293.
Aliamet, 122.
Alibert, 81.
Alix, viii, xiii, xviii, 61, 183, 200, 331.
Allais, 60, 109.
Allais (Mme), xviii, 63.
Anselin, ix, 62, 300.
Aubert, 268.
Audinet, 280.
Audouin, 348, 349.
Augustin, 87, 279.
Aved (V.), 18, 19, 73, 170, 336, 337.
Aveline (P.), 20.

B

Baader, 98.
Balechou, iv, 18, 19, 47, 158, 170, 196.
Baquoy, 17.
Barbié, xiii, 200, 201.
Bartolozzi, 201, 219, 258.
Basan, 287.
Batoni, 351.
Baudouin, 77, 299.
Beaublé, 266.
Beaumont, 109.
Beauvarlet, ii, v, vii, ix, 21, 51, 52, 194, 196, 302.
Beljambe, 323.
Benard, 26.
Benoist (G.-Ph.), 53, 187.

Benoist (G.-T.), 258.
Berger, 54, 201, 327.
Bernard, 166, 259.
Berthélémy, 343.
Bertonnier, 202.
Binet, 71, 260.
Blancheau (Mlle), 32.
Boilly, 332.
Boissieu (de), 34, 35.
Boizot (L.-S.), 15, 93, 203, 310.
Boizot (M.-L.-A.), xiii, 15, 93, 203, 310.
Bondy (de), 161.
Bonnard, v, 188.
Bonnefoy, 259.
Bonnet, ix, xiv, 17, 25, 65, 72, 204, 205, 299.
Bonneville, 205, 206, 321, 325.
Bonvoisin, 207.
Borel, 282.
Boucher, iii, 65, 109, 110, 299, 303, 304.
Bouilliard, 91, 314.
Bouillon, 210.
Bourgeois de la Richardière, 9.
Bouys, 169.
Bovinet, 28.
Boze, 212, 219, 252, 261.
Bradel, 95, 97, 259.
Bréa (de), 322, 323, 325.
Bréhan (M^{ise} de), 264.
Briceau (Angélique), 63.
Brion de la Tour, 211.
Brookshaw, vi, xii, 17, 28, 207, 312.
Buhot, 247.
Burke, 98.

C

Campana, 13, 14.
Campion, xv.
Capet (Mlle), 192, 195, 345.
Cardin-Lebret, 149.
Carmontelle (de), xvii, 6, 69, 121, 127, 144.
Carolus, 140.
Cars, vi, vii, 39, 40, 45, 51, 275.
Cathelin, xiii, xvii, 11, 94, 96, 121, 194, 208, 209, 213, 304.
Caylus, (Cte de), 43.
Cazenave, 209, 210.
Challe, 77.
Chambars, 97.
Chapuy, xiii, 16, 211.
Chardin, 44, 45, 162, 163, 308.
Chénard, 68.
Chenu, 104.
Cheradame (Mme), 116.
Chereau, 309, 326.
Chevalier, 121.
Choffard, 236, 272.
Chrétien, xviii, 325.
Claessens, 325.
Cochin, i, iv viii, xii, 45, 51, 54, 55, 70, 93, 99, 100, 105, 137, 151, 153, 154, 236, 237, 240, 306, 307, 316.
Colinet, 35, 78, 333.
Colson, 74.
Condé, 28.
Copia, xvii, 115, 116, 211.
Corona, 17.
Coster (Mme), (voyez Vallayer-Coster).
Cosway, 28, 97.
Cosway (Mme), 348.
Courbe, 42.
Coutellier, viii, 56, 57, 59, 80, 130, 184, 290, 291.
Coypel, ii, v, vi, 65, 66, 72, 108, 155, 157, 158.
Crespy (Les), 83, 276, 292, 293, 309.

TABLE ALPHABÉTIQUE

Croisey, xiii, 212.
Croisier (Mlle), 177.
Cundée, 98.
Curtis, 212, 230.

D

Dabos (Mme), 263.
Dagoty (Les), x, xiii, xiv, 27, 121, 213, 214.
Dambrun, 17, 194, 314.
Dance, 98.
Daniell, 98.
Danloux, 139, 280.
Daullé, v, vii, 44, 107, 111, 118, 119, 148, 270, 286, 294.
Davesne, 222.
David, xi, 125.
Debucourt, 77, 332.
Delafosse, 127, 144.
Delâtre, 56.
Delaunay (N.), iv, 121, 334.
Delaunay (R.), 121.
Delignon, 282.
Demarteau, xii, xvii, 109, 128, 214.
Denon, xvii, 133, 349.
Deny, xiv, 17, 259.
Desplaces, vii, 29, 73, 74.
Desrais, xiii, 14, 17, 55, 59, 98, 259, 280, 291.
Desrochers, 76, 188, 276.
Devaux, 146.
Devéria, i.
Dien, 324.
Drevet (les), ii, xviii.
Drevet (Cl.), v, 149, 150.
Drevet (P.), ix, 143, 165.
Drevet (P.-I), vi, 89, 90, 155, 157, 171, 172.
Drouais, v, xiii, 11, 21, 22, 25, 26, 194, 209, 212, 294, 295, 306, 311, 313, 314.
Drumont, 298.
Duchesne (Catherine), 32.
Ducreux, xvii, 94, 96, 194, 217, 235.
Duflos, xiii, 215.
Duhamel, 301, 312.
Dufroe, 212, 230.
Dumeray, 177.
Dumont, 254.
Dumoustier, i.
Dupin fils, xii, 12, 17, 55, 59, 98, 181, 216, 314.
Duplessi-Bertaux, 62, 216, 321, 325.
Duplessis, 176.
Duponchelle, xiii, 217, 235, 271.
Dupuis, 280, 296, 342.
Dutertre, 58, 78, 125, 333.

E

Eberts, vii.
Edelinck, xviii.
Eisen, 158, 189, 217.
Elluin, 83, 146.

F

F. (Césarine), 248.
Fatou (J.), 35.
Favannes, 314.
Fenouil, 335.
Ferdink, 13, 17.
Fessard, 37, 49, 181, 182, 337.
Ficquet, xviii, 158, 186.
Fischer, 297.
Fleichsmann, 140.

Flipart, 15, 55, 93, 105, 250.
Fontaine, 93, 94, 158, 192, 193.
Fontanel, 300.
Forsell, 218.
Fragonard, III, 87, 122, 125.
François, 70, 276.
Frédou, XIII, 208.
Freeman, 69.
Freudeberg, VII, 317.
Frilley, 121.

G

Gabriel, 140.
Gabrielli, 219, 280.
Gaillard, 196, 346.
Garaud, 104, 121.
Garnerey, 61, 183, 331.
Gaucher, IV, IX, XII, XVII, XVIII, 14, 22, 24, 36, 42, 120, 179, 219, 220, 234, 272, 287, 288, 307, 323, 324.
Gaujean, 46, 49.
Gault, 64.
Gautier, 206.
Genest (L.), 20.
Gérard (F.), 184.
Germain, 222.
Giffard, 187.
Gilbert, 49, 135.
Glain, 339.
Gobert, 171.
Grateloup, XVIII, 157, 158.
Gratise, 219.
Gravelot, 49, 50, 51.
Green (Valentine), 280.
Greuze, III, XVII, 10, 121, 122, 124.
Grévedon, 140.
Guay, 299.
Guiard (Mme), 91.
Guyot, 111.

H

Habert, 90, 91.
Hall, 82.
Hallé, 293.
Hallier, 92.
Hauer, 62.
Helman, 175, 176, 314.
Henriquel-Dupont, 140.
Henriquez, 176, 185.
Hickel, 140.
Hoin, VII, 76, 77.
Honoré, 63.
Hooper, 98.
Horthemel, 90.
Houel, 340.
Howard, 95.
Hubert, VI, 17, 173, 222, 311.
Hubert d'Augsbourg, 289.
Huette, XVII, 128.
Huquier, 98.

I

Ingouf (P.-C.), 16.
Isabey, 79, 226.

J

Janinet, VIII, XIII, XVIII, 10, 31, 57, 58, 76, 77, 78, 82, 85, 111, 125, 223, 224, 225, 226, 291, 319, 333, 344.
Jardinier, VII.
Jeaurat, 138.
Jumet, 266.

K

Kauffman, 95.
Kernoschii, 260.

Klansinger ou Kransinger, 204, 205, 217, 234.
Klein, 268, 281.
Koster (de), 238.

L

Lainé, 86.
La Live de Jully, xvi, xvii, 136, 137, 165, 166, 188.
Lancret, ii, vii, 39, 41, 293, 334.
Langlois, 48, 129.
La Pierre, 136.
Largillière (de), ii, vii, 29, 73, 74, 143, 145.
Larmessin (de), vi, 40, 188, 227, 267, 273, 274, 280, 334.
Latinville, 286.
La Tour (de), iii, 9, 41, 87, 95, 120, 132, 161, 268, 307, 335, 338.
Laurent, 283.
Lavreince, 77, 78.
Le Barbier, 209.
Le Bar, 8, 110.
Le Beau, ix, xii, 13, 27, 71, 80, 86, 93, 94, 98, 164, 176, 178, 180, 184, 193, 227, 228, 229, 230, 257, 260, 269, 271, 291, 301, 304, 307, 311, 318, 333, 343, 345, 351.
Le Beau (Mme), 17.
Lebert, 260.
Lebouteux, 134, 261.
Lebrun, 234, 293, 314.
Leclerc, 17, 83, 145, 176, 230, 239.
Lecomte, 184.
Le Fèvre, 69.
Lefort (Mlle), 226.
Legoux, 69.
Legrand, 28.
Lelu, 63.

Lemire, iv, xii, 49, 50, 51, 230, 231, 232, 233, 234.
Lemoine, 56, 85, 333.
Lemoyne, 266.
Lempereur, 48, 152, 339.
Lenoir, 180.
Lepeintre, 175.
Lépicié, 72, 73, 336.
Lépicié (Mlle Renée), 66.
Letellier, 98, 341.
Leu (Th. de), v, xviii.
Levachez, 62, 200, 234, 261, 321, 324.
Levasseur, xiii, 217, 234.
Leveau, 235.
Lignon, 116, 184, 279.
Lingée, 317, 319.
Lingée (Mme), vii, xvii, 350.
Liotard, 148.
Lips, 63, 325.
Littret, ix, 53, 54, 104, 179, 268, 304.
Loir (Mlle), 33, 42, 48, 307.
Longueil (de), xvii, 113, 189, 190, 236, 237.
Lorge (de), 253, 265.
Lumgberger, 53.

M

M***, 129.
Mac 'Hardel, xiii, 149.
Macret, xiii, 49.
Malapeau, 319.
Malgo, 140.
Malœuvre, 34, 45, 174.
Mansfeld, 280.
Maradan, 43.
Mariage, 63, 305.
Mariette, 188, 192.
Marillier, 229.

Marilly, 27.
Martin, 17, 37.
Masquelier, xiii, 46, 133, 134, 234, 261, 262.
Massard, xiv, 10, 124, 140, 141, 314.
Massol, 63, 94.
Masson, xviii, 192.
Maupérin, 229, 257.
Mécou, 177.
Melini, 47.
Mercury, 188.
Michel, vii, 7, 52, 74.
Miery, 280.
Miger, 112, 117, 161, 162, 192, 195, 261, 345.
Mignard, i, ii, v, 111, 186.
Miltiz, 263.
Miris, 115.
Moitte, 26, 125.
Monenteuil, 242.
Monnet, 48, 235, 262, 314, 323.
Monsaldy, 79.
Moreau, le jeune, iv, vii, xii, xvii, 18, 102, 111, 122, 219, 220, 221, 231, 232, 233, 234, 235, 318, 325.
Moyreau, 276.
Muller, 346.
Murphy, 238.

N

Nanteuil, i.
Nargeot, 307.
Nattier, i, iii, vi, 34, 41, 45, 46, 47, 49, 173, 174, 185, 196, 198, 271, 272, 301, 303, 304, 346.
Naudet, 168.
Née, xiii, 133, 234, 262.
Negger, 198.
Néviance (Victoire), 262.

Nicollet, 1 54, 323, 324.
Nilson, 263.
Noireterre (Mlle de), 36.

O

Odieuvre, 158, 159, 188.

P

Pallière, 67, 69.
Pariset, 84.
Paroy (de), xvi, 298, 347.
Pasche (de), 287.
Pasquier, 275.
Patas, 17, 55, 239.
Pater, ii, 8.
Pauquet, 263.
Pellegrini, 64.
Perroneau, 276.
Petit, 110, 132, 158, 274, 335.
Petitot, 188.
Peuchet, 28.
Pezey, 165.
Pfeiffer, 147, 148.
Phelipart, 250.
Phelipeau, 250, 263.
Piauger, 211.
Pierre, 135.
Pierron, 264.
Pillement, 28.
Pitau, 190.
Poilly, 142, 158.
Pompadour (Mme de) viii, 298, 299, 307.
Porporati, 239.
Prévost, xii, 240.
Prieur, 264.
Prud'hon, 64, 245.
Pruneau, 47, 96, 106, 167, 240.
Pujos, xvii, 30, 84, 350.

Q

Quenedey, xviii, 59.
Quéverdo, 63, 86, 178, 179, 194, 222, 301, 304, 307, 312.

R

Raimondi, 24.
Ranchon, 18.
Raoux, iii, 296.
Ravenet, 148.
Reating, 264.
Regnault, 77.
Renaud, 184.
Rigaud, ii, v, 44, 88, 89, 117, 118, 119, 149, 150, 181, 182, 293.
Robin de Montigny, 98.
Roger, xiii, 215, 241, 242, 243, 244.
Romanet, 94, 343.
Rosamberg, 99.
Rosslin, iii, 94, 242, 243, 245.
Rousseau (J.-F.), 45.
Rowlandson, 99.
Roy, 63.
Rubens, i.
Ruotte, 139, 248, 250.

S

Saint-Aubin (A. de), i, iv, vii, ix, xiv, xv, xvii, 2, 3, 4, 17, 99, 100, 153, 154, 166, 167, 175, 176, 177, 178, 188, 236, 237, 248, 249, 250, 278, 279, 283, 306, 307, 316, 320, 328, 329, 330.
Saint-Aubin (G. de), 58, 250.
Saint-Aubin (Pougin de), vii, 7, 52, 112.
Saint-Quentin, 262.
Santerre, 32.
Saugrain, 102.
Sauvage, 248, 249, 278, 279.
Savart, xiv, 158, 250, 251.
Schenau, ix, 53, 304.
Schiavonetti, 64, 94, 251.
Schinker, 252.
Schmidt, 54, 158, 253.
Sergent, 253, 277.
Sicardi, 253.
Simon, 90.
Simonneau, 88, 90.
Simonet, 17, 18, 140, 146.
Strœling, 94, 251.
Sullin, 265.
Surugues, v, 40, 47, 108, 163, 284, 338.

T

Tardieu, xiii, 33, 136, 196, 254, 271.
Tardieu (Mme), 133.
Tassaert, 62.
Taunay, 77.
Thomassin, 191.
Tilliard, 6.
Tocqué, 270.
Tournières, iii.
Touzée, 215.
Trouvain, 188.
Troy (de), 169.

V

Vallayer-Coster (Mme), 341.
Vallée, 169, 293.
Vangelisti, 64.

Vanloo, iii, ix, xii, 51, 107, 108, 204, 216, 227, 229, 256, 267, 273, 274, 275, 276, 280, 289, 293, 300, 302, 309, 326, 342.
Varin, 100.
Vassé, xii, 214.
Vérité, 139, 265.
Vestier, iii, 113, 140.
Vidal (G.), 30, 255.
Vigée Le Brun, (Mme), iii, xiii, xvi, 8, 139, 200, 215, 241, 243, 245, 252, 259, 261, 265, 297, 298, 327, 346, 347, 348, 349.
Villeneuve, 256.
Violet, 201.
Vispré, 60, 98.

Voyez, xiii, 176, 256, 303.
Voysard, 17.

W

Watelet, xv, 151, 152.
Watteau, ii, 17, 293.
Watson, ix, 26, 265, 303.
Weys, 63.
Wille, ii, 77, 118, 145, 268, 281.
Wolk, 265.

Z

Zatta, 265.

TABLE DES GRAVURES

Marie-Thérèse-Charlotte de France, par Sergent,
  en couleur... Frontispice
Comtesse du Barry, par Gaucher, d'après Drouais (reproduction de la seule épreuve connue du 2e état de l'eau-forte)... 22
Charlotte Corday, par Tassaert, d'après Hauer............. 50
Mme Dugazon, par Coutellier, *en couleur*.................. 80
Mme de Laborde enceinte, par Née et Masquelier, d'après Denon... 133
Mme Lebret, par Ch. Drevet, d'après Rigaud............... 149
Louise-Adélaïde d'Orléans, abbesse de Chelles, par P.-I. Drevet, d'après Gobert..................................... 171
Louise-Marie-Thérèse-Bathilde d'Orléans, par Le Beau, d'après Lenoir... 180
Marie-Antoinette, par Cathelin, d'après Frédou............ 204
Baronne de Noyelles, par Gaucher, d'après de Pasche..... 287
Marquise de Pompadour, par Anselin, d'après Van Loo... 300
Mme Vigée-Lebrun, par Muller, d'après elle-même......... 346

Les deux planches en couleur, ainsi que le portrait de Madame de Laborde, ont été exécutés par la Maison M. MAGNIER & Cie (ancienne Maison Lemonnyer), 53 bis, quai des Grands-Augustins, Paris.

Toutes les autres planches sortent des ateliers de la Maison J. & A. LEMERCIER, 57, rue de Seine, Paris.

ACHEVÉ D'IMPRIMER

A NANTES

LE 2 AVRIL 1887

PAR

VINCENT FOREST & ÉMILE GRIMAUD

POUR

E. DENTU, ÉDITEUR

A PARIS

www.ingramcontent.com/pod-product-compliance
Lightning Source LLC
Chambersburg PA
CBHW050917230426
43666CB00010B/2204